漢語史學報

第二十輯

浙江大學漢語史研究中心編

上海教育出版社

目　録

從視覺動詞到處置介詞
——温州方言"望"的語法化和語義地圖 …………………………… 姜淑珍　池昌海(1)
南部吴語宕攝陽韻字的層次及演變 …………………………………………… 孫宜志(12)
明清汴洛地區"他"音考 ………………………………………………………… 趙禕缺(21)
"《騎着一匹》系列"釋讀補正 …………………………………… 張　磊　楊榮祥(29)

《辯正論》之慧琳"音義"校勘舉例 …………………………………………… 黄仁瑄(38)
《生經》詞語選釋六則 ………………………………………………………… 裘雲青(48)
譯名的規律性與誤題經譯者的判定
——"《阿育王傳》爲西晉安法欽譯"獻疑 ………………………………… 王浩壘(64)
禪籍詞語"荼毗""荼毗"考 …………………………………………………… 任連明(75)

"冬烘""小的子""的篤"考源 ………………………………………………… 楊　琳(79)
近代漢語顔色詞釋詁 …………………………………………………………… 趙曉馳(85)
"差强人意"意義誤用的詞彙史考察及原因分析 …………………………… 顧　軍(93)
黑水城出土宋代漢文社會文獻詞語例釋 ……………………………………… 邵天松(102)

馬譯《世説新語》考辨(三) …………………………………………………… 龔　波(108)
日本古代漢文書儀的漢語史研究價值 ………………………………………… 姚　堯(115)
今文《尚書》和《史記》異文同義替换詞舉隅 ………………………………… 王硯文(129)
漢字字符斷代論略 ……………………………………………………………… 何余華(141)

研究生論壇

關於《世説新語》中"伊"的兩個問題 ………………………………………… 許峻瑋(151)
論近代漢語四組詞的地域流變及其成因 ……………………………………… 湯傳揚(155)
《西儒耳目資》知莊章組字分派類型的計量研究 …………………………… 鄭　伊(174)
由"大埔"之"埔"看地名異讀及其命名理據 ……………………… 徐　凌　孫尊章(196)

從視覺動詞到處置介詞
——温州方言"望"的語法化和語義地圖*

姜淑珍　池昌海

内容提要　在現代漢語普通話和方言中,"望" 有"看視""遠眺"等義項,還具有方向介詞的功能。在蒼南、瑞安(塘下)等南部吴語中,"望"還可用來標記"受益者"和"處置對象"等。本文擬構"望"的語法化路徑爲:視覺動詞>介詞(空間位移方向>有生方向>受益者>處置)。從"遠眺"義動詞到方向介詞的演變是"望"語義要素逐漸脱落的結果;從方向介詞引申爲標記"受益者"的介詞經歷了兩次常規結構式組合成分的變異;最後從標記"受益者"到"處置對象"則是温州方言動詞後接補語時賓語需前置於動詞這一語法規則導致句子底層結構重新分析的結果。最後,文章根據"望"的共時多功能,繪製温州方言"望"的語義地圖。

關鍵詞　望　處置介詞　温州方言　語法化　語義地圖

一　引言

"望"的基本義爲"遠視、遥望"。早在《詩經》中,便有"望"的該用法。例如:

(1)誰謂河廣,一葦杭之,誰謂宋遠,跂予望之。(《詩經・衛風・河廣》)

這一用法一直延續到現代漢語,如"登高望遠""一望無際"等。漢語方言關於"望"的報告主要有以下幾種:

(2)a. 看視義動詞:我去望望渠。(《金華方言詞典》)

b. 方向介詞:一歇歇朝東,一歇歇望西。(蘇州方言 石汝傑 2000)

c. 對象介詞:望你打招呼,你冇聽着啊。(《温州方言詞典》)

然而,我們在調查中發現,在温州蒼南(靈江)、瑞安(塘下)等温州次方言①中,"望"(音[mo^{22}] ②)還可以用作處置介詞,和温州方言通用的處置介詞"逮"③基本可以互换。以下兩

---

*　本文是浙江省哲學社會科學規劃項目《蒼南吴語位移事件和路徑表達的多功能模式》(18HQZZ09)的階段性成果。寫作得到汪化雲教授、黄曉雪教授、王芸華博士、吴越博士、王文香博士的幫助,深以爲謝。

①　本文以"温州方言"泛指吴語甌江片,温州次方言則指温州市轄域中與温州市區相近的方言,如瑞安話、永嘉話等。另外,温州地區的蒼南、平陽、樂清等均爲多方言區。如蒼南縣地處浙江南部浙閩邊界,縣内並存5種差異懸殊的方言。我們將蒼南境内的温州次方言稱爲"蒼南吴語"。本文蒼南吴語的調查點爲蒼南東北部靈江鎮。文中除非有另注,注音均爲當地吴語發音。

②　"望"在蒼南吴語中存在文白二讀,文讀[uo^{22}],主要在一些詞彙(如"希望")和人名中,爲通語的影響,不在本文的考察範圍。

③　温州方言現有報告中所提及的處置介詞均爲[dei]或[de],阳去调。游汝傑,楊乾明(1998:157)、潘悟雲(1997:59)、鄭張尚芳(2008:244)均記爲"逮",馬貝加、蔡嶸(2006:226)記爲"代",温端政(1991:197)記爲"待"。

組例句可見於蒼南吴語和瑞安(塘下)話。

(3)a. 逮門關起。(把門關起來。)　b. 門逮渠關起。(把門關起來。)

c. 望門關起。(把門關起來。)　d. 門望渠關起。(把門關起來。)

(4)a. 逮醬油遞匄我。(把醬油遞給我。)　b. 醬油逮渠遞匄我。(把醬油遞給我。)

c. 望醬油遞匄我。(把醬油遞給我。)　d. 醬油望渠遞匄我。(把醬油遞給我。)

李藍、曹茜蕾(2013)曾梳理了漢語方言中的113個處置介詞,未發現視覺動詞語法化爲處置介詞的案例。温州方言處置介詞“望”也未見報道。本文主要以蒼南吴語爲例,對照其他温州次方言,探討處置介詞“望”的來源,擬構“望”從視覺動詞到處置介詞的語法化路徑。

二　“望”的共時多功能模式

在蒼南吴語中“望”没有實義動詞的功能。它可用以引介位移方向①,動作、行爲涉及的有生對象,还可以引介受益者或處置對象。例如:

(5)a. 望學堂底走。　(往學校走。)　引介位移方向

b. 我望你講起事幹先。　(我先和你説件事情。)　引介有生方向

c. 我望你掃地下。　(我替你掃地。)　引介受益者

d. 望花瓶扭走。　(把花瓶拿走。)　引介處置對象

本節擬就蒼南吴語中“望”的共時功能逐一進行描述。

(一)標記空間位移方向

蒼南吴語“望”最基本的功能是引介位移的方向。其格式爲“望+NP+VP”,其中VP爲位移動詞,如“走”“跑”“射跑”“⿰彳翟行走”,NP爲位移的[背景]。

(6)a. 望外轉⿰彳翟行走。　(往外走。)

b. 望教室底面射。　(往教室裏跑。)

c. 望屋裏走。　(往家裏走。)

d. 望杭州開。　(開往杭州。)

方向介詞“望+NP”只能置於動詞前,不能用於動詞後,即在蒼南吴語中只能説“望杭州開”,而不能説“* 開望杭州”。

“望+NP+VP”中的“V”還可以爲一般的動作、行爲動詞。如:

(7)a. 垃圾覅望地下摜。　(垃圾不要往地上扔。)

b. 拳頭望我心肝頭[nε[22]]用拳頭使勁打來。　(拳頭往我胸口打來。)

c. 望面兒前眙。　(往前看。)

d. 望好個地方想。　(往好的地方想)

這裏“望”的方向義顯見。(7a-b)的位移主體(figure)明確。而(7c-d)也可以看作“目光”

① 具体地説“望”可以引出位移的方向和終點:方向如“望南走”“望落下走”,終點如“望屋裏走”“望山裏拾”。本文主要關注“望”的方向性,所以統稱爲位移或者行爲的方向。

或者"心思"在做空間位移。以上用法和普通話"往"大體上相似。

(二)標記有生方向

"望"在蒼南吳語還可以引介動作行爲涉及的對象①,不涉及具體的位移,且 NP 必須爲有生主體([+animacy])。句法結構也爲:"望+NP+VP"。

(8)a. 該事幹我望渠講過罷。　　(這事我和他説過了。)
　b. 我望渠打招呼,渠冇聽着。　　(我和他打招呼,他没聽到。)
　c. 我有事幹望阿爸商量。　　(我有事情和爸爸商量。)
　d. 渠日日望我做對頭。　　(他天天和我做對。)

(三)標記受益者

"望+NP+VP"中的 NP 還可以是動作 VP 的受益者。

(9)a. 我來望你相幫。　　(我來幫你。)
　b. 我望你掃地下。　　(我替你掃地。)
　c. 渠宿杭州望渠阿弟[io^{44}]帶㜷兒。　　(他在杭州幫他弟弟帶孩子。)
　d. 衣我望你洗,你管自個眙書。　　(衣服我替你洗,你管自己看書。)

(四)標記處置對象

"望"在蒼南吳語還可以引介處置對象,即"望"可以作處置介詞。句法格式仍然是"望+NP+VP",但是 NP 是謂詞 VP 支配的對象,爲受事賓語。

(10)a. 我望該句話記落先。　　(我把這句話先記下來。)
　b. 我望你帶去。　　(我把你帶過去。)
　c. 望該杯酒喝落爻。　　(把這杯茶喝下去。)
　d. 殼這兒風大,快望大衣披起。　　(這兒風大,快把大衣披上。)

以上例句中"望"均可以用另一處置介詞"逮"替代,語義不發生改變。"望"引介處置對象的功能在温州市區方言中未見,也未見文獻報道。下文將主要論述蒼南吳語"望"如何從方向介詞演化爲處置介詞,並擬構一條"望"的語法化路徑。

三　"望"的語法化

一般認爲漢語介詞由動詞虚化而來。"望"在整個温州方言中已無實詞功能。我們擬通

① 張敏(2015:16)指出"(空間)位移方向"和"指人動作方向"是可以分開的。比如普通話"往"只能表"(空間)位移方向"(如"往東走"),而不能表"指人動作方向"(如"＊往我敬個禮")。並將後者和"接受者(recipient)"合稱爲"人類目標(human goal)"。王瑋(2015)將該功能節點稱爲"對象",盛益民(2015)稱之爲"有生方向"。

過中古音韻地位、吴語其他方言"望"功能的比較，以及漢語史上"望"的演變等幾個方面推測温州方言介詞"望"來源於"看視"類動詞"望"。

(一)視覺動詞＞方向介詞

首先，温州方言文獻中相當於現代漢語普通話"往"的方向介詞大都記爲"望"①(如游汝傑、楊乾明 1998:193，潘悟雲 2000:51 等)，温州市區念爲[muɔ¹¹]。"望"的中古音爲巫放切，宕攝合口三等去聲漾韻微母字。中古的微母合口三等字，在温州方言中聲母常念成[m]，如：網[muɔ²⁴]、忘[maŋ³¹]、味[mei¹¹]、問[maŋ¹¹]；而宕攝合口三等字在温州方言中韻母鼻音脱落，常念爲[uɔ]，如：方[huɔ³³]，房[ɦuɔ³¹]，慌[huɔ³³]，忙[muɔ³¹]。"望"的聲調为 11，也符合温州方言陽去調的調值(温州話的音系材料參考游汝傑、楊乾明 1998)。綜上，温州方言"望"符合"望"的中古音韻地位。温州市區方言的韻母[uɔ]，在蒼南吴語中一般念爲[o]，如網[mo³⁴²]，方[ɸo⁴⁴]，房[βo³¹]，慌[ho⁴⁴]，忙[mo³¹]。蒼南吴語陽去調的調值爲 22，所以"望"蒼南吴語念爲[mo²²]和温州市區[muɔ¹¹]是漢語音變的地域差異。

其次，"望"本義爲"遠眺"，自身包含[朝向]的語義要素。"望"的方向義素是它與方位系統建立聯繫的基礎。具體環境中，如需詳述遠視的方位，可加上方位詞。從"望"與方位詞的句法位置關係來看，有"方位詞＋望"和"望＋方位詞"兩種短語組配方式。例如：

(11)a. 彼懼而奔鄭，緬然引領南望，曰："庶幾赦吾罪。"(《國語・楚語上》)

b. 孔子喟然歎曰："登高望下，使人心悲……"(劉向《説苑》)

其中後一種組配方式中一旦"望"的"看視"義弱化或消失，僅保留"方向"義就可能出現降類使用的情況(武文傑，徐豔 2012)。這時"望"就發生由動詞向介詞的語法化。

"望"在漢語史上，就經歷了從"遠眺"義動詞到方向介詞的演變。馬貝加(2002:75-81)較爲詳細地論述了這一過程。馬先生將動詞"望"解析爲三個義素：1)面對着……方位；2)向遠處；3)看。並指出"望"充當"看視"動詞由來已久，在南北朝時期的文獻仍可見。

(12)a. 夷吾到縣，無所驗，但望閣伏哭而還。(《後漢書・方術列傳上》)

b. 陳以如意拄頰，望雞籠山歎曰……(《世説新語・豪爽》)

馬先生認爲"望"語法化爲介詞，主要有以下三個步驟：

第一步，在"V1(望)＋NP＋V2"的結構中，隨着 V2 範圍的擴大，大量行爲動詞進入 V2 位置。"望"表示方向的功能得到强化，表示動作的功能弱化。

(13)a. 後告歸平陵，望寺門而步。(《後漢書・張湛傳》)

b. 雨雲望旗聚，龍沙隨陣開。(蕭綱《從軍行》)

第二步，"向遠處"義素的失落。

(14)a. 忽然起立望門問："階下幹當是鬼神？"(《捉季布傳文》)

b. 銅鳥萬道望心戳，鐵計(汁)千回頂上澆。(《大目乾連冥間救母變文》)

第三步，"面對……方位"義素的完全消失。

(15)a. 那狐望後一躲。(《醒世恒言》卷 6)

① 蒼南吴語没有"往"。且"往"中古音爲于兩切，屬宕攝合口三等陽韻云母字。云母合口三等字，在蒼南吴語中，聲母常爲零声母，如雄[yŋ³¹]、王[yo³¹]、雲[un³¹]等。與方向介詞[mo²²]的音韻地位不合。

b. 你揪我扯，望後便倒。(《水滸傳》第 36 回)

唐五代及其以後，“望”的介詞身份已經明確(馬貝加 2002:75-81)。在明清小説中出現的部分例子，已經和吴語方向介詞用法類似。

(16)a. (魯智深)却把身望下只一滚。(《水滸傳》第 5 回)

b. 那漢……將瓢望地下一丢。(《水滸傳》第 16 回)

最後，“望”雖然在温州方言中没有實詞功能，但是在金華、東陽①等吴方言中仍有“看”的義項，分别念爲[moŋ^24]、[mou^353]。

(17)a. 個份書塞起來，弗分我望。 (書藏起來，不給我看。) (金華)

b. 格三個小儂望着地下一個帽子脱那。

(這三個小孩看到地上一個帽子掉那兒。) (東陽)

寧波方言“望”也兼具動詞“看望”和方向介詞的功能②。另據曹志耘(2000:64-65)，金華湯溪方言“望”既可作動詞，義爲“看”，也可以作爲方向介詞。根據概念空間動態化和語義地圖鄰接性原則(吴福祥，2014)，我們推測“望”在温州方言中也是由“看視”類動詞演變而來。而温州方言中，“望”没有“看視”的語義，可能和温州方言中“看視”動詞已有“眙③”和“張”相關。

(18)a. 渠該日宿屋裏眙書。 (他今天在家看書。)

b. 我眙半日阿冇眙著汽車開過。 (我看半天都没有看見汽車開過。)

c. 我去張朋友。 (我去看望朋友。)

d. 走底張張眙。 (進來看一下。)

(以上 c、d 兩例引自游汝傑、楊乾明 1998)

“望”可能在同義競争中，失去了其“看視”的動詞義項，而僅僅保留了介詞的功能。綜上，雖然在温州方言中“望”已經不作視覺動詞，但根據“望”的中古音韻地位、鄰近吴語的類推以及近代漢語“望”的相似用法，在没有證據證明温州方言的“望”有其他來源之前，可以推測引介方向的介詞來自視覺動詞“望”。

(二)介詞(位移方向)>介詞(有生方向)>介詞(受益者)

方向介詞是“望”在温州方言最常見的功能，我們調查的温州三區八縣均接受該用法。不僅如此，在許多方言中如廣東話(馬貝加 2002)，上海方言(錢乃榮 2000)，蘇州方言(石汝傑 2000)，金華湯溪方言(曹志耘 2000)以及晉語(辛穎凡 2015)均報告過“望”作爲方向介詞的用法。然而，“望”引介對象的報告却不多見。《温州方言詞典》(游汝傑、楊乾明 1998)收録了介詞“望”表示動作、行爲涉及的對象的義項④：望你打招呼，你冇聽着啊。

江藍生(2016)提及漢語語法化中語義相宜性和一定的句法結構是前提，非典型組合和

---

① 金華方言語料由王鵑女士提供，東陽方言語料由申屠婷婷博士提供。

② 寧波方言“望”的功能由汪維輝先生惠告。

③ 温州方言中“看”的本字尚存争議，主要有“眙”“覙”和“覰”。本文從鄭張尚芳(2008)記爲“眙”。

④ 我們調查發現温州市區發音人在表示動作、行爲涉及對象時更傾向於用“伉”。而蒼南(靈江)、瑞安(塘下)等地這兩個詞用得較少，“望”的使用頻率更高。

特殊的語義關係是關鍵的誘因，即語法化的充分條件。常規結構式組合成分變異是漢語語法化的主要誘因，具體可表現爲四類：組合成分的詞類變異，組合成分的詞義變異，組合成分的義類變異，組合成分的省略、添加、緊縮、疊合。

前三種是在不改變表層結構前提下的組合變異。我們認爲"望"從引介位移方向＞引介有生方向演変，經歷了两次句子常規組合成分的變異。以例(19)爲例：

(19)a. 渠望樓下走。 (他往樓下走。) 標記位移方向

b. 渠望我打招呼。 (他朝我打招呼。) 標記有生方向

c. 渠望我掃地下。 (他替我掃地。) 標記受益者

以上(19a-c)的表層結構没有發生改變，均爲"望＋NP＋VP"，但是句子組合的成分關係却逐漸發生了改變。a 爲常規典型結構式組合，"望"爲方向介詞，NP 爲處所名詞短語，VP 爲位移動詞；而在 b 中 VP"打招呼"則要求 NP 爲 VP 動作行爲所涉及的有生對象，這種組合成分的變異導致"望"功能屬性的變異；句子成分組合的兩次變異，導致方向介詞"望"演變爲受益介詞。而一旦有生主體進入 NP 中，"望"和 NP 關係可以更加多樣，这很大程度上取決於後面 VP 的語義。

另外，引介有生方向和引介受益對象的介詞同形現象很常見。比如北方話中"給"可接"有生方向"("給他敬個禮")和"受益者"("給他理髮")(張敏 2015：17)。

(三)介詞(受益者)＞介詞(處置對象)

從受益介詞到處置介詞是具有普遍性的語法化鏈條。曹茜蕾(2007)指出漢語方言中的處置介詞主要有三個來源：一是"拿、握"義動詞，二是"給予"義和"幫"義動詞，三是伴隨格。其中"幫"義動詞的演化路徑往往是"幫義動詞＞受益格標記＞直接賓語標記"。劉丹青(2003)論證了北部吴語"幫"是從幫助義動詞虚化爲受益介詞，再從受益介詞派生出陪同介詞和並列連詞。曹志耘(2000)論述了金華湯溪方言"幫"由引介動作接受者演化爲處置介詞。據陳澤平(2006)，福州方言"共"也是由受益介詞演變爲處置介詞。

蒼南吴語"望"作受益介詞典型的句法格式是：NP1＋望＋NP2＋VP(如 20a 所示)。NP1 是 VP 的施事，NP2 是受益者，VP 是動作性成分，經常是一個動賓結構(如洗衣、掃地下掃地)。但是温州方言有一條語法規則，"温州話中賓語跟普通話一樣後置於動詞，但是當動詞後接補語或後接尾助詞'爻'時，賓語就前置於動詞了"(鄭張尚芳 2008：245)，其句法結構變成爲：NP1＋望＋NP2＋NP3＋V＋補語(如 20b 所示)。

(20)a. 我望你洗衣。(我替你洗衣服。)

b. 我望你衣洗爻罷①。(我替你把衣服洗完了。/我把你的衣服洗了。)

(20b)中 N2 是受益者，N2 和 N3 經常具有領屬關係，而且温州方言中表示領屬關係的助詞"個"常常是可以省略的。所以，(20b)中 N2N3 可以被重新分析爲一個定中結構的 NP，(相當於普通話"你的衣服")。如下所示：

重新分析前：我 VP[PP 望你 VP[衣洗爻罷]]

重新分析後：我 VP[PP 望你衣 VP[洗爻罷]]

---

① 温州方言中，有强烈的受事話題化(或次話題化)傾向，所以該句子也可表達爲"我衣望你洗爻罷"。

再如：

(21)a. 阿姐宿狃在那兒望妹兒剪頭髮。（姐姐正在替孩子剪頭髮。）

b. 阿姐望妹兒頭髮剪爻罷。（姐姐替孩子把頭髮剪了。/姐姐把孩子的頭髮剪了。）

(22)a. 我望阿媽收被先。（我先替媽媽收被子。）

b. 我望阿媽被收底先。（我先替媽媽把被子收進來。/我先把媽媽的被子收進來。）

N3（衣、頭髮、被）原本就是動詞（洗、剪、收）的受事賓語，動詞具備對它們的處置能力。而 N2 和 N3 是領屬關係，所以 N2 作爲一個定語，在句法上是可以省略的。當 N2 隱没，僅留存中心語 N3 時，該句的處置意味就更濃了。再則，處置式的句式義是“施行某個動作，帶來影響或結果”，處置式一般要求動詞不能是光杆動詞，加上補語（如爻、完、好等）之後，句中的影響或結果義顯現，促成了處置式意義的解讀。如：

(23)a. 我望衣洗爻罷。（我把衣服洗完了。）

b. 阿姐望頭髮剪爻罷。（阿姐把頭髮剪了。）

c. 我望被收底罷。（我把被子收進來了。）

以上例句，也可以用“逮”或者受事話題句表達。

至此，我們認爲温州方言中處置介詞“望”的語法化路徑應該是：視覺動詞　介詞　位移方向　有生方向　受益者　處置對象　。

四　温州方言“望”的語義地圖

張敏(2008)以 Haspelmath(2003)“典型與格功能的語義地圖”爲基礎，結合漢語方言事實，繪製了一張頗具影響力的漢語方言主要間接題元語義地圖。如下圖所示：

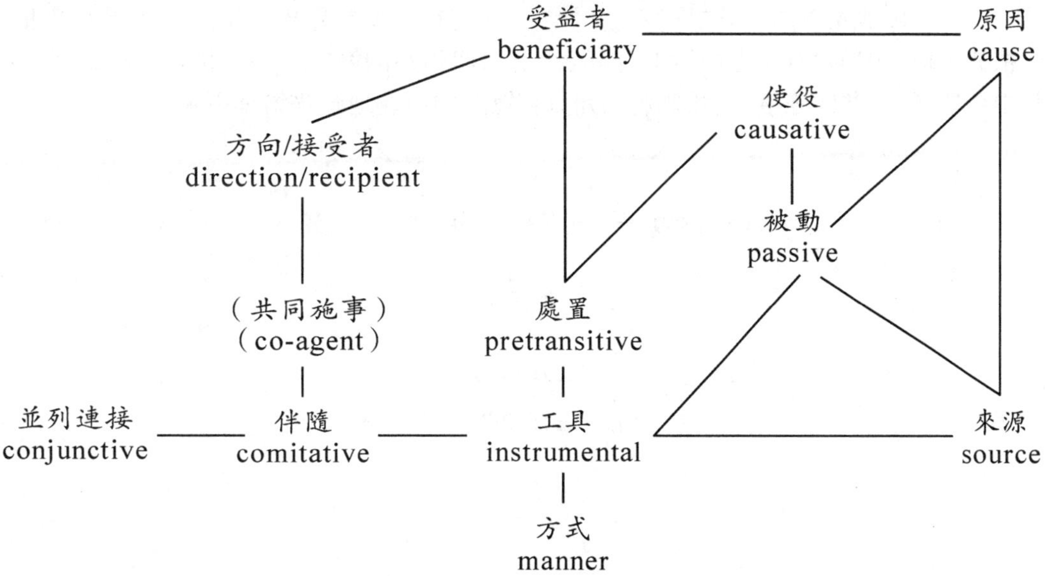

圖 1　漢語主要間接題元的語義地圖（張敏 2008）

這張語義地圖中較有爭議的是將方向和接受者置於同一個功能節點。根據Haspelmath(2003：213-217)，方向(direction)和接受者(recipient)是兩個有直接關係、在語義地圖上相互毗鄰的功能；世界上不少語言，如英語和法語就用同一形式(*to*、*à*)編碼方向和接受者兩個不同的標記。但是漢語往往由於語序的限制"方向"(常在動詞)和"接受者"(常在動詞後)不用同一個標記。比如温州話標記方向用"望"，標記接受者用"丐給"。

學者們對該節點提出了不同修訂方案。蔡燕鳳、潘秋平(2015：273)在"方向"前增加了一個"空間方向(allative)"節點，將"方向(direction)"限定爲社會域上的行爲動作方向。而王瑋(2015：305)提出增加"對象(target)"功能節點，並論證了三者的語義鄰接關係應該是"方向—對象—受益者"。張敏也對該節點進行修正，即將"方向"這一節點限定爲"(空間)位移方向"，而"接受者"替换爲"人類目標(human goal)"，它包含{指人動作方向，接受者}兩個選擇項，並指出兩個節點都可能引申爲受益者，這反映了兩條完全不同的語法化路徑最終殊途同歸的事實(張敏 2015：17)。

其次，王瑋(2015)對 61 種世界語言進行考察，根據相關性統計也得出，"方向"和"對象"(即"有生方向")是相鄰的功能節點，而"終點"和"接受者"相鄰，即存在"方向—有生方向—受益者"和"終點—接受者—受益者"這兩條語義引申路徑。温州方言的"望"不能標記"接受者"①，其演化路徑爲前者。

在繪製温州方言"望"的語義地圖前，需要補充的是：在瑞安(塘下)話中，"望"的功能較蒼南吴語更爲豐富，除上節所述的功能外，"望＋NP＋VP"中 NP 的語義角色還可以是共同施事(co-agent)，伴隨者(comitative)或者並列連接(conjunctive)。

(24)a. 小張望小李是狃在那兒談戀愛。　(小張和小李在談戀愛。)　(共同施事)
b. 該日我不望你相打。　(今天我不和你打架。)　(共同施事)
(25)a. 我望渠做陣走。　(我和他一起走。)　(伴隨者)
b. 我望阿爸阿媽做陣住。　(我和爸爸媽媽一起住。)　(伴隨者)
(26)a. 我望阿媽日晝沃未吃。　(我和媽媽中飯都還没吃。)　(並列連接)
b. 我望阿三沃是温州人。　(我和阿三都是温州人。)　(並列連接)

根據王瑋(2015)"有生方向"和"伴隨者"是兩個相鄰的節點。而張敏(2008，2015)則認爲其中可能經由"共同施事"。我們將温州方言"望"的語義地圖描繪如下：

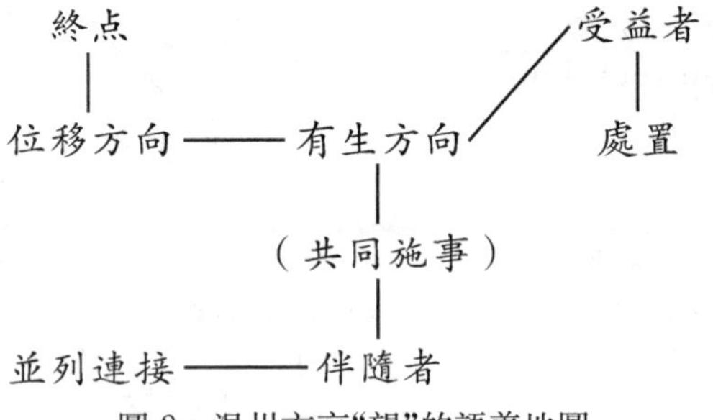

圖 2　温州方言"望"的語義地圖

① 温州方言中標記接受者的介詞爲"丐給"，例如："逮書送丐渠把書送給他"。

五 結語

從跨語言或者同一語言不同歷時時期的角度來看,語法化往往具有高度的規律性。這一方面表現在同一語法標記往往來自有限的詞彙類别,另一方面則表現在同一語法標記會再向相同的方向發展(石毓智 2011:228)。

李藍、曹茜蕾(2013a. b.)統計的 113 個漢語方言處置介詞中,未發現視覺動詞語法化爲處置介詞的案例。那麽温州方言視覺動詞"望"的語法化路徑是否爲孤例? 其實不然,理由如下:

其一,視覺動詞語法化在漢語中較常見。例如,視覺動詞"看"在現代漢語普通話和方言中均可作爲嘗試體標記(如:摸摸看試着摸一下);陳穎(2014:57)還論證了 "看"語法化爲連接詞、助詞、近將來體標記等;武文傑、徐豔(2012)還提及視覺動詞"見"在漢語史上曾語法化爲被動標記(如:王僚見殺,賊由專諸。夫差輕越,取敗姑蘇。(《史記》)),"相" 演變爲互指代詞(如:與之相對應、相比較)。

另外,其他感官動詞發展出處置介詞功能的現象在漢語方言中也有報道。如曹志耘(2000)指出,金華湯溪方言"聽"可作處置介詞。

(27)a. 爾聽扇門關去。 (你把門關上)

b. 聽些衣裳收歸來。 (把那些衣服收進來。)

其二,李藍、曹茜蕾(2013a. b.)統計的處置介詞中有不少可以標記有生方向,如"跟"(隨縣、淮陰、寧遠、昌黎等地),"畀"(南城、建寧、黟縣等)。而且在標記處置對象的介詞中,多可用來標記其他對象(如:接受者:於,爲、畀、給、把;言談者:替、問、和等;施事者:爲、於、替、乞、教、把等)。也就是説引介對象的擴大和轉移是語法化的重要途徑。

其三,"望"的語法化鏈條在温州市區方言止步於"表示動作、行爲涉及對象"的介詞,而在蒼南吴語中却進一步發展出了標記"處置對象"的功能,這可能和"望"的使用頻率差異有關。語法化先決條件之一是詞彙的高頻使用,"望"在蒼南吴語中爲常用詞,而如上文所述,温州市區方言中引介涉及對象的介詞更常用的爲"伉"。所以,"望"在温州市區方言中失去了繼續發展爲處置介詞的可能性。

最後,"望"能够從標記"受益者"引申爲標記"處置對象",是温州方言動詞後接補語時賓語需前置於動詞這一語法規則導致句子底層結構重新分析的結果,體現了合適的句法環境對語法化的推動作用。

綜上,視覺動詞經方向介詞語法化爲處置介詞的路徑學界尚未論及,本文希望抛磚引玉,引起更多的關注和討論。

參考文獻

[1] Haspelmath, Martin. The geometry of grammatical meaning: Semantic maps and cross-linguistic comparison[C]//M. Tomasello. The New Psychology of Language 2. New York: Erlbaum. 2003: 211-243.

[2] Lehman, Christian. Grammaticalization: synchronic variation and diachronic change[J]. Lingua E Stile. 1985(3):303-318.
[3]蔡燕鳳,潘秋平. 從語義地圖看《左傳》的受益表達[M]//李小凡等. 漢語多功能語法形式的語義地圖研究. 北京:商務印書館,2015:256-301.
[4]曹茜蕾. 漢語方言的處置標記的類型[M]// 語言學論叢(第 36 輯). 北京:商務印書館,2007:184-209.
[5]曹志耘. 金華湯溪方言的介詞[M]//李如龍,張雙慶. 中國東南部方言的比較研究叢書(第 4 輯). 廣州:暨南大學出版社,2000:60-77.
[6]陳穎. 視覺動詞"看"相關語義網絡研究[M]. 北京:中國社會科學出版社,2014:57.
[7]陳澤平. 福州方言處置介詞"共"的語法化路徑[J]. 中國語文,2006:233-236.
[8]江藍生. 超常組合和語義羨餘:漢語語法化誘因新探[J]. 中國語文,2016(5):515-525.
[9]李藍,曹茜蕾. 漢語方言中的處置式和"把"字句(上)[J]. 方言 2013(1):11-30.
[10]李藍,曹茜蕾. 漢語方言中的處置式和"把"字句(下)[J]. 方言 2013(3):97-110.
[11]劉丹青. 語法化中的共性與個性,單向性與多向性——以北部吴語的同義多功能虛詞"搭"與"幫"爲例[C]//吴福祥、洪波. 語法化與語法研究(一). 北京:商務印書館,2003:125-144.
[12]馬貝加. 近代漢語介詞[M]. 北京:中華書局,2002:75-81.
[13]馬貝加,蔡嶸. 温州方言存在動詞"是"的來源[J]. 方言,2006(3):222-227.
[14]潘悟雲. 温州方言的動詞謂語句[M]//李如龍、張雙慶. 中國東南部方言的比較研究叢書(第 3 輯). 廣州:暨南大學出版社,1997:58-75.
[15]潘悟雲. 温州方言的介詞[M]//李如龍,張雙慶. 中國東南部方言的比較研究叢書(第 4 輯). 廣州:暨南大學出版社,2000:49-59.
[16]錢乃榮. 上海方言中的介詞[M]//李如龍,張雙慶. 中國東南部方言的比較研究叢書(第 4 輯). 廣州:暨南大學出版社,2000:32-48.
[17]盛益民. 語義地圖的不連續和歷時演變——以紹興柯橋話虛詞"作""撥"爲例[M]//李小凡等. 漢語多功能語法形式的語義地圖研究. 北京:商務印書館,2015:333-349.
[18]石汝傑. 蘇州方言的介詞體系[M]//李如龍,張雙慶. 中國東南部方言的比較研究叢書(第 4 輯). 廣州:暨南大學出版社,2000:1-22.
[19]石毓智. 語法化理論——基於漢語發展的歷史[M]. 上海:上海外語教育出版社,2011:228.
[20]王瑋. 空間位移域的語義地圖研究[C]//李小凡等. 漢語多功能語法形式的語義地圖研究. 北京:商務印書館,2015:302-332.
[21]温端政. 蒼南方言志[M]. 北京:語文出版社,1991:197.
[22]吴福祥. 語義地圖和語法化[J]. 世界漢語教學,2014(1):3-17.
[23]武文傑,徐豔. 漢語視覺行爲動詞語法化分析[J]. 河北大學學報・哲學社會科學版 2012(5):103-105.
[24]幸穎凡. 晉語、中原官話動兼方類詞研究[D]. 武漢:華中師範大學,2015.
[25]游汝傑,楊乾明. 温州方言詞典[Z]. 南京:江蘇教育出版社. 1998:157,193.
[26]張敏. 漢語方言處置式標記的類型學地位及其他[Z]. 北京大學漢語語言學研究中心演講稿,2008 年 1 月 8 日.
[27]張敏. "語義地圖模型":原理、操作及在漢語多功能語法形式研究中的運用[M]//李小凡等. 漢語多功能語法形式的語義地圖研究. 北京:商務印書館,2015:3-54.
[28]鄭張尚芳. 温州方言志[M]. 北京:中華書局,2008.

From Visual Verb to Disposal Marker

——On the Grammaticalization of [mo^{22}](望) in Wenzhou Dialect and its Semantic Map

Jiang Shuzhen　Chi Changhai

Abstract: [mo^{22}](望), a verb meaning look far into distance has grammaticalized into a preposition introducing direction of motion in Chinese Mandarin and dialects. While this research discovers that 望, in some subsidiary Wenzhou dialects, e. g. Cangnan South Wu Dialect and Ruian(Tangxia)Dialect, has gone further in the grammaticalization chain into a disposal marker. The grammaticalization path of 望 can be described as: "visual verb > preposition(space direction> animate direction > beneficiary > disposal)". The grammaticalization of 望 from a visual verb to a directional preposition is the result of gradual disappearance of semantic components, while the variation of syntactic components in the conventional constructions brings about the evolution of 望 from a directional preposition into a preposition introducing beneficiaries. Finally, the expansion from beneficiary marker to disposal marker is generated by a reanalysis of underlying syntactic structure of object-preposing sentences, which are prominent in Wenzhou Dialect. A semantic map is also proposed based on the multi-functionality of 望 in Wenzhou Dialect.

Key words: 望, disposal marker, Wenzhou dialect, grammaticalization, semantic map

通信地址:姜淑珍　浙江省杭州市西湖區嘉綠西苑 43-3-501
郵　　編:310018
E-mail:susanjsz@126. com

通信地址:池昌海　浙江大學漢語史研究中心
郵　　編:310028
E-mail:chhch@zju. edu. cn

南部吴語宕攝陽韻字的層次及演變*

孫宜志

内容提要 南部吴語宕攝三等陽韻字的今讀有六個層次。層次Ⅰ:陽韻與登韻合韻。層次Ⅱ:陽韻莊組字與江韻知莊組字合韻,其餘聲組韻母有的自成一類,有的與其餘韻類合流。層次Ⅲ:陽韻與唐韻開口合韻。層次Ⅳ:陽韻讀齊齒呼或撮口呼韻母,與咸山攝韻母相同或獨立成韻。層次Ⅴ:陽韻爲合口呼韻母,獨立成韻母。層次Ⅵ:陽韻莊組字與陽韻其餘聲組相同。文章構擬了相關層次的演變過程。

關鍵詞 南部吴語 宕攝陽韻 層次

本文中的南部吴語指浙江南部和比鄰的江西、福建的吴語,範圍相當於甌江片、金衢片和上麗片。本文中的"陽韻"字指《切韻》音系中宕攝三等"陽養漾"三韻,舉平以賅上去入。本文中的"層次"採取王福堂老師(2003)《漢語方言語音中的層次》的定義,指"同一古音來源的字(一個字或一組字)在方言共時語音系統中有不同語音形式的若干音類"。本文中的語料來自《吴語處衢方言研究》《吴語江山廣豐方言研究》《吴語蘭溪東陽方言調查報告》《浙南七縣市吴方言音系(討論稿)》《温州方言志》《蒼南方言志》《浙江樂清方言音系》以及公開發表的調查材料。聲調不影響我們對問題的討論,統一略去。

一 南部吴語陽韻字今讀層次

下面先考察南部吴語陽韻字的讀音層次。我們的做法是:對南部吴語各點的語音進行全面的考察,選取層次豐富的點作代表點。我們選取開化、金華、浦江、温州四個方言點的陽韻字進行分析,因爲這四個點的陽韻字層次基本包含了南部吴語陽韻字的所有類型。

(一)開化方言陽韻字的今讀層次

1. 開化方言陽韻字的今讀層次

開化方言陽韻字的今讀韻母列表如下:

* 本文爲國家社會科學基金項目"南部吴語語音的層次及演變研究"(14BYY036)和國家社會科學基金項目"600 年來贛語與官話互動的歷史追蹤、現狀調查與數據庫建設(18ZDA297)"的階段性成果。感謝審稿人認真細緻的審閲和中肯的修改意見。文中錯謬概由作者本人負責。

表 1　開化方言陽韻字今讀情况表

	來母	精組	莊組	知組	章組	見系
ɛ̃	＋		＋	＋		
ioŋ			＋			
uã			＋			
ã			＋			
iã	＋	＋		＋	＋	＋

下面先列舉一些例字，然後指出中古音類的分合關係。

ɛ̃：量$_1$ lɛ̃｜長$_2$ 腸$_2$ dɛ̃｜瘡 tsʰɛ̃｜床 zɛ̃。與曾攝開口一等登韻韻母相同，對比：層 zɛ̃。

ioŋ：壯$_1$ tɕioŋ｜狀$_1$ ʑioŋ，霜爽$_1$ ɕioŋ。與江攝二等江韻相同，對比：雙$_1$ ɕioŋ｜撞 dʑioŋ｜窗$_1$ tɕʰioŋ。開化陽韻讀 ioŋ 的還有章組的一個字"菖$_1$ tɕʰioŋ"。這個字在常山讀"菖 tsʰõ"，也與陽韻莊組字今讀韻母相同。因爲只有一個字，而且只見於開化和常山，我們看成例外。

uã：莊裝壯$_2$ tsuã｜狀$_2$ dzuã｜雙$_2$ 孀爽$_2$ suã。與江韻知莊組的文讀相同。對比：窗$_2$ tsʰuã。

ã：創闖 tsʰã。與宕攝一等唐韻的文讀韻母相同，對比：榜$_2$ pã｜桑$_2$ sã。

iã：張$_1$ tiã｜張$_2$ 章 tɕiã｜想 ɕiã。獨立成韻。

以上讀音，ɛ̃、iã 在來母對立，可見是不同層次。ioŋ、ɛ̃、uã、ã 在莊組對立，也是不同層次。iã 與 ioŋ、uã、ã 在莊組互補，我們認爲來母、精組 iã 與莊組 ioŋ 是同一層次。理由爲：

uã、ã 都是文讀，而 iã、ioŋ 都是白讀，而且 iã、ioŋ 互補。

可見，開化方言陽韻字的今讀有如下層次：

層次一：ɛ̃。與登韻合韻。

層次二：iã-ioŋ。莊組與江韻知莊組韻母相同，其餘聲組獨立成韻。

層次三：uã。與江韻知莊組韻母相同。

層次四：ã。與宕攝開口一等唐韻今文讀韻母相同。

2. 開化方言陽韻字今讀層次的性質

層次一：ɛ̃ 是白讀層次。這一層次只有零星的幾個字，顯得十分特殊。一是從音類分合的角度看，這些字只包含宕攝三等陽韻字，江攝江韻字不讀入該韻母。可見，是陽韻莊組與江韻知莊組合流前的特徵。二是周邊的贛語、徽語以及其餘點的吴語都没有這種分合關係，可見不是周圍方言的影響。這一層次分布於上山小片和麗水小片部分點，可以認爲是《切韻》陽韻部分字的特殊變化。

層次二：iã-ioŋ 也是白讀層次。這一層次含有江韻字而無真痕登韻字，反映陽江合流的語音特點。王力(1985：303)指出：共同語宋代"江韻開始併入陽唐"。可見，層次二：iã-ioŋ 晚於層次一：ɛ̃。

層次三：uã 和層次四 ã 都是文讀，時間更晚。

(二)温州方言陽韻字的今讀層次。

温州方言陽韻字的今讀韻母列表如下：

表 2　温州方言陽韻字今讀情況表

	精組	來母	莊組	知章組	見系
uɔ			+		
yɔ			+		
i	+	+		+	+

下面先列舉一些例字，然後指出中古音類的分合關係。

uɔ：莊裝壯 tsuɔ｜瘡創 tsʰuɔ｜爽 suɔ。與宕攝一等開口唐韻合流，對比：葬 tsuɔ｜倉 tsʰuɔ｜桑 suɔ。

yɔ：裝$_2$ 莊$_2$ tɕyɔ｜瘡$_2$ 闖 tɕʰyɔ｜狀 dʑyɔ｜床 jyɔ｜霜孀 ɕyɔ。與江攝二等知莊組字合流，對比：樁 tɕyɔ｜窗 tɕʰyɔ｜雙 ɕyɔ。

i：良涼 li｜章張 tɕi｜强 dʑi｜槍 tɕʰi。與咸攝和山攝開口三四等字韻母相同，對比：連 li｜占 tɕi。

uɔ 與 yɔ 在莊組對立，顯然是不同層次。i 與 uɔ 和 yɔ 都互補，i 與哪個韻母形成一個層次呢？我們認爲 i 與 yɔ 構成一個層次，理由爲：y 和 yɔ 韻母都出現在白讀中，而且互補，而 uɔ 只在文讀中出現。

宕攝入聲韻今讀逢精組、知章組、見組讀 a，逢來母讀 iɛ，分布上互補，可以合併成一個層次。

可見，温州陽韻字今讀有兩個層次：

層次一：i-yɔ。這一層次陽韻莊組字與江攝二等知莊組字相同，其餘聲組與咸攝和山攝開口三四等字韻母相同。

層次二：uɔ。這一層次陽韻字莊組與宕攝一等唐韻韻母相同。

層次一：i-yɔ，是白讀層次，層次二：uɔ 是文讀層次。

那麼，温州方言的層次一與開化方言的哪個層次對應呢？

開化方言的層次一、層次二都是《切韻》音系的發展，温州方言層次一也是《切韻》音系的發展，可以建立對應關係。不過，開化方言層次一是少量字的特殊變化，我們認爲：

温州層次一與開化層次二對應。

温州層次二與開化層次四對應。理由爲：一是都爲文讀，二是音類分合關係相同。

（三）金華方言陽韻字的今讀層次

金華方言陽韻字的今讀韻母列表如下：

表 3　金華方言陽韻字今讀情況表

	端系	莊組	知章組	見系
yɑŋ		+		
iɑŋ	+	+	+	+
ɑŋ		+		

下面先列舉一些例字，然後指出中古音類的分合關係。

yaŋ：裝 tɕyaŋ｜瘡$_1$ tɕʰyaŋ｜狀$_2$ dʑyaŋ｜霜爽 ɕyaŋ｜床$_1$ ʑyaŋ。與江韻知莊組字韻母相同，對比：樁 tɕyaŋ｜窗 tɕʰyaŋ｜撞 dʑyaŋ｜雙 ɕyaŋ。

iaŋ：糧 liaŋ｜薑 tɕiaŋ｜腔 tɕʰiaŋ｜强 dʑyaŋ，狀$_{1,\text{狀元}}$ dʑiaŋ。獨立成韻。

ɑŋ：瘡$_2$ tsʰɑŋ。與宕攝一等唐韻相同，對比：桑 sɑŋ。

以上韻母，在莊組都有對立，是三個不同的層次。iaŋ 韻和 ɑŋ 韻都是文讀。可見，金華方言陽韻字今讀有三個層次：

層次一：金華端組 iaŋ/iəʔ-莊組 yaŋ-見系 iaŋ/iəʔ。莊組與江韻知莊組韻母相同，其餘聲組獨立成韻。

層次二：金華莊組 iaŋ。陽韻莊組字與陽韻其餘聲組字韻母相同。

層次三：金華莊組 ɑŋ。與宕攝開口一等韻母相同。

層次一是白讀，層次二和層次三是文讀。層次一的性質與開化層次二、温州層次一相同。

（四）浦江方言陽韻字的今讀層次

浦江方言陽韻字的今讀情況請見下表：

表 4　浦江方言陽韻字今讀情況表

	端系	莊組	知章組	見系
yõ	+	+	+	+
yan		+		
õ		+		
ian		+	+	+

下面先列舉一些例字，然後指出中古音類的分合關係。

yõ：莊組與江攝江韻知莊組韻母相同，其餘聲組也與江韻知莊組韻母相同。裝壯 tɕyõ｜瘡 tɕʰyõ｜狀 dʑyõ，糧 lyõ｜薑 tɕyõ｜腔$_1$ tɕʰyõ｜强 dʑyõ。對比：樁 tɕyõ｜撞 dʑyõ。

yan：莊組與山攝合口三等見系文讀合流。例如：莊 tɕyan｜窗 tɕʰyan｜狀 dʑyan，對比：犬 tɕʰyan｜倦 dʑyan。

õ：莊組與宕攝一等韻母相同。例如：裝$_{\text{裝車}}$ tsõ。對比：葬 tsõ。

ian：與咸山攝三四等文讀韻母相同。暢創 tʃʰian｜釀 ʒian｜薑 tʃian。對比：展 tʃian。

以上讀音，yan、õ、ian 都出現在文讀詞中。其中 yan、õ 對立，ian 與 yan、õ 互補。ian 應該與 yan 歸爲一個層次。理由爲：ian、yan 與咸攝和山攝文讀相關，而 õ 與宕攝相關。可見，浦江方言陽韻字有三個層次：

層次一，yõ；層次二，õ；層次三：ian-yan。

浦江方言層次一、層次二的性質與金華方言層次一、層次二相同。下面討論浦江方言層次三的性質。

我們認爲浦江方言層次三是金華方言影響的結果。理由有三點：

一是這些韻母是文讀。

二是音值與金華方言接近。

三是浦江與金華地域上相鄰，而且金華方言是該地域的優勢方言。

不過，這一層次在其餘點表現不一樣。下面是湯溪方言的情況：

表 5　湯溪方言陽韻字今讀情況表

	端系	莊組	知章組	見系
io	+		+	+
yo	+		+	+
iɑo		+		
iɑŋ			+	+
yɑŋ		+		

湯溪的 io、yo 自由變讀，所有讀 io 的字都有 yo 的讀法，而且無色彩差異，可以合併成同一層次。iɑŋ-yɑŋ 對應浦江的 ian-yan，但是不與其餘字韻母相同，而是獨立成韻。

可見，南部吴語陽韻字的今讀普遍存在如下層次：

層次Ⅰ：陽韻字與登韻合韻。

層次Ⅱ：陽韻莊組字與江韻知莊組韻母相同，其餘聲組韻母有的自成一類，有的與其餘韻類合流。

層次Ⅲ：陽韻莊組與宕攝開口一等唐韻文讀韻母合韻。

層次Ⅳ：陽韻字讀齊齒呼或撮口呼，與咸山攝三四等今文讀韻母相同或獨立成韻。

層次Ⅴ：陽韻字莊組讀合口呼，獨立成韻。

層次Ⅵ：陽韻字莊組字與陽韻其餘聲組相同。

層次Ⅰ和層次Ⅱ都爲白讀，爲同源層次；層次Ⅲ、層次Ⅳ和層次Ⅴ、層次Ⅵ都具有明顯的文讀色彩，層次Ⅲ、層次Ⅳ、層次Ⅴ、層次Ⅵ爲異源層次。

二　南部吴語陽韻字今讀層次的對應及演變

下面列出南部吴語陽韻字各層次的對應，並探討各層次之間的關係。舉例字時酌情舉對比例字。有該層次時列出例字音，無該層次時用"－"表示。對比例字統一列出字音。

(一)同源層次的對應

1. 層次Ⅰ：陽韻字與登韻合韻的對應及演變

這一層次主要分布於上山小片，麗水小片也有部分點有這一層次，但是字數比上山小片少。下面將上山小片各點列出，麗水小片列出遂昌、雲和和慶元。

表 6　南部吴語陽韻字層次Ⅰ對應表

	廣豐	玉山	常山	江山	開化	遂昌	雲和	慶元
裝	tæ̃	tæ̃	tʌ̃	—	—	—	—	瓤 nã
瘡	ʦʰæ̃	ʦʰæ̃	ʦʰʌ̃	ʦʰæ̃	ʦʰɛ̃	ʦʰə̃	—	—
長	dæ̃	dæ̃	dʌ̃	dæ̃	dɛ̃	də̃	dɛ	tã
量	læ̃	læ̃	lʌ̃	læ̃	lɛ̃	两 lə̃	—	lã

一般認爲《切韻》音系陽韻爲 iɑŋ，可以認爲南部吴語陽韻字發生了如下變化：

→ʌ̃（常山）

* iɑŋ→* əŋ→ə̃（遂昌）→ɛ̃（開化）→æ̃（江山、廣豐、玉山）→ã（慶元）

→ɛ（雲和）

2. 層次Ⅱ的對應

層次Ⅱ在南部吴語各點都有分布，是南部吴語的主體層次。下面舉開化、廣豐、常山、玉山代表上山小片，舉雲和、慶元、遂昌、麗水代表麗水小片，舉金華、蘭溪、浦江、磐安代表金衢片，舉泰順、樂清、温州、蒼南代表甌江片。

表 7　南部吴語陽韻字層次Ⅱ對應表

	開化	廣豐	常山	玉山	雲和	慶元	遂昌	麗水
糧	liã	liã	liã	liã	liã	liɑ̃	liaŋ	lian
槍	ʨʰiã	ʨʰiã	ʨʰiã	ʨʰiã	tʃʰiã	ʨʰiɑ̃	ʨʰiaŋ	ʨʰian
床	—	—	—	—	ʒiɔ̃	ɕiɔ̃	ʑiɔŋ	ɕʑioŋ
霜	ɕioŋ	sɑ̃ɔ	sõ	ɕiɒ̃	ʃiɔ̃	ɕiɔ̃	ɕiɔŋ	ɕioŋ
張	tiã	tiã	tiã	tiã	tiã	tɕiɑ̃	tiaŋ	tian
帳	tiã	tiã	tiã	tiã	tiã	tɕiɑ̃	tiaŋ	tian
鄉	ɕiã	ɕiã	ɕiã	ɕiã	ʃiã	ɕiã	ɕiaŋ	ɕian
雙$_{江}$	ɕioŋ	sɑ̃ɔ	sõ	ɕiɒ̃	ʃiɔ̃	ɕiɔ̃	ɕiɔŋ	ɕioŋ

續表

	金華	蘭溪	浦江	磐安	泰順	樂清	温州	蒼南
糧	liɑŋ	liã	lyõ	liɒ	liẽ	lɯ	li	lie
槍	ʦʰiɑŋ	ʨʰiɑ̃	tʃʰyõ	tʃʰiɒ̃	ʨʰiẽ	ʨʰɯ	ʨʰi	ʨʰie
床	ʑyɑŋ	ʑyã	ʒyõ	ʒiɒ	ɕyõ	zuɯ	jyɔ	ʑyo
霜	ɕyɑŋ	ɕyã	ʃyõ	ʃiɒ	ɕyõ	suɯ	ɕyɔ	ɕyo
張	ʨiɑŋ	ʨiã	tʃyõ	tʃiɒ	ʨiẽ	ʨɯ	ʨi	ʨie
帳	ʨiɑŋ	ʨiã	tʃyõ	tʃiɒ	ʨiẽ	ʨɯ	ʨi	ʨie
鄉	ɕiɑŋ	ɕiã	ʃyõ	ɕiɒ	ɕiẽ	ɕa	ɕi	ɕie
雙$_{江}$	ɕyɑŋ	ɕyã	ʃyõ	ʃiɒ	ɕyõ	suɯ	ɕyɔ	ɕyo

可以認爲這一層次有如下變化：

莊組：

→ioŋ 開化→iɔ̃(雲和、慶元)

*iɑŋ→yɑŋ(金華)→yā(蘭溪)→yō(浦江)→yɔ、yo(温州、蒼南)

→uā(龍遊)

端系、知章組、見系：

*iɑŋ→iɑŋ(金華)→iɑ̃(慶元、蘭溪)→iā(開化、雲和)→ie(蒼南)→i(温州)

→yō(浦江)

層次Ⅰ和層次Ⅱ演變圖表示的意思爲：

《切韻》音系陽韻部分字的 iɑŋ 中的 iɑ 在上山小片受到 i 介音的影響，單元音化爲 ə，陽韻與曾攝一等登韻合流。大部分字與其餘各片的陽韻字一樣，根據聲組分化，發生其餘的後續變化。

(二)異源層次的對應及演變

1. 層次Ⅲ：與宕攝開口一等韻母相同的對應及演變

這一層次在各片都存在。下面以開化、廣豐代表上山小片，以金華、浦江代表金衢片，以雲和、慶元代表麗水小片，以温州、樂清代表甌江片。

表 8 南部吴語陽韻字層次Ⅲ對應表

	開化	廣豐	金華	浦江	雲和	慶元	温州	樂清
莊	—	ts ɑ̃ɔ	脹 tsɑŋ	裝 tsō	tsɔ̃	tsɔ̃	tsuɔ	tɕo
瘡	創 $ts^hā$	$ts^hɑ̃ɔ$	$ts^hɑŋ$	—	創 $ts^hɔ̃$	創 $ts^hɔ̃$	$ts^huə$	$tɕ^ho$
闖	$ts^hā$	$ts^hɑ̃ɔ$	—	—	裝 tsɔ̃	裝 tsɔ̃	裝 tsuɔ	裝 tɕo
爽	—	—	—	—	sɔ̃	sɔ̃	suə	so
桑	sā	sɑ̃ɔ	—	sō	sɔ̃	sɔ̃	suɔ	so

我們認爲這一文讀層的來源是浙江北部吴語。

從音類分合角度看，與浙江北部吴語相同。歷史上，浙江北部寧紹平原是浙江政治經濟文化中心，因此我們認爲這一文讀層是浙江北部吴語影響的結果。以下是浙江北部吴語宕攝陽韻字與一等字的讀音對比：

	樁	裝	壯	瘡	撞	葬	倉	桑
紹興	tsɒŋ	tsɒŋ	tsɒŋ	$ts^hɒŋ$	dzɒŋ	tsɒŋ	$ts^hɒŋ$	sɒŋ
嵊縣	tsɑŋ	tsɑŋ	tsɑŋ	$ts^hɑŋ$	dzɑŋ	tsɑŋ	$ts^hɑŋ$	sɑŋ
鄞縣	tsɔ̃	tsɔ̃	tsɔ̃	$ts^hɔ̃$	dzɔ̃	tsɔ̃	$ts^hɔ̃$	sɔ̃
杭州	tsɥɑŋ	tsɥɑŋ	tsɥɑŋ	$ts^hɥɑŋ$	dzɥɑŋ	tsɑŋ	$ts^hɑŋ$	sɑŋ

除杭州外，以上幾個浙江北部吴語方言都具有宕攝三等陽韻莊組字與一等韻母相同的特點。杭州在北部吴語中顯得另類，這與杭州方言南宋以來所受影響相關。

來自浙北吴語的宕攝陽韻字讀音進入南部吴語後，折合成音值接近的文讀音。可見，産生了如下變化：

→ɑ̃ɔ(廣豐)
ɒŋ(紹興)→ɑŋ(金華)→ɔ̃(雲和、慶元)→õ(浦江)→o(樂清)→uɔ(温州)
→ã(開化)

2. 層次Ⅳ：讀齊齒呼和撮口呼韻母、與咸山攝三四等文讀韻母相同或獨立成韻的對應和演變

這一文讀層次分布於金華周邊的浦江、磐安、湯溪、義烏、東陽(永康、武義、蘭溪無)。其中浦江和磐安字數較多。我們認爲這一層次是金華方言影響的結果。浦江已如前述，下面舉例列舉其餘點的例字：

磐安：梁$_2$ lian｜僵 tɕian｜壤 ʒian。

湯溪：掌 tɕiɑŋ｜强$_3$ dʑiɑŋ｜商$_3$ ɕiɑŋ，裝$_2$ 壯$_2$ tɕyɑŋ。

東陽：梁$_2$ lian｜疆障 tɕian。

磐安、湯溪、東陽這一文讀層都不與其餘韻類的韻母相同。

3. 層次Ⅴ：陽韻莊組讀合口呼，獨立成韻。

這一層次見於開化和磐安，文讀色彩濃厚，開化字數較多。這一層次是近現代普通話影響的結果。下面列舉磐安例字：

磐安：莊$_2$ 裝$_2$ tsuan

4. 陽韻莊組與陽韻知章組合流的文讀層

這一層次分布於金華、蘭溪。

金華和蘭溪有一個莊組“狀”字與宕攝開口三等知章組韻母相同的文讀層。這一層次也可能來自浙北吴語。以下爲“狀”在金華、蘭溪以及浙北吴語紹興、嘉興中與其餘聲組的對比情況：

	金華	蘭溪	紹興	嘉興①
狀	dʑiɑŋ	dʑiɑ̃	dzɒŋ	zʌ̃
樟	tɕiɑŋ	tɕiɑ̃	tsɒŋ	tsʌ̃
傷	ɕiɑŋ	ɕiɑ̃	sɒŋ	sʌ̃

也即“狀”在紹興、嘉興與宕攝三等陽韻知章組字韻母相同。金華、蘭溪借入“狀”這一讀音時，將它折合成與宕攝三等知章組字相同的韻母。

參考文獻

[1]蔡嶸. 浙江樂清方言音系[J]. 方言，1999(4).
[2]曹志耘，秋谷裕幸，太田齋，趙日新. 吴語處衢方言研究[M]. 東京：好文出版，2000.
[3]秋谷裕幸. 吴語江山廣豐方言研究[M]. 松山：愛媛大學法文學部綜合政策學科，2001.

① 嘉興語料來自筆者 2015 年承擔的“中國語言資源保護工程專項任務”“浙江漢語方言調查·嘉興”所作的調查。

[4]秋谷裕幸,趙日新,太田齋,王正剛. 吴語蘭溪東陽方言調查報告[M]. 神户市外國語大學外國語學部,2002.
[5]秋谷裕幸,曹志耘,黄曉東,劉祥柏,蔡嶸. 浙南七縣市吴方言音系(討論稿)[M]. 松山:愛媛大學法文學部,2005.
[6]王福堂. 漢語方言語音中的層次[M]//語言學論叢(第27輯). 北京:商務印書館,2003.
[7]王力. 漢語語音史[M]. 北京:中國社會科學出版社,1985.
[8]温端政. 蒼南方言志[M]. 北京:語文出版社,1991.
[9]鄭張尚芳. 温州方言志[M]. 北京:中華書局,2008.

On the Strata and Development of *Yang*(陽)Rhyme Category in Southern Wu Dialects

Sun Yizhi

Abstract: There are five sound strata of *yang*(陽)rhyme category in southern Wu dialects. Layer I merges into the *yang*(陽)and *deng*(登). Layer II incorporates in *yang*(陽)of *zhuang*(莊)group and *jiang*(江)of *zhi*(知)and *zhuang*(莊)group. Layer III include *yang*(陽)and opened-mouth *tang*(唐). Layer IV consists of *yang*(陽)and literary sound of closed-mouth *tang*(唐). Layer V of *yang*(陽)has same sound as *xian*(咸)and *shan*(山) rhyme groups. Moreover, the paper also reconstructed developmental process of these strata.

Key words: southern wu dialects, *yang*(陽)rhyme category, strata

通信地址:浙江省杭州市杭州師範大學人文學院
郵　　編:311121
E-mail: syz2005@sina. com

明清汴洛地區"他"音考*

趙禕缺

内容提要 汴洛現代方言高頻詞"他"僅有麻韻一讀。然明中後期河南桑紹良《青郊雜著》韻圖顯示,該字却存在歌、麻兩讀。明末歌韻讀法在汴洛地區還通行於口語,至清初又發生了由圓脣元音至不圓脣元音的轉讀即有合開口兩讀。這被記録於吕坤《交泰韻》和李子金《書學慎餘》兩書中。這種歌、麻兩音並行一直持續到清末,崔鴻達《音韻六書指南》對此有載。自清中葉"他"字麻韻讀法在汴洛地區始占優勢,最終於民國初年取代歌韻而獨行天下。

關鍵詞 明清河南文獻 汴洛地區 "他"音 考證

一 引言

《切韻》《刊謬補缺切韻》歌戈不分韻,唐孫愐《唐韻》戈韻獨立,與歌韻開合對立。今人分别擬作 * uɑ、ɑ。至宋初,反映汴洛音的天息災譯著梵漢對音,據張福平(1996)研究,發現少部分一等歌戈韻字對譯元音 o,如'sroniparataka素囉波囉多迦(842),正是以囉對譯 o。對此現象,張先生認爲:"從對音結果來看,除這兩字對譯 o 元音外,尚未見到其他例字。可是現代開封音一大部分歌戈韻字都讀成 o 元音。這足以説明在宋初語音系統中這兩韻字的主要元音已有向後代 o 元音轉移的趨勢。"此後,歌韻端系字向戈韻轉移,這表現在《集韻》把《廣韻》歌箇韻部分小韻分别移至合口戈過韻。《廣韻》果攝開口一等共 40 小韻,平聲歌韻 14 個、上聲哿韻 14 個、去聲箇韻 12 個。其中平聲 14 個小韻被轉入《集韻》戈韻 8 個"娑蹉醝多他駝羅那",另有 1 個箇韻"拖"移入過韻。對此開合混置現象,張渭毅(2006)從王力(1990)"錯簡而致"、黄侃(1936)等人"沿襲舊韻書"、日本坂井健一(1957)"語音演變"、邵榮芬(1994)"方音影響"四個方面進行了檢討,張先生傾向於後兩種觀點。然邵榮芬和坂井健一都認爲是音變現象,但邵榮芬先生並未指明是何地方音,坂井健一則認爲是北方音,當時北方音核心在汴洛地區。聯繫以上兩則材料可推斷時至北宋歌韻端系字主元音正在發生高化而向 o 轉移,且增生合口介音與戈韻混同。周祖謨先生(1981)考察了北宋汴洛人士果假兩攝詩詞韻

---

* 基金項目:國家社科基金重大項目"漢語等韻學著作集成、數據庫建設及系列專題研究"(17ZDA302);國家社科基金項目"清代汴洛及其周邊地區刻本、稿本、抄本韻書語音研究"(17BYY125)。感謝匿名審稿專家提出寶貴的修改意見,文中錯誤概由本人負責。

本文所指的汴洛地區是,以洛陽爲核心的河洛地區即河南西部和以開封爲核心的河南中東部。該地區北以黄河爲綫,南以伏牛山及汝河和潁河爲界,西起靈寶、東至商邱,處於黄河中游,大致在北緯 33 度至 35 度之間,正爲河南的腹地。包括洛陽、鄭州、開封、許昌四個地級市的全部,及商邱地區的西部和周口、漯河、平頂山三地區的北部,轄 50 個縣市。

後，說“陳簡齋詩歌戈兩韻不與麻韻相協，語音或已轉變爲 o、uo 矣”。

屬於歌韻端系字的“他”在汴洛地區顯然也發生了高化音變，這與反映元代北方口語的《中原音韻》收該字於歌戈部相一致。然反映明代中後期河南文獻中“他”不止僅讀歌韻，還有麻韻一讀。

二　明代《青郊雜著》《交泰韻》收録的“他”

“他”有歌、麻兩讀，這被明代濮州（今河南濮陽范縣）人桑紹良《青郊雜著》（1543—1581，下簡稱《青郊》）所記録。《青郊》據耿振生（1991）研究，除“不符合口語的地方是少數韻母類别和入聲字在各韻部中的分派”外，它“所表現的口語應當是作者的家鄉方言即當時的濮州話”。即書中時音反映當時的河南方音。該書收“他”於歌、麻兩部，摘録如下。爲便於觀察，依次標注出其所屬韻部、四科、聲母字即聲介合母、六級，術語之間加短横綫“_”標示。

他：

歌部_輕科_透母唐_沈平

麻部_輕科_透母唐_沈平

《青郊》是一部同音字表形式的韻圖，與傳統韻圖之别在於它廣收博採臚列同音字。韻分十八部，韻部下分重、次重、輕、極輕四科，相當於今天的合撮開齊四呼。收於輕科即讀開口呼。該書 20 聲紐桑氏又據其介音不同組合爲不同的聲母字即聲介合母。如透母據其後所拼合口、開口和齊齒三等呼而組合成“透母屯”“透母唐”“透母挑”，依次表示透母與合口、開口、齊齒類韻母拼讀。標以“透母唐”表示“他”讀開口。該書聲調系統稱六級，即沈平聲（陰平）、浮平聲（陽平）、上仄聲（上聲）、去仄聲（去聲）、淺入聲（陽入）、深入聲（清入），收“他”於沈平表示該字聲調屬陰平。

據上分析，可知上列“他”收於歌部輕科透母唐沈平，即讀透母開口歌韻陰平；又收於麻部輕科透母唐沈平，即讀透母開口麻韻陰平。按桑氏所記，這兩音聲同調同等呼同，其别僅在韻部即韻母上。這兩讀擬作*ȶʰo與*ȶʰa。

由於《青郊》語音系統摻和有一定數量的上古音，其分韻或收字並不與實際語音相等同。故有必要借助桑氏的韻學理論以及能够反映韻部間分合或收字信息對其語音成分再作考辨，目的是釐清其真性時音與非真性音。對於假性音成分，儘可能還原其“真”，回歸其“位”。桑氏收中古歌韻（舉平以賅上去，下同。下戈韻倣此）均於歌部輕科即開口讀，與戈韻收於重科形成歌戈開合口對立。然我們以爲歌戈兩韻各聲紐開合口全對立並非桑氏的實際語音。因爲在輕、重兩科的部分實收字與此格局相悖。如“邏囉欏纙些左大詑佗摞”等字重出於輕、重兩科，其中“邏囉欏纙些左”屬一等歌韻字，餘者在韻書中有歌戈韻兩屬。按桑氏歌部收字框架，中古一等歌韻字歸開口的原則，屬於一等的歌韻 6 字應僅歸入輕科，然它們又歸重科。這透露出歌韻端系字與合一戈韻已混的信息。這種混同説明讀作合口的歌韻字已混同戈韻。《青郊》歌戈兩韻開合口分韻當是沿襲了中古音框架，並非桑氏當時實際語音。據此，可知桑氏收“他”於歌部透母唐沈平，其中“透母唐”並非其真性音，其實際語音當是“透母屯”即透母合口類，擬作*ȶʰuo。

綜上述，《青郊》收録的“他”其實際語音應是歌部透母屯沈平和麻部透母唐沈平，也即

*ȶʰuo與*ȶʰa。因《青郊》是一部韻圖，所收字無釋義致使這兩音無法反映“他”在第三人稱代詞和旁指代詞兩種用法上的讀音差異。

桑紹良收“他”重出於歌、麻兩部，説明當時汴洛音存在此兩讀。這有别於《中原音韻》該字僅收入歌戈韻。《五音集韻》《蒙古字韻》《洪武正韻》在歌韻、《韻略易通》在戈何韻，即亦僅收於歌韻。以此而察，《青郊》最先將該字歸入麻韻上升爲書面語層次，與歌韻讀音並存。之所以能歸進麻韻，其因王力先生（1980）曾歸納：“‘他’字在中古唸 tʻɑ，由於某種特殊原因，没有跟着同韻字由 ɑ→o；等到漢語没有 ɑ，a 的分别的時候，它和 a 合流了。”王先生提到的“特殊原因”可能指該字作爲高頻詞所導致的音變速度減緩。自歌韻向 o 轉移到“他”歸隊至麻韻在書面上得到承認歷時約 500 年。其後，反映明末北京話的徐孝《合併字學集韻》（1606）亦記録了“他”的歌、麻兩音（即收於多韻、他韻）。

成書晚於《青郊》22 年的寧陵（今河南商邱寧陵）人吕坤《交泰韻》（1603，下簡稱《交泰》）收“他”於歌部陰類連聲小韻中。摘録該組小韻如下。其中收於陰聲韻入聲位上之字我們以添加底紋背景形式表示其原貌陰文，後倣此。

歌㊎ 他禿阿 妥吐我 唾兔餓 禿

這裏先對“陰類”“小韻”作一解釋。《交泰》韻分二十一部，部下分陰陽兩類，其中古全清、次清收於陰，古全濁、次濁收於陽。小韻以聲母爲單位，採用平上去入形式而編排，稱作一轉或連聲小韻。一轉中所收之“字”均代表一個音節的同音字組即小韻。各小韻均注明反切，無釋義。切上字表被切字開合洪細。故該書是一部以平上去入爲連聲小韻而同音字組只取其一作代表爲形式的韻圖。黄笑山（1990）認爲它是一部“反映明代中原河洛一帶語音的著作”，耿振生（1992）則謂之“近古河南方言”。

上列“他”組小韻其切上字分别爲“禿”“吐”“兔”，其中上去兩位切上字“吐”“兔”《交泰》收於模部。因《交泰》模部字爲 *u 韻，可知它們讀作合口。又因《交泰》切上字表被切字的開合洪細，故“他”組小韻讀合口。“他”收於陰類，處在連聲小韻的平聲位，可知其聲調屬於陰平。故“他”擬作*ȶʰuo。

《交泰・凡例》後有吕坤爲辨析語音而作的 85 組“平入相近”材料①的歌韻中列有 1 例“他”與古入聲字“脱”對舉字組，從此材料也能獲知“他”字的讀音。如下：

歌韻：他脱

平入相近是平入字相對舉，類似於《中原音韻》正音練習材料，目的是教人分辨混於平聲中的古入聲字。這裏吕氏把“他”與“脱”辨析，“脱”見於模㊐“徒脱吾 土妥五 兔唾誤 脱”，該組小韻因屬模部，可知“脱”讀合口。與“脱”相辨析的“他”同樣亦讀合口。這表明“他”在口語性相對較强材料中也讀合口，同時這顯示出“他”讀歌韻不止是我們所理解的僅爲書面語，汴洛地區它還運用於當時口語中。

與《青郊》“他”有歌、麻兩韻相較，《交泰》僅收歌韻一讀，其聲韻調與之同。然無收麻韻，極可能原因是漏收了此音。因按吕坤原計劃準備編寫兩部著作，一部是韻書，一部是字書，《交泰》僅是韻書的門户式《凡例》及總目，其收字受限。兼之中古假攝麻韻舌頭塞音端組無

① 這 85 組平入相近，依次隸屬支、齊、魚、模、歌、麻、遮七部。題下注云：“平入相近，謂之啞音。詩家、四六家多偶於一聯之内，讀之不甚鏗鏘。中原以詞林通用入作平聲，至今易於淆亂。特標於此，使知别白云。”

字，吕氏又未對當時分派至陰聲韻的古入聲字作很好的整理與調配，漏收來自歌韻中的“他”亦在情理之中。

三　清代《書學慎餘》《音韻六書指南》收録的“他”

清初柘城（今河南商邱柘城）人李子金《書學慎餘》（1682，下簡稱《書學》）收“他”於牙、娥兩部。該書韻分十五部，每部據二十紐而設圖，每紐一圖，每部 20 圖。十五部共 300 圖。每圖以縱四呼横四調交叉 16 音節而編製，縱四呼從上至下依次是齊撮合開，横四調從右至左依次是陽平、上聲、去聲、陰平。有字者填字，無字者畫圈。各字即小韻皆注反切，無釋義。該書音系“主要反映當時柘城一帶方音”（周賽華 2008）。摘録該字如下。爲簡明便於觀察，我們直接摘録該字所屬的韻部、聲母、等呼及聲調，術語之間加短横綫“_”標示。

他：
牙部_透母_開口_上聲
娥部_透母_合口_陰平
　　_透母_開口_陰平

上列“他”收於牙、娥兩部（牙部相當於《青郊》《交泰》麻部、娥部相當於歌部，下同）。其中牙部收於透母開口呼的上聲位，擬作*ᶜtʰa；而娥部收於透母合口呼與開口呼的陰平位，擬爲*ȶʰuo、*ȶʰo，説明讀作娥韻的“他”當時有合開口兩讀。按李氏記録，該字收於兩部有三音，也即*ᶜtʰa、*ȶʰuo、*ȶʰo。

首先，要解釋的是，與《青郊》《交泰》均相異的重出於娥部陰平位上開合口兩讀的語音性質。《書學》娥部不止收“他”於合開兩位，還有“多垛朵奪蹉搓矬初楚鋤”等 30 字亦如此。也不止娥部，還有其他韻部的“莊壯、村寸忖存吞褪唔豚、誰水雷壘類崔翠推退腿隤”等 35 字亦重出於合開口兩位。參照《青郊》《交泰》這組字除個别外全讀合口①，至清初《書學》又産生開口一讀。該開口讀顯然是在原合口讀的基礎上因脱落[-u-]介音而産生，即因脱落了[-u-]介音致使其韻母型態由合口轉讀爲了開口，故收它們於合開口兩位。説明這組字清初正發生由圓唇至不圓唇的轉讀。據此，可知“他”重出於合開口兩位是由音變而造成的，也就是發生了由合口至開口的轉變，即-u->-ø-。明代未發生此音變的《青郊》《交泰》僅有合口一讀。

除娥部多出了一個開口讀外，與《青郊》收“他”於麻部相較，《書學》所收該字的聲調有異：《青郊》收於陰平而《書學》收於上聲。他，中古屬歌韻透母平聲，按音理當讀陰平，然《書學》却收該字於上聲位。今汴洛方言該字皆讀上聲，如鄭州讀[ᶜtʰa]（盧甲文 1992），洛陽[ᶜtʰa]（曾光平、張啟焕、許留森 1987），開封[ᶜtʰa]（劉冬冰 1997）。這與《書學》記録相一致。然《青郊》收於陰平則不合今汴洛音。《青郊》“他”記陰平與《書學》記作上聲這兩者是否存在演變關係呢？截至目前，我們没有材料能證實它們存有音變關係，對此暫存疑。無獨有偶，與“他”聲調發生相同變讀者“哥”亦如此。“哥”今汴洛音讀上聲，這最早被吕坤所記録。《交泰・凡例》第 22 條“轉聲例”載：“古轉聲，如教教、看看、善善、坐坐之類。俗轉聲，如哥本平

① 《青郊雜著》收中古歌韻端系字於歌部輕科即讀開口，我們已考證這組字的實際語音爲合口（參見《青郊》部分）；“吞”收於真部輕科即讀開口。

聲，北俗單呼一字，則作上聲。”吕坤謂“哥”單念時北方俗呼作上聲。以此推斷，汴洛地區“他”讀上聲可能不止形成於清初，也許時間更早。若如此，《青郊》收該字於麻部平聲，其平聲與當時汴洛音極可能已不合。然以書面記録看，李子金是河南籍記“他”爲上聲的第一人，説明該字在汴洛讀上聲至少已有 330 年的歷史。

反映明末北京話的徐孝《合併字學集韻》“他”收入他韻平聲，該收録平聲與今普通話讀音相同。然汴洛音該字却已讀上聲，説明至遲於明末清初“他”讀上聲是汴洛音有别於北京話的一個顯著特徵。

清初“他”據《書學》記載仍有娥、牙韻兩讀。不止如此，讀作娥韻的合口讀因發生由圓唇至不圓唇的轉變又産生了開口一讀，形成開合口兩讀局面。而收於牙部開口上聲位其聲調合於今汴洛音。故清初汴洛音“他”仍屬歌、麻兩韻並存格局。

時至清末，“他”仍是歌、麻兩韻並存，這被懷慶府温縣（今河南温縣）人崔鴻達《音韻六書指南》（1843，以下簡稱《指南》，道光乙巳刻本）所記録。《指南》是一部配有韻圖的韻書，據我們研究，其音系以温縣方言爲基礎。該書收“他”於合口呼的第十八張透母上平，又收於開口呼的第三十八張透母上平。摘録如下。爲醒目便於觀察，除了“他”外其他字略其釋義，聲調我們以添加底紋背景形式表示其原貌陰文。

第十八張透母　九上平他彼也拖下平鮀佗鼉陀跎駝馱酡沱紽碢上妥鞸去唾

第三十八張透母　十二上平他此之别

《指南》韻分十二部、聲分二十紐。對韻部，崔氏未立韻目。我們以平聲零聲母字作代表標其韻部（以平賅上去入），分别是昂、安、翁、恩、爊、哀、歐、威、阿、爺、烏、哇。每個聲紐與十二韻部相配，此組合稱一張，即同等呼同聲紐不同十二韻的一個組合。該書第一張至二十張爲合口呼韻，二十一張至四十張爲開口呼，四十一張至六十張爲齊齒呼，六十一張至八十張爲撮口呼。以同紐十二韻爲内容而編排的每張圖中依次標一、二……十二，每韻稱一行，行是對每張内不同韻的標識。

上列收“他”於第十八張透母九行上平，第十八張屬合口呼、九行屬阿韻部、上平即陰平，即讀透母阿韻陰平，擬作*ȶʰuo。又收於第三十八張透母十二行上平（該行僅此一字），第三十八張屬開口呼、十二行屬哇韻部、上平即陰平，即讀透母哇韻陰平，擬爲*ȶʰa。這兩音分别釋義爲“彼也”“此之别”，同表指示代詞，然並未顯示第三人稱的用法。因《指南》所收字的釋義簡明，這裏似未完全真實地反映出清末“他”字義項。崔氏所記“他”字這兩音又出現於該書韻圖中，韻圖是以二十紐分别與十二韻部的合口、開口、齊齒、撮口四呼相配而編製的四個音節圖表。這四個等呼圖作爲該書正文即韻書的檢索之門户。其中該字收於合口圖的第十八張九行即透母阿韻、開口圖的第三十八張十二行即透母哇韻。由於這四個韻圖填字皆爲平聲字即以平賅上去入，故可知“他”此兩讀與上述正文所收相同。

《指南》所收“他”兩讀與《書學》相較，兩點有異：《書學》收於娥部的合開兩讀至《指南》僅剩合口一讀，説明發生在清初該字的由圓唇至不圓唇的轉讀並未音變成功，而回復至原合口讀。另，《書學》讀牙韻開口上聲的“他”崔鴻達却收入了上平即陰平，這與桑紹良所收聲調相一致，前面已説此調並不反映今汴洛音。顯然崔氏的此收録應是受了傳統韻書的影響。

崔鴻達所記“他”讀阿、哇兩韻，表明時至清末温縣方言有此兩音。然温縣與汴洛地區僅一河（黄河）之隔，該書所記的兩音也反映了與之地緣相鄰的汴洛地區“他”字的讀音。故“他”時至清末汴洛音仍是歌、麻兩讀。

三　汴洛地區“他”歌、麻兩讀交替

宋元至明中葉各韻書韻圖收“他”均入歌韻而不入麻韻。然這一時期該字不止僅讀歌韻，還有麻韻一讀。據李蕊(2009)對全元曲用韻研究，“他”共入韻 206 次，其中入歌戈 68 次，家麻 138 次。從該字押入家麻的次數遠超過押入歌戈的次數看，《中原音韻》漏收了家麻韻。此時中古歌 ɑ、麻 a 兩韻的對立已消失，“他”顯然已歸隊至麻韻。是什麼讓周德清對這個極其常用口語詞的家麻韻一讀視而不見呢？最大可能是該字當時多使用於口語。據此，可知此階段讀歌韻的“他”占據着正音地位，麻韻僅爲口語音。

至明中後桑紹良《青郊》首次將“他”收於麻韻，一改傳統韻書所屬的歌韻語音地位，開始與原歌韻讀法構成疊置而並存，從此隸屬於兩個韻部，結束了該字以往讀麻韻僅存口語的歷史。説明這一時期汴洛地區該字麻韻讀法已经通行且逐步被人接受，由口語上升爲書面語。從此該字的歌、麻兩讀開始在書面語上相並行。

明末“他”仍處於歌、麻兩讀並行階段。其中歌韻讀法還盛行於汴洛地區口語中。這可從吕坤《交泰・凡例》後所附“平入相近”材料的歌韻中收録的“他脱”對舉字組相辨析而得到證實。平入相近辨析材料是吕氏據當時口語而編寫，該口語的語音基礎應是其里籍寧陵一帶方音，寧陵地處豫東。故可以説，明末至少在以開封爲代表的豫東一帶“他”讀歌韻在口語中還占上風，麻韻仍處弱勢地位。

然至清中葉，“他”讀麻韻其語音地位得到了明顯提升，在使用頻率上始超越歌韻。這被清中葉懷慶府河内(今河南沁陽)人范照藜《鄉音正誤》(1799，稿本)所記録。該書卷六平聲下五歌韻，云：

> 他，音拖。彼之稱也。《詩・小雅》：謂他人父。又誰也。今南方皆讀作塔平聲。北方皆讀作塔上聲，吾鄉亦然。皆非。

上條記録顯示，“他”正音作“拖”。然當時實際口語中南北各地皆讀作“塔”，從正音角度范氏對該字的麻韻一讀持否定“皆非”態度。這表明時至清中葉該字的麻韻讀法在南北各地口語中已取得壓倒性趨勢。又從“北方皆讀……上聲”看，這裏的“北方”顯然是指以汴洛爲核心的中原地區而不包括北京一帶，儘管條目中范氏把“北方”與“南方”相對舉。因惟以汴洛爲核心的中原地帶“他”才讀上聲而北京官話像南方一樣讀平聲。同時這也與清初李子金記該字讀上聲前後相印證。不止如此，“吾鄉亦然”謂范照藜里籍河内(今沁陽)當時口語中“他”也讀麻韻。沁陽與汴洛地區僅一縣(温縣)之隔，這也透露出與之地緣鄰近的汴洛地區亦然。據此，可知清中葉汴洛地區“他”讀麻韻已占優勢，此時歌韻一讀則始趨萎縮態勢。

清末崔鴻逵《指南》“他”收有歌、麻兩音，值得注意的是，這兩音又出現於該書的合口和開口韻叶圖中作爲音節代表字。説明“他”讀麻韻其語音地位顯然再次得到了提升。

約成書於道光末年研究中州音的江蘇吴縣(今蘇州)人劉禧延《中州切音譜贅論》(1985：19－20)在家麻韻亦有對“他”字的記録，其稱：

> 古無家麻及車遮音，其字但如今魚模及歌戈音讀。家瓜讀如孤、誇如刳、牙如吾、挐如奴或作女平聲、……媧如過、他如拖他拖二字，今又作陰平聲。他那打話等類，讀入家麻者，《廣韻》諸書亦無此音，宋詞始偶一見之。麻如摩、爹如多……

上列劉禧延在論述家麻和車遮韻古音讀入魚模及歌戈韻時,列舉了家麻韻古讀類同魚模及歌戈。其中"他如拖",劉氏顯然把"他"歸入家麻韻。這裏所列該字家麻韻是何地讀法呢? 從其注釋大略可推出,"他拖二字,今又作陰平聲",言外之意,"他拖"除陰平調外尚有其他聲調。他,《廣韻》歌韻託何切,屬於平聲;兼之該書主要以中州音、古今音及吴音之異同來討論中州音。據此,可推斷"他"應有上聲一讀。這合於以汴洛爲核心的中州音。故從劉氏"他如拖"相對舉看,清末汴洛音"他"讀麻韻已占絶對優勢。

民國初期"他"的歌韻一讀即已退出歷史舞台。高本漢於 20 世紀初記"他"謂"全國大都讀[꜀tʰa]"。這裏當然包含他調查過的開封方言。據此,可知時至民國初期汴洛地區"他"讀麻韻已徹底戰勝歌韻而獨占天下。

四 結語

通過對明清河南韻書韻圖所記"他"的考察,可知該字在明代汴洛地區存在歌、麻兩讀。其中麻韻一讀最早被桑紹良《青郊》所記録。明末"他"的歌韻讀法還通行於當時汴洛地區口語中,這被記録於吕坤《交泰》一書中。再至清初該字的歌韻讀法又發生了由圓唇至不圓唇的轉變即有合口與開口兩讀,同時又出現了麻韻的上聲讀法。這被記録於李子金《書學》中。汴洛地區的"他"字歌、麻兩音並行一直持續至清末,這反映在崔鴻達《指南》中。然至清中葉汴洛地區該字麻韻讀法開始上升爲主要讀音,清末已占絶對優勢。再至民國初年該字麻韻取代歌韻,從而無論在書面語還是口語上都實現了從歌韻至麻韻的轉移。

徵引書目

明・桑紹良《青郊雜著》,《四庫全書存目叢書》經部小學類第 216 册,齊魯書社,1997。
明・吕坤《交泰韻》,《四庫全書存目叢書》經部小學類第 210 册,齊魯書社,1997。
明・徐孝《合併字學集韻》,《四庫全書存目叢書》經部小學類第 193 册,齊魯書社,1997。
清・李子金《書學慎餘》,北京圖書館古籍珍本叢刊影印康熙三十八年刊本,書目文獻出版社,1988。
清・范照藜《鄉音正誤》,稿本。
清・崔鴻達《音韻六書指南》,道光乙巳刻本。
清・劉禧延《中州切音譜贅論》,叢書集成初編,中華書局,1985。

參考文獻

[1]高本漢. 中國音韻學研究[M]. 北京:商務印書館,2003:547.
[2]耿振生.《青郊雜著》音系簡析[J]. 中國語文,1991(5):375.
[3]耿振生. 明清等韻學通論[M]. 北京:語文出版社,1992:186.
[4]黄笑山.《交泰韻》的零聲母和聲母[v][J]. 廈門大學學報,1990(3):120.
[5]李蕊. 全元曲用韻研究[D]. 武漢:華中科技大學博士學位論文,2009:92.
[6]劉冬冰. 開封方言記略[J]. 方言,1997(4):275.
[7]盧甲文. 鄭州方言志[M]. 北京:語文出版社,1992:35.

[8]王力. 漢語史稿[M]. 北京:中華書局,1980:147.
[9]曾光平等. 洛陽方言志[M]. 鄭州:河南人民出版社,1987:34.
[10]張福平. 天息災譯著的梵漢對音研究與宋初語音系統[M]//謝紀鋒,劉廣和. 薪火編. 太原:山西高校聯合出版社,1996:311.
[11]張渭毅. 中古音論[M]. 開封:河南大學出版社,2006:26-30.
[12]周賽華. 從《書學慎餘》看康熙年間的河南柘城話[M]//語言學論叢(第 38 輯). 北京:商務印書館,2008:281.
[13]周祖謨. 宋代汴洛語音考[M]//問學集(下). 北京:中華書局,1981:605.

The Phonetic Examination of Ta(他) in the Bian-Luo(汴洛)Area in the Ming and Qing Dynasties

Zhao Yique

Abstract: High frequency words Ta(他)of modern dialect of Bian-Luo(汴洛)only has one pronuncaition of Ma rhyme(麻韻). However,the rhyme table of *Qing jiao za zhu*(青郊雜著)written by Henan(河南)province Sang Shaoliang(桑紹良)in the middle and late Ming Dynasty,there are collection in two rhymes. At the end of the Ming Dynasty,the pronunciation of Ge rhyme(歌韻)was still colloquial in the Bian-Luo(汴洛)area. It happened again from rounded vowel become non rounded vowel in the early years of the Qing Dynasty. This phenomenon is recorded in Lu Kun's *Jiao tai yun*(吕坤《交泰韻》) and Li Zijin's *Shu xue shen yu*(李子金《書學慎餘》). This phenomenon existed until the end of the Qing Dynasty,This phenomenon is recorded by Cui Hongda's *Yin yun liu shu zhi nan*(崔鴻達《音韻六書指南》). From the mid Qing Dynasty,the word Ta(他)pronunciation in Ma rhyme(麻韻)began to dominate in the Bian-Luo(汴洛)area,finally,the Ge rhyme(歌韻)was replaced the Ta(他)word in the early years of the Republic of China.

Key words: Henan(河南)literature of Ming and Qing Dynasties,Bian-Luo(汴洛)area, the sound of Ta(他),research

通信地址:河南省新鄉市金穗大道 191 號新鄉學院文學院
郵 編:453003
E-mail:zhaoyique@163. com

“《騎着一匹》系列”釋讀補正*

張　磊　楊榮祥

内容提要　汪維輝等編《朝鮮時代漢語教科書叢刊續編》收録了九種朝鮮時代末期的漢語會話書，爲漢語史、漢語方言、對外漢語教學提供了珍貴資料。筆者在對讀韓國、日本所藏五個抄本的基礎上，參考諺文標音和同时期的其他會話教材，認爲《續編》中“《騎着一匹》系列”在個別詞語釋讀和標點上似有欠妥之處。本文共列出十二處詞語釋讀和三處標點補正。

關鍵詞　《騎着一匹》系列　詞語釋讀　諺文標音　標點

緒論

“《騎着一匹》系列”①是朝鮮時代末期的漢語抄本會話書。目前學界共發現了五個抄本，詳情如下：

A.《騎着一匹》現藏於韓國學中央研究院藏書閣（以下簡稱“韓研院本”），全書約 17500 字，僅在句子末尾帶有近代韓語的語尾及助詞。

B.《中華正音》現藏於韓國順天大學圖書館（以下簡稱“順天本”），全書近 20000 字，僅在句子末尾帶有近代韓語的語尾及助詞。

C.《中華正音》現藏於日本駒澤大學圖書館濯足文庫（以下簡稱“濯足本”），書中每個漢字均有諺文注音，每句話下面帶諺文解釋，但篇幅不到 5000 字。

D.《官話》現藏於韓國華峰文庫（以下簡稱“華峰本”），封面的“官話”爲大標題，其下的兩行小字分别爲“中華正音”“譯話韓語”，全書約 7300 字，每個漢字帶有諺文注音，每句話帶韓文翻譯。

E.《騎着匹》現藏於韓國高麗大學六堂文庫（以下簡稱“六堂本”），共 23000 多字，該本不僅篇幅最長而且每個漢字均有諺文注音、每句話帶韓文解釋。

其中順天本、韓研院本屬早期抄本，抄寫時間大概在 1830 年之前；濯足本、華峰本、六堂本則是晚期抄本，大概抄寫於 19 世紀末 20 世紀初。（汪維輝 2012：102）

“《騎着一匹》系列”記録了朝鮮時代商人從東北邊境前往北京做生意過程中的見聞，雖以商賈雜談爲主，但涉及到日常生活、莊稼收成、風土人情、禮儀制度、沿途見聞等各方面的

---

*　本文是國家社科基金重大項目“東亞珍藏明清漢語文獻的發掘與研究”（項目編號：12&ZD178）的階段性成果之一。感謝匿名審稿專家提出的寶貴修改意見，文中疏漏，概由筆者負責。

①　據汪維輝（2011），該標題摘自原文第一句話“騎着一匹飛快大馬”的前面四個字，各版本的標題雖異，實際上是同一種書，本文採用汪文的命名方式統以《騎着一匹》稱之。

内容。這批抄本會話教材真實記録了當時的人物對話、生活場景，具有濃厚的口語色彩，真實再現了清末民國初年北方方言的面貌，爲漢語方言詞彙史的研究、方言辭書的編纂提供了珍貴語料。

爲充分發掘"《騎着一匹》系列"的語料價值，不少學者對書中的異文進行了校對，其中影響較大的是汪維輝(2011)。汪先生在《續編》中彙集了 A、B、C 三個抄本，並作了精當點校；之後任玉函(2013)又對該校本作了補充、訂正。不過，筆者在對讀以上五個抄本的基礎上，參考其諺文標音和《續編》收録的其他會話教材，發現"《騎着一匹》系列"在詞語釋讀、標點方面似有欠妥之處，兹舉 15 條，以就教於方家。

一　詞語釋讀

在詞語釋讀方面，《續編》有以下 12 例值得商榷。

1. 若把你們那裏的大紙、海帶藏(裝)船送得南京否咧，不但説是寡省車脚錢，却是管包大見光。(《續編》，第 31 頁①)

順天本、韓研院本、濯足本、六堂本、華峰本均作"見光"。按：作"見光"非，當爲"沾光"。濯足本、六堂本、華峰本雖作"見光"，但其諺文標音爲"잔광"，即"zhan guang""jian guang"。"見光"這一書寫形式在"《騎着一匹》系列"中還有多處用例。比如：

(1)我們店裏也見過你們爺爺們多小(少)年的光，所以清(成)天家盛心候着你們。(影印韓研院本，39a)

(2)咱們生意家見不見光只在運氣呢。(影印韓研院本，30b)

(3)我服侍你們爺爺們拉得來回，不圖大見光是得，大費(賠)錢擱得住嗎？(影印順天本，17a)

(4)我從本地來，一到瀋陽，聽著説，大紙、海菜大家見一點光都賣出去，除咧這兩種貨，别的行哺哩都腐。(影印順天本，3b)

排比以上用例可知，該詞義當爲"賺錢、獲利"，"見光"與此不符②。而清末民國時期，"沾光"就有"獲得好處、利益"用法。比如：

(5)咱們都是一家人，往後只有我們沾光的。(《兒女英雄傳》十三回)③

(6)衆人聽説，非但失去的股本可以全數收回，而且還可沾光不少，也就一起情願，無甚説的了。(《文明小史》四十四回)

(7)化二三文的本錢，便可抵作十個、二十個錢的用頭，這筆沾光。(《文明小史》四十八回)

故例(1)至例(4)中的"見光"亦當爲"沾光"。

---

① 本文例證均以《朝鮮時代漢語教科書叢刊續編》(2011)的頁碼爲准，凡内容相同的各本，僅以前一本爲例。

② 《重編國語詞典》中"見光"有三個義項："磨拭器物使其具有光澤""看見陽光"及"事情曝露出來"。

③ 該用例轉引自王雲路(2017：6)。

之所以記作"見光"是因爲後期朝鮮時代漢語教科書只用一套諺文符號ㅈ、ㅊ、ㅅ來標記漢語中的 z 組、zh 組、j 組聲母字,通過韻母標音的洪細大致可把 z 組字與 zh 組、j 組字區分開來,但 zh 組、j 組字常混同,比如韓研院《騎着一匹》中"多少性命"記作"多小性命"(上卷 3b),順天本《中華正音》"萬般皆有命",記作"萬般這有命"(上卷 6b),"成天家"作"清天家"(下卷 8a),"吃不起值錢的東西"作"吃不吃值錢的東西"(上卷 9a),"沾便宜"寫作"見便宜"(上卷 6b)等等。據此可知,"見光"實際上是根據諺文記音的錯誤轉寫,正確的漢字書寫應該是"沾光"。

2. 人家的票滿日子咧,各處項(行)家舖家東南西北商(上)的,齊打胡哩只是往他推銀子。(《續編》,第 33 頁)

順天本作"推",韓研院本、六堂本作"促",濯足本、華峰本作"催"。按:作"推"非,作"催"是。濯足本作"催"並且其諺文標音"취",即"cui";六堂本雖作"促"但其諺文亦爲"취",即"cui"。該句中"齊打胡哩"即"齊打夯兒""齊打夥兒"(鄭鳳興 2011:49),《漢語方言大詞典》"齊打夥兒"條釋義爲"形容共同努力的樣子"。聯繫上下文可知,永强家欠别人許多銀子,大家都一起向他催銀子、要賬,故正體當爲"催",作"推"文義不通。

3. 掌櫃的再三再四的剉着他們説,客商們終是不允。(《續編》,第 34 頁)

順天本作"剉",韓研院、濯足本作"扯",六堂本、華峰本均作"挫"。按:正體當爲"拽",六堂本、華峰本雖作"挫",但其諺文標音均爲"좨",即"zhuai"。《續編》所收録的其他會話書中亦見寫作"挫"的用例,比如:

(8)這是頭等、二等、三等的裏頭,那種對心的,挫著講價錢罷。(《續編・官話略抄》)

此例中"挫"的諺文標音亦爲"좨"(zhuai),亦即"拽"。

據《説文解字注・刀部》"挫"與"剉"音同義近,《説文解字》:"剉,折傷也。"段玉裁注:"剉與手部挫音同義近……挫,折也。是二字通用也。"①"剉""挫"在上舉句子中,於義不通,據諺文標音,當爲"拽"之誤。"拽""扯"義近:《漢語大字典》中"拽"條釋義爲"用力拉扯",如《醒世姻緣傳》第十五回"怎禁這夥人死拖活拽,於是同進院中";關於"扯",《陔餘叢考》卷四十三有"俗云以手牽物曰扯,然經書無此字"。②

由上可知,"挫""剉"爲"拽"之誤,"扯"爲其近義替代形式,正體應爲"拽"。這樣,阿川文庫藏《中華正音》的以下用例也可以講得通。比如:

(9)那匹騾子好口硬,勒不住他。到咧橋邊就不肯過去,往後挫啊。(《續編・中華正音(阿川本)》)

"挫"在《華音撮要》③中又作"跐",其諺文標音爲"좨(zhuai)",正體亦當爲"拽"。

4. 只怕斫他們鍋,萬一人家胡離糊塗渾斫一路鍋,他們也惱得裏頭白費(賠)錢。(《續

① 清・段玉裁《説文解字注》,第 181 頁。

② 清・趙翼《陔餘叢考》,第 972 頁。

③ 阿川文庫《中華正音》與《華音撮要》雖然名稱不同,但屬同一種書,可以對讀。

編》,第 37 頁)

順天本、濯足本、六堂本作"斫";韓研院本作"砍";華峰本作"綻"。按:此處當爲"砸"。六堂本雖作"斫",其諺文標音爲"자",即"za","斫"當爲"砸"的誤字。同時期的其他朝鮮時代漢語教科書中也有多處"砸……鍋"的例證。比如:

(10)那嗎這個話别提人家罷,萬一漏信兒咧,算是你砸我們的鍋。(《續編·華音撮要》)

(11)你這個生意裏頭,有人砸你的鍋咧。(《續編·華音撮要》)。

"砸……鍋"又可凝固爲"砸鍋",義爲"破壞",常見之於北方方言,《漢語方言大詞典》卷四就收録了該詞條。

此外,"《騎着一匹》系列"中還有多處用"斫"來記録"자(za)"這個語音形式的用例。比如:

(12)故此給你們留著四間大房子,斫咧十幾捆草。(影印順天本,22a)

(13)土變成金,石斫子算金砂子,只想哄我一個人。(影印韓研院本,24a)

例(12)中"斫"應爲"鍘";例(13)中"石斫子"當爲"石渣子"。

華峰本雖作"綻",不過其諺文標音爲"쟈",即"zha","綻"當爲近音替代形式。

因此,"斫""砍"均當爲"砸"的形誤,"綻"當爲其音近替代形式,正體當爲"砸"。

5. 所以打着這一兩天的工夫都要遮完。(《續編》,第 39 頁)

順天本、韓研院本、濯足本、六堂本、華峰本均作"遮"。按:此處當作"結"。六堂本、華峰本雖作"遮",但其諺文標音均爲"져",即"jie"。"《騎着一匹》系列"中還有寫作"遮"的其他用例。比如:

(14)教他們説個老實價錢,一口話却不遮咧嗎。(影印順天本,24b)

(15)管他怎嗎的呢,憑你們多多小(少)不賣,一口話却不遮咧嗎。(影印順天本,25a)

例(14)在濯足本中原作"遮",之後點去並改作"絶",此改動當屬近義替换;例(15)濯足本寫作"完","完"亦爲"結"的近義形式。

據此可知,"絶""完"均當是"結"的近義替代形式,根據諺文標音,正體當作"結"。

6. 倘或是像今年年頭不值咧,許多的外賬要不來呢,這是該怎嗎的呢?(《續編》,第 40 頁)

順天本、韓研院本、濯足本、六堂本、華峰本均作"不值"。按:此處當作"不濟"。濯足本、六堂本、華峰本的諺文記音爲"지",即"ji""zhi"。《漢語大詞典》中"不值"條有"没有多大意義或價值""不合算""禁不起""難道"四個義項,均與文義不符;"不濟"條有"不頂用、不好""不及、不如"的用法,且這兩種用法在明清時期的北方話文獻中常見。比如:

(16)(小廝們)量原不濟,一霎地醉了,齁齁的睡著了。(《金瓶梅詞話》五十三回)

(17)(黛玉)要賭靈怪兒,也和寶丫頭不差甚麼,要賭寬厚待人裏頭,却不濟他寶姐姐有耽待,有盡讓了。(《紅樓夢》八十四回)

"不值"這一書寫形式在《續編》收録的其他教科書中也有多處用例,比如:

(18)只怕大哥記心不植(值)忘心好。(《續編·中华正音(韓研院本)》)

(19)好鐵色氣雪白雪白,不值的鐵打没有聲,好的是銅聲銅氣的聲兒哪。(《續編·中华正音(韓研院本)》)

例(18)是比較句,該詞爲比較詞,其義爲“不如、不及”;例(19)爲對比句,“不值的”與其後的“好的”相對,猶言“不好的”,這兩例中“不值”也均當爲“不濟”。

諺文中只用一套ㅈ、ㅊ、ㅅ來標記漢語的舌面音 j、q、x 和舌尖音 zh、ch、sh(張磊 2017),因此在標記“值”“濟”語音的時候均用“지”,如“值錢”的“值”“焦急”的“急”均標爲“지”。實際上,“지”對應漢語中的“zhi”“ji”,具體採用哪個讀音當以文義爲准。結合上下文義可知,此處諺文記音“부지”當爲“buji”,正體當作“不濟”。

7. 走到幾十里地,剛到店裏,人馬都疲咧,難得言語,明天再不用走咧。(《續編》,第 46 頁)

順天本、韓研院本、濯足本、六堂本、華峰本均作“難得”。按:此處當作“懶得”。六堂本雖作“難得”,但其諺文標音爲“란”,即“lan”。《漢語大詞典》收録了“懶得”條,其釋義爲“不想、不情願”。“懶得”在明清時期的北方話中常有用例,比如:

(20)俺的小肉兒,正經使著他,死了一般懶待①動彈。(《金瓶梅詞話》二十回)

(21)你外邊走上三年,你若懶得去,等我對老爹説了,教姓甘的和保官兒打外,你便在家賣貨就是了。(《金瓶梅詞話》五十九回)

同時期朝鮮時代漢語教科書《華音撮要》中也有寫作“難得”的,如“我和你難得吵嚷”;再如《中華正音》卷之一“頭上有老天,你愛信不信罷。我難得你燥(吵)嚷啊”,這兩例中“難得”也當爲“懶得”。記作“難得”反映了 n、l 不分的現象,“《騎着一匹》系列”中就有多處 n、l 不分的情況,如順天本中“這一點事白乃我也倒無益”,韓研院本作“懶”(當作“賴”);又順天本“拉倒”寫作“拿倒”,“張羅”寫作“掁挪”,“老半天”作“惱半天”等等。

8. 咱們今個林家臺打點,連山關存去罷。(《續編》,第 52 頁)

順天本作“打點”;韓研院本雖作“打店”,但“店”旁又增寫“尖”字;六堂本作“打店”。按:“打尖”是。福格《聽雨叢談·打尖》云“今人行役,於日中投店而飯,謂之打尖”。②“打尖”何以有“飲食”之義?姜亮夫先生(2002:123)《昭通方言疏證·釋詞·釋言五》進一步指出“按《廣雅·釋詁三》‘䠀,止也’,俗以尖字爲之。此言小憩止,因小休而飲食,故小食亦曰打尖矣”。《華音啟蒙諺解》亦收“打尖”條,其釋義爲“旅途上的簡單用餐”,並舉例如:

(29)那樹林子裏一偏瓦房,是不是張家灣麼?到那裏打尖去罷。(《朝鮮時代漢語教科書叢刊·華音啟蒙諺解》)

清代北方話文獻中常見“打尖”的用例。例如:

(30)晌午打了一回尖,登程行到日銜山。(《聊齋俚曲集·富貴神仙》)

(31)即如路上每逢打尖住宿,那店小二聞是上等過客,必殺雞宰鴨,諄諄饋送。(《鏡花緣》六十三回)

(32)獨自一人,没個男伴,没些行李,進了店,又不是打尖,又不是投宿,呆呆的單向了我這間屋子望着,是何原故?(《兒女英雄傳》四回)

---

① 筆者認爲“懶待”或許是“懶得”的音變。在筆者的家鄉方言(山東濱州)中,多用“懶待”表“不想、不情願”義而幾乎不用“懶得”,“懶得”屬於比較文雅的説法。

② 參見福格《聽雨叢談》,第 223 頁。

又《漢語方言大詞典》卷一收録了"打店"條,并解釋爲"北京官話,住店"。聯繫文義可知:先到林家台吃點東西、歇息,之後再到連山關住店,作"打店"與文義不符。故正體當爲"打尖","打點""打店"均爲音近替代形式。

9. 咱們齊打胡哩只是搌揶(張羅)車,趕車的趕車,扶着的扶着,打候冐(冒)一點筋(勁),給牲口生力。(《續編》,第53頁)

順天本作"冐";韓研院本原用諺文記音形式,並在其旁作"冒";六堂本作"滿",但諺文標音不清晰。① 按:此處正體當作"卯"或"鉚"。"卯……勁"又可固定爲"卯勁",《漢語方言大詞典》卷二收録了"卯勁"條,其釋爲"用力量、下功夫"。故"冒勁""滿勁"均爲"卯勁"的記音詞。

10. 把雞腸子、雞遵(肫)、肝花、苦膽、蘇(嗉)袋都剪出來,該甩的甩,該正(整)着的②着,該洗的洗洗。(《續編》,第64頁)

順天本作"甩",韓研院本作"用乚",濯足本作"用兒",六堂本作"甩"。按:此處當作"扔"。六堂本雖作"甩",但其諺文標音爲"릉",即"reng","用乚""用兒"爲"扔"的音近形式③。朴在淵(2013:338)也認爲"甩"當作"扔","甩"是"扔"記音字,其在朝鮮時代漢語教科書《老乞大新釋》《華音啟蒙諺解》《方言類釋》中均念成"reng"。

"甩"作"扔"是對的,但"甩"並非是"扔"的記音字,"用乚"才是其記音字。之所以作"甩",是由於"《騎着一匹》系列"均採用直行豎寫,"用"與"乚"連在一起而形成合文"甩"。

另外,《續編》中還有其他將"扔"誤作"甩""用兒"的情況。比如:

(22)今個若不好咧,甩得這裏算是遭他(糟蹋)否咧,還有講主頭嗎?(順天本,27a)

(23)若是走南遮亮山冐(冒)出大難子,把那一條符用兒得他身上,却意(可以)看出來有樣兒的,只管放心走就是咧。(《續編·中華正音卷之一》)

11. 不過是年年一同走路,正没有瞪過眼睛,也没有反過一没乚嘴。(《續編》,第69頁)

順天本、六堂本作"反……嘴"。按:作"反……嘴"非,當爲"拌……嘴",義爲"争吵"。六堂本雖作"反",但其諺文標音爲"반",即"ban"。"拌一没兒嘴"即"拌一回兒嘴",猶言"吵過一次架"。"拌……嘴"又可凝固爲"拌嘴",該詞常見於明清時期的北方話文獻中。比如:

(24)江城上,説賊囚根子忽然要拌嘴,見我拿起棍來,便跑去藏在他達達那邊,做他的護身佛兒。(《聊齋俚曲集·禳妒咒》)

(25)哭了這半日了,方才還像是拌嘴似的來着,我只道是街坊家呢。(《兒女英雄傳》七回)

(26)你不看别的,你看看這玉上穿的穗子,也不該和林姑娘拌嘴呀。(《紅樓夢》二十九回)

一直到現在,"拌嘴"在北方話中仍常用,如《濟南方言詞典》就收録了該詞(李榮1997:

① 或爲"만",即"man";或爲"묘"即"mao"。

② 《續編》注:"'的'後脱'正'字。"

③ "乚"是捲舌化標記,相當於"兒"。

213）。

12. 你們爺爺們要打就打，要罰就罰，要赦就赦罷。我一個就像你們爺爺們對着太剛嗎，却就不能的。怎嗎説呢？只怕下次躲着我。（《續編》，第71頁）

順天本、六堂本均作“太剛”。按：作“太剛”非，當作“抬槓”。“太剛”當爲“抬槓”的記音詞，猶言“争吵”。“抬槓”在清末的北方話文獻中常有用例，比如：

（27）姑老爺先不用合我們姑奶奶抬槓。（《兒女英雄傳》四十回）

同時期朝鮮時代漢語教科書《華音撮要》中的“太剛”亦當爲“抬槓”，比如：

（28）憑你怎嗎惱罷，你呢惱得那裏去，我跟得那裏去呢。咱們裏頭否列，纔多大意思，何敢對你太剛嗎？（《續編・華音撮要》）

至今“抬槓”在北方方言中仍常用，《漢語方言大詞典》卷三就收録“抬摃”并釋義爲“‘抬槓’，争辯，冀魯官話”。“太剛”爲“抬槓”的記音詞，正體當作“抬槓”。

二　標點補正

13. 把雞腸子、雞遵（肫）肝、花苦膽、蘇（嗉）帶都剪出來。（《續編》，第64頁）

按：此處標點當爲“雞遵（肫）、肝花、苦膽、蘇（嗉）帶”。《玉篇・肉部》：“肫，鳥藏也”，① 又《漢語大字典》“肫”條釋爲“禽類的胃，如：雞肫、鵝肫”。“肝花”即“肝臟”，如《醒世姻緣傳》第二十八回“走到半路，只見兩半截人死在道上，腸子肝花流了一地”；《漢語大詞典》“苦膽”條釋爲“膽囊的通稱，膽汁苦，故名”。“雞肫”“肝花”“苦膽”“嗉帶”均爲雞的内臟器官，殺雞時一般要把這些部分剪出來。

14. 一來他那個馬並不是稀鬆的牲口，當先拉不慣車的套車咧，白遭他（糟蹋）可惜了。（《續編》，第67頁）

按：此處當點斷爲“一來他那個馬並不是稀鬆的牲口，當先拉不慣車的，套車咧，白遭他（糟蹋）可惜了”。順天本通過添加句末語氣詞來表示停頓，濯足本、六堂本、華峰本在分句之間均用空白隔開。六堂本中“當先拉不慣車”和“套車咧”之間有空白隔開，故“套車咧”當屬下。又《漢語大詞典》“稀鬆”條云“極爲鬆散，引申爲馬虎、差勁”；“糟蹋”即“浪費、破壞”，常見於北方方言，如《紅樓夢》第十九回中“他吃了倒好，擱在這裏白糟蹋了”。該句大意爲：那個馬不是差勁的牲口，拉不慣車，如果用它套車的話，就白白浪費了，這十分可惜。

15. 却是咱們人不得一樣對人説話，也有反嘴説的，咳有恩將仇報的。所以知人知面不知心。（《續編》，第69頁）

按：此處“對人説話”當屬下句，即“却是咱們人不得一樣，對人説話也有反嘴説的，咳有恩將仇報的”。六堂本“咱們人不得一樣”與“對人説話”之間就有空白隔開。如果按《續編》中斷句，文意難通。這句話的意思是：人心難測，有人言而無信，還有人恩將仇報。這樣，才

① 顧野王《大廣益會玉篇》，第35頁。

能夠與下文的"知人知面不知心"相照應。

三　結語

上文詞語釋讀涉及的"《騎着一匹》系列"原文中的錯誤大致可歸納爲三類：

（一）諺文標音轉寫造成的漢字誤寫

後期朝鮮時代漢語教科書只用一套諺文符號ㅈ、ㅊ、ㅅ來標記漢語中的 z 組、zh 組、j 組字，通過韻母標音的洪細大致可把 z 組字與 zh 組、j 組字區分開來，但 zh 組、j 組字常混同，轉寫成漢字時，因不能區分這兩組字造成誤寫，以致文意不通，如"沾光"作"見光"，"不濟"作"不值"，"多少"作"多小"就屬該類情況。

（二）音同音近致誤

根據諺文標音寫成了音同音近字而致誤，比如"抬槓（杠）"寫作"太剛"，"打尖"寫作"打點、打店"，"扔"記作"用兒"，"鉚勁、卯勁"記爲"冒勁"等。

（三）近義詞替换

"結"寫作"絶、完"，"拽"寫作"扯"均屬於近義詞替换。近義詞替换雖然於文意影響不大，但根據諺文標音，是可以校釋出本字的。可見，在對"《騎着一匹》系列"進行校勘時，應該充分利用諺文標音。

三處標點校補，後兩處都有至少一種版本提供了斷句標記（用空白隔開），可見，在對"《騎着一匹》系列"進行標點時，還應核對各種不同版本並了解原書的編排體例。

徵引書目

東漢・許慎《說文解字》，宋・徐鉉校訂，中華書局，2012。
南朝梁・顧野王《大廣益會玉篇》，中華書局，1987。
清・段玉裁《說文解字注》，上海古籍出版社，2015。
清・福格《聽雨叢談》，汪北平點校，中華書局，1984。
清・趙翼《陔餘叢考》，商務印書館，1957 年。

參考文獻

[1]漢語大字典編輯委員會. 漢語大字典(2 版)[M]. 成都：四川出版集團，2010.
[2]姜亮夫. 昭通方言疏證[M]//姜亮夫. 姜亮夫全集：第 16 卷. 昆明：雲南民族出版社，2002：123.
[3]李榮. 濟南方言詞典[M]. 南京：江蘇教育出版社，1997：213.

[4]羅竹風. 漢語大詞典[M]. 上海:漢語大詞典出版社,1996.

[5]朴在淵. 關於朝鮮後期漢語會話書六堂文庫《騎着匹》的語言[M]//嚴翼相,遠藤光曉. 韓漢語言探討. 首爾:學古房,2013:338.

[6]任玉函.《朝鮮時代漢語教科書叢刊續編》本"《騎着一匹》系列"校讀劄記[J]. 寧波大學學報(人文科學版),2013(2):43.

[7]汪維輝. 朝鮮時代漢語教科書叢刊[M]. 北京:中華書局,2005.

[8]汪維輝,遠藤光曉,朴在淵,等. 朝鮮時代漢語教科書叢刊續編[M]. 北京:中華書局,2011.

[9]汪維輝,朴在淵,姚偉嘉. 會話書"《騎着一匹》系列"研究[C]//中文學術前沿編輯委員會. 中文學術前沿:第5輯. 杭州:浙江大學出版社,2012:102.

[10]王雲路.《騎着一匹》與東北方言札記[C]//第二屆韓漢語言學國際研討會論文集(未刊).

[11]許寶華,宮田一郎. 漢語方言大詞典[M]. 北京:中華書局,1999.

[12]張磊. 從知莊章組字標音的洪細看"《騎着一匹》系列"的方言基礎——以六堂本爲例[C]//第二屆韓漢語言學國際研討會論文集(未刊).

[13]鄭鳳興.《騎着一匹》方言詞彙研究[J]. 齊齊哈爾師範高等專科學校學報,2011(5):49.

Supplements to the Revision of *Qi Zhe Yi Pi* (騎着一匹) Series

Zhang Lei Yang Rongxiang

Abstract: The continuation of Chinese textbooks in the era of Joscon in Korea Period (朝鮮時代漢語教科書叢刊續編) edited by Wang Weihui collects nine kinds of textbooks in the late Qing Dynasty, which provides valuable materials for the research on Chinese history, Chinese dialect, and teaching Chinese as a foreign language. Based on the proofreading of five manuscripts collected by Korea and Japan, referring to the Korean phonetic transcriptions as well as the comparison to other textbooks in "*continuation*" (續編), we found that there are still deficiencies both in vocabularies and punctuations. This article lists 15 items, looking forward to experts' criticism.

Key words: *Qi Zhe Yi PiSeries* (《騎着一匹》系列), vocabularies, punctuations, supplements to the revision

通信地址:張　磊　北京市海淀區頤和園路5號北京大學暢春園學生公寓60甲307
郵　　編:100871
E-mail:zhangleilei2007@163.com

通信地址:楊榮祥　北京市海淀區頤和園路5號北京大學中文系
郵　　編:100871
E-mail:yangyyan@pku.edu.cn

《辯正論》之慧琳“音義”校勘舉例[*]

黄仁瑄

内容提要 《辯正論》之慧琳“音義”見慧琳音義卷八十五—卷八十六，其中存在訛、脱、衍、倒等種種文字問題。勘正這些文字謬失，對深化慧琳音義研究有着積極的意義。

關鍵詞 《辯正論》 慧琳音義 校勘

《辯正論》之慧琳“音義”見慧琳《一切經音義》卷八十五—卷八十六，凡三萬餘字，其中存在訛、脱、衍、倒等種種文字問題(參見徐時儀 2012：1996 上-2018 下)。勘正這些謬失，對深化慧琳音義研究有着積極的意義。

一 訛

(1)探賾 上他領反。《聲類》云：“亦通。”《韻詮》云：“引取也。”《考聲》：“試也。”《爾雅》：“甞試取其意也。”①《説文》：“遠取也。從手，罙聲也。”②罙音深。從穴從求。下柴責反。《韻英》云：“賾，幽也。”《古今正字》：“幽深也。”從𦣞責聲也。𦣞音以而反。賾，正體賾字也。從朿。朿音次。(《序》,85,59p0087a③)

案：“亦通”前後失據。考慧琳音義凡三引《聲類》釋“探”，卷二十八“探古”注引《聲類》(57p1010a)：“謂深取也。”卷七十二“探啄”注引《聲類》云(58p0905a)：“探，深取也。”疑“亦通”爲“深取也”訛，宜據改。

(2)拘羑 上音俱。《考聲》：“拘，局也，擁也。”《説文》：“執也。從手，句聲。”下音酉。古獄名也。在蕩陰，文王所囚之處也。《説文》：“進善。從羊，久聲。”或作羑，亦通。有作牖，非此用也。(《序》,85,59p0087b)

案：“或作羑”之“羑”爲“𡕒”訛。《玉篇·厶部》(頁 109 下)：“𡕒”，同“羑”。《説文·羊部》“羑，進善也。从羊，久聲”朱駿聲通訓定聲(頁 204 下—205 上)：“羑，叚借爲𡕒。”是其證。

(3)碑誄 上彼皮反，下力軌反。《考聲》：“誄，壘也。”述亡者而叙哀情也。《説文》：“誄，謚也。從言，耒聲。”耒音盧會反。(《序》,85,59p0087b)

---

* 基金項目：國家社會科學基金項目“慧琳《一切經音義》整理與研究”(17BZJ002)；華中科技大學文科重大及交叉項目“唐代佛典音義匯考”(2018WKZDPY001)。

① 疑見《爾雅·釋言》“探，試也”郭璞注(頁 994 上)：“刺探，嘗試。”

② 罙，原作“䆅”，今據《説文》改；下同。《説文·手部》(頁 255 下)：“探，遠取之也。从手，罙聲。”

③ 括號中文字表示被釋字目的出處，“p”前數字分别指慧琳音義的卷次和中華書局版《中華大藏經》的册數，“p”後數字指頁碼，a、b、c 分别表示上、中、下欄。爲方便計，引文文字原則上仍其舊。

案：“誅壘也”之“誅”爲“誄”訛，宜據文意改。

(4)挻埴　上傷延反，下承力反。《淮南子》云：“陶人之挻埴也。”許注云：“挻，押也。”孔注《尚書》云：“埴，黏土也。”《釋名》：“膩土也，如脂之膩滑也。”①如淳曰：“挻，擊也。”埴柔也，和也。《説文》挻字從手，埴字從土。形聲字也。(卷一，85，59p0088a)

案：“挻，押也”之“押”，疑當作“揉”。玄應音義卷十三“挻土”注引《淮南子》“陶人之剋挻埴”許叔重曰(32p0171B)：“挻，揉也；埴，土也。”正作“揉”，宜據改。玄應音義卷十“挻埴”注(32p0139A)：“挻，柔也。”卷十五“是挻”注(32p0208C)：“挻，柔也。”卷十七“挻埴”注引《字林》：“挻，柔也。”卷二十“挻埴”注(32p0272B)：“挻，柔也。”皆作“柔”，可爲據改之旁證。另見《淮南子·精神》“譬猶陶人之埏埴也”劉文典集解(頁225)。又：“埴柔”之“埴”字疑衍，宜據文意删。玄應音義卷十“挻埴”注(32p0139A)：“挻，柔也，和也，擊也。”卷十五“是挻”注(32p0208C)：“挻，擊也。挻，柔也。”卷二十“挻埴”注(32p0272B)：“挻，柔也，和也，擊也。”各例皆無“埴”，可爲據删之旁證。

(5)楺木　柔帚反。《集訓》云：“燒木拗捩令曲。”即今之犁轅、犁牽是也。拗音鵶絞反。捩音蓮捏反。並從手。(卷一，85，59p0088b)

案：“楺木”之“楺”，宜據文意改作“揉”。獅本(頁3309)亦作“揉”。

(6)之儔　宙留反。正也。(卷一，85，59p0090a)

案：疑“正也”之“正”爲“匹”訛。考慧琳音義凡十五釋“儔”，如卷八“之儔”注(57p0543a)：“儔，疋也。”卷十二“儔匹”注引《考聲》云(57p0624b)：“儔亦匹也。”卷十六“儔黨”注引《韻略》(57p0726b)：“儔，匹也。”卷三十五“儔潔”注引《考聲》云(58p0111a-0111b)：“儔，匹也。”卷四十九“之儔”注引《集訓》云(58p0403b)：“儔，匹也。”卷一百“之儔”注引《韻英》云(59p0348b)：“儔，匹也。”各例皆釋“儔”有“匹”義。又考《辯正論》卷一：“言注解者，就文現義，述而不作之儔也。”此即字目“之儔”之所自，“匹”義跟此語境亦相合，今據改。

(7)閥閲　上煩發反。《考聲》云：“閥閲，表功業也。”《史記》云：“人臣有功五，明其等曰閥，積閲曰閲也。”《文字典説》曰：“閥閲者，今門閥爲高貴也。”二字並從門，伐、兑皆聲也。(卷四，85，59p0101b)

案：“積閲”，今本作“積日”②。詳文意，“積閲”訛，宜據《史記》改。

(8)之綖　夷然反。杜注《左傳》《考聲》並云：“縱，冠上覆也。”亦綬長也。鄭注《禮記》云：“邃綖者，出冕前從垂也。”《古今正字》：“從糸，延聲。”邃，思醉反。(卷四，85，59p0099b)

案：(1)據文意，“縱，冠上覆也”之“縱”爲“綖”訛，宜改。《左傳·桓公二年》“衡紞紘綖”杜預注(頁1742上)：“綖，冠上覆。”可爲據改之旁證。(2)“從垂”之“從”爲“後”訛，宜改。《禮記·玉藻》“前後邃延”鄭玄注(頁1473上)：“前後邃延者，言皆出冕前後而垂也。”是其證。

(9)邘國　上宇俱反。《左傳》：“邘、晉、應、韓，文之穆也。”杜注云：“河内地名也。”《説文》云：“邘，國，武王子所封也。從邑，于聲。”(卷四，85，59p0099b)

---

① 《釋名·釋地》(頁1470下)：“土黄而細密曰埴。埴，膱也，黏昵如脂之膱也。”

② 《史記·高祖功臣侯者年表》(頁877)：“太史公曰：‘古者人臣功有五品：以德立宗廟定社稷曰勳；以言曰勞；用力曰功；明其等曰伐；積日曰閲。’”

案:《左傳·僖公二十四年》(頁1817中):“管、蔡、郕、霍、魯、衛、毛、聃、郜、雍、曹、滕、畢、原、酆、郇,文之昭也;邘、晉、應、韓,武之穆也。”知例中“文”爲“武”訛,宜據改。

(10)舃帟　上星積反。《聲類》云:“舃,履也。”《周禮》:“履人掌赤舃、黑舃。”鄭注云:“履複下曰舃也。”《説文》云:“舃。”象形字也。亦從革作鞨。下文並同。下盈益反。《考聲》云:“帟,幕也。”《周禮》:“幕人掌幕、帟。”鄭衆曰:“帟,平帳也。”鄭玄云:“帳巾,座上承塵也。”《古今正字》:“從巾,亦聲。”(卷四,85,59p0101b-0102a)

案:“履人”爲“屨人”訛。《周禮·天官·屨人》(頁693下):“屨人掌王及后之服屨,爲赤舃、黑舃、赤繶、黄繶、青句、素屨、葛屨。”宜據《周禮》改。又:“履複”之“履”字衍。《周禮·天官·屨人》“屨人掌王及后之服屨,爲赤舃、黑舃、赤繶、黄繶、青句、素屨、葛屨”鄭玄注(頁693下):“複下曰舃,禪下曰屨。古人言屨以通於複,今世言屨以通於禪,俗易語反與?”宜據《周禮》鄭玄注删。《禮記·曲禮上》“户外有二屨”孔穎達疏引《屨人》注云(頁1238上-1238中):“複下曰舃。”“複”前亦無“履”字,可爲據删之旁證。又:《説文·烏部》(頁82下):“舃,雒也。象形。誰,篆文舃,从隹、昝。”知“象形字”前脱“誰也”二字,宜據《説文》補。

(11)東膠　絞爻反。《考聲》云:“膠,東萊水名也。”《禮記》云:“殷人養國老於東膠。”鄭注云:“東膠,亦大學名也。”《説文》:“從肉,翏聲。”(卷四,85,59p0102a)

案:“殷人”,今本作“周人”。《禮記·王制》(頁1346中):“有虞氏養國老於上庠,養庶老於下庠;夏后氏養國老於東序,養庶老於西序;殷人養國老於右學,養庶老於左學;周人養國老於東膠,養庶老於虞庠,虞庠在國之西郊。”此語亦見《内則》(頁1467下):“有虞氏養國老於上庠,養庶老於下庠;夏后氏養國老於東序,養庶老於西序;殷人養國老於右學,養庶老於左學;周人養國老於東膠,養庶老於虞庠,虞庠在國之西郊。”亦作“周人”,知例中“殷人”訛,宜改。

(12)酇國　上在何反。《漢書》云:“酇,沛國縣名也。”《古今正字》:“從邑,贊聲。”亦作鄌,音同。虘,才苦反。(卷四,85,59p0102a-0102b)

案:據文意,疑“才苦反”之“苦”爲“若”訛。《説文·虍部》(頁103上):“虘,虎不柔不信也。从虍,且聲。讀若鄌縣。”鄌,《漢書》應劭“音嵯”。《漢書·地理志上》“沛郡,……酇,莽曰贊治”顔師古注(頁1572-1573):“此縣本爲鄌,應音是也。中古以來借酇字爲之耳,讀皆爲鄌,而莽呼爲贊治,則此縣亦有贊音。”嵯,《集韻》音才何切,歌韻字;若,《廣韻》有音人賒切,麻韻字:歌麻混用,大約有方音的因素。

(13)謇謇　居展反。王逸注《楚辭》云:“謇謇,威儀皃也。”《考聲》云:“謇謇,詞無避也。”《古今正字》:“亦北方通語也。”從言謇省聲也。(卷四,85,59p0102b)

案:“謇省聲”之“謇”爲“寒”訛。《説文·足部》(頁47下):“蹇,跛也。从足,寒省聲。”慧琳音義卷二十四“謇訥”注引《古今正字》(57p0898a):“從言,寒省聲。”卷四十一“謇訥”注引《説文》(58p0223b):“從言,從蹇省聲也。”卷五十七“謇吃”注引《古今正字》(58p0583a-0583b):“從言,寋聲。”卷八十七“謇訥”注引《古今正字》(59p0128a):“從言,寒省聲。”可爲據改之旁證。

(14)蜺纓　上藝鷄反,下益盈反。初生小兒名也。男曰蜺,女曰嬰。(卷六,86,59p0107a)

案:“蜺纓”爲“婗嬰”訛,“男曰蜺”之“蜺”爲“婗”訛,宜據文意改。《釋名·釋長幼》(頁1037上-1037下):“人始生曰嬰兒,或曰緊婗。婗,其嗁聲也。”《玉篇·女部》(頁17上):

“嬰,《蒼頡篇》云:‘男曰兒,女曰嬰。’”可爲據改之旁證。①

(15)機絍　下入浸反。《考聲》云:“絍,織縷也。”杜注《左傳》云:“織經繒布也。”《説文》:“從糸,任聲。”②繒音疾蠅反。下有“織絍之婦”者,音並同。(卷六,86,59p0109a)

案:“織經繒布也”,今本作“織紝,織繒布者”③。考慧琳音義卷九十八“機絍”注引杜注《左傳》云(59p0294b):“織絍,織布者也。”《資治通鑑・漢紀四十一》“女得織絍”胡三省注引杜預注《左傳》云(頁1576-1577):“織絍,織繒布也。”《後漢書・班固傳》“女脩織紝”李賢注引杜預注《左傳》曰(頁1368-1369):“織紝,織繒布也。”詳文意,知例中“織經”之“經”當作“絍織”,宜據改、補。又:“織絍”之“絍”爲“絍”訛,宜改。《辯正論》卷六:“又談織絍之婦,必知並畜妻房。”是其證。徐時儀(2012:2012下)徑作“絍”。

(16)詶詛　上州又反,下側據反。鄭注《周禮》云:“盟、詛之於要誓。大事曰盟,小事曰詛也。”《説文》云:“詶,詛也。”詛亦詶也。詶、詛二字並從言,州、且皆聲。論從口呪咀,俗字也。(卷六,86,59p0110a-0110b)

案:“盟、詛之於要誓”,今本作“盟、詛主於要誓”④。“之”爲“主”訛,宜據改。慧琳音義卷十四“呪詛”注引鄭注《周禮》云(57p0680b-0681a):“盟、詛主於要誓。大事曰盟,小事曰詛。”卷二十四“詶詛”注引鄭注《周禮》云(57p0894a):“盟、詛主於要誓,大事[曰盟,小事]曰詛。”皆作“主”,可爲據改之旁證。又:據文意及文例,“從口”“呪咀”間宜補一“作”字。

(17)楊衒之　玄絹反。《廣雅》云:“衒,詮也。”亦誇誕也,人名也。誕音但。(卷七,86,59p0110a-0112b)

案:衒,同“衒”。《廣雅・釋言》(頁166下):“誇,衒也。”知例中“詮”爲“誇”訛,宜據《廣雅》改。

二　脱

(18)耒耜　上雷兑反。《世本》云:“古者垂作耒耜,神農之臣也。”《考聲》云:“耒者,今之犁牽也,耜上曲木也。”從丰、木⑤。丰音介。耜音似。《考聲》:“若今之鏵鍪而有柄,曲刃,似犁鏵,稻田中見用。”《説文》耜從耒從㠯⑥。㠯,古文以字,上口不合即是。又作梠、鉊,三體。(卷一,85,59p0088b)

案:“三體”表意未足。考“X體並同”“X體並通”等乃慧琳音義析字體例,如慧琳音義卷五“忻樂”注(57p0477a):“或作欣、訢,三體並同。”卷十二“窪曲”注(57p0632b):“或作窊、洼,三體同。”卷十六轉引之玄應音義“酖酒”注(57p0715a):“或作媅、妉、耽三體,並同。”卷二十

① 例(12)(14)所論證據或有不足,待考。

② 《説文・糸部》(頁271下):“紝,機縷也。从糸,壬聲。䋕,紝或从任。”

③ 《左傳・成公二年》“執鍼織紝”杜預注(頁1897中):“織紝,織繒布者。”

④ 《周禮・春官・詛祝》“詛祝掌盟、詛、類、造、攻、説、禬、禜之祝號”鄭玄注(頁816上):“盟、詛主於要誓。大事曰盟,小事曰詛。”

⑤ 《説文・耒部》(頁93上):“耒,手耕曲木也。从木推丰。古者垂作耒梠以振民也。”

⑥ 耜,《説文》字頭作“梠”。《説文・木部》(頁121下):“梠,臿也。从木,目聲。一曰徙土輂,齊人語也。梩,或从里。”

五再删補之雲公音義“羸瘠”注(57p0929a):“又作瘠、瘃、膌三體,同用。”卷二十六再删補之雲公音義“鞲衣”注(57p0932a):“亦作氄,而容反。或作毦,人至反。……鞲字三體,通取任用,於義無失。”卷二十八“膓腸”注(57p1000b):“亦作蹲、蹲、膊三體,並通。”卷四十一“裸者”注(58p0208a):“《說文》從衣作裸,《字書》有從身作躶,《玉篇》從人作倮,三體並通用也。”詳文意,知例中“三體”後脱“並同/並通”類字,宜據補。

(19)姑射　音夜,又亦。《冲虚真經》云:“姑射山在東海中河水入海處,島名也。”①郭注《山海經》亦云:“河入海處海島山也。上有神人,吸風飲露,不食五穀,古神仙所居也。”(卷一,85,59p0089a-0089b)

案:“又”“亦”間闕一“音”字,宜據文意補。

(20)大軗②　江岳反。《爾雅》:“軗,直也。”《廣雅》:“明也。”《説文》:“從車,爻聲。”③論從交,俗字也。(卷一,85,59p0090a)

案:“論從交”表意未足。考慧琳音義卷九十“較談”注(59p0167b):“傳文從交作較,俗字也。”其例與此同,今據文意及文例補作“論從交作較”。

(21)繭栗　上堅典反。又云“祭天地之牛角繭栗”④是也。《説文》:“繭,蚕衣也。從糸,從虫,芇聲也。”⑤芇音綿。象蛾兩角。或從見作絸,亦通。論文從爾作璽,非也。(卷一,85,59p0092a)

案:“又云”表意突兀,疑其前有脱字。考其後有“又云祭天地之牛角繭栗是也”十二字,而“祭天地之牛角繭栗”見《禮記·王制》(詳下注),知此處有《禮記》脱文。又考慧琳音義卷四十五“作繭”注引《禮記》云(58p0318a):“世婦(平)[卒]蠶,奉繭以于君。”卷十四“蠶繭”注引《禮記》(57p0678b):“世婦卒蠶,奉繭以示于君。”卷十七“作繭”注引《禮記》云(57p0734b):“世婦(平)[卒]蠶,奉繭以示君。”且三例皆在徵引《禮記》後復引及《説文》,行文同此例,詳文意,“又云”前當脱“禮記云世婦卒蠶奉繭以示于君”十三字,宜據補⑥。“象蛾兩角”表意未足。考《説文·𦫳部》(頁77下):“芇,相當也。闕。讀若宀。”慧琳音義卷三十一“蠶繭”注(58p0005b):“下堅典反。《説文》:‘蠶衣也。從糸,從虫,芇聲。’芇音眠。象蛾兩角相當也。”卷四十五“作繭”注(58p0318a):“《説文》:‘蠶衣也。從糸,從虫,從芇。’音眠,芇者,象蛾兩角相當也。”卷六十“一繭”注(58p0669b):“《説文》:‘蠶衣也。從糸,從虫,芇聲。’芇音眠,象蛾兩角相當也。”卷九十九“瀹繭”注(59p0315b):“下堅顯反。《説文》:‘蠶衣也。從糸,從虫,從芇。’像蛾兩角相當也。芇音眠。”知“兩角”後脱“相當也”三字,宜據補。

(22)禘郊　上啼帝反。鄭注《周禮記》云:“禘,大祭名也。”杜注《左傳》云:“三年喪畢,新死之主祔於廟,於廟遠主當遷入祧,因是大祭,謂之禘。”《説文》亦歲一祭也。從示帝聲。祔音附。(卷四,85,59p0098a)

---

① 疑見《列子·黄帝》(頁44):“列姑射山在海河洲中,山上有神人焉。”島名,獅本(頁3110)作“洲島名”。

② 軗,同“較”。《龍龕手鏡·車部》:“軗,古;較,今。”

③ 《説文·車部》(頁301下):“較,車騎上曲銅也。从車,爻聲。”

④ 見《禮記·王制》(頁1337上):“祭天地之牛角繭栗,宗廟之牛角握,賓客之牛角尺。”

⑤ 《説文·糸部》(頁271上):“繭,蠶衣也。从糸,从虫,芇省。絸,古文繭,从糸、見。”

⑥ 《禮記·祭義》(頁1598上):“歲既單矣,世婦卒蠶,奉繭以示于君,遂獻繭于夫人。”

案:(1)"周禮記"之"周"字衍,宜據文意删①。(2)"於廟遠主",今本作"廟之遠主"②。詳文意,例中"於廟"二字承前衍,而脱"廟之"二字,宜據删補。(3)據文意,"歲一祭"前脱"五"字,宜補。《説文·示部》(頁8下):"禘,諦祭也。从示,帝聲。《周禮》曰:'五歲一禘。'"又慧琳音義卷九十七"禘祫"注引《白虎通》曰(59p0285b):"三年一祫,五年一禘。"《公羊傳·文公二年》"大祫也"徐彦疏引《爾雅》孫氏云(頁2267上):"禘,五年大祭也。"《論語·八佾》"禘自既灌而往者"邢昺疏(頁2466中):"禘者,五年大祭之名。"皆作"五年",可爲據補之旁證。

(23)魁嶷　上苦回反。賈逵注《國語》云:"魁者,川阜獒曰魁也。"《説文》:"從斗,鬼聲。"下凝極反。《考聲》云:"嶷,山皃。"《説文》:"從山,疑聲。"(卷四,85,59p0100b)

案:疑"嶷,山皃"之"嶷"前脱"崱"字。慧苑音義卷下"嶷然高出"注(59p0498c):"嶷謂崱嶷也。《字指》曰:'崱嶷,山峯皃也。'"慧琳音義卷八十二"嶷然"注引《韻英》云(59p0038a):"崱嶷,山峻皃也。"皆作"崱嶷",是其證。

(24)涪陵　上附矛反。《漢書》云:"涪水徼外,南至縶江,東入漢也。"音牒。案:涪陵,今涪州也。《古今正字》:"從水,音聲。"音音吐口反。(卷四,85,59p0101b)

案:《漢書·地理志上》(頁1597):"白水,剛氐道,涪水出徼外,南至墊江入漢,過郡二,行千六十九里。"詳文意,知例中"徼外"前脱"出"字,"縶江"之"縶"爲"墊"訛,宜據《漢書》改、補。《説文·水部》(頁224下):"涪,水。出廣漢剛邑道徼外,南入漢。从水,音聲。"《漢書·地理志上》"梓潼五婦山,馳水所出,南入涪,行五百五十里。莽曰子同"顏師古注引應劭曰(頁1597):"潼水所出,南入墊江。"可爲改、補之旁證。又:詳文意,"音牒"前脱"墊"字,宜補。

(25)袷紵　上監洽反。《廣雅》云:"袷,重也。"論作夾,非。案:《聲類》音叶,非夾義,故不取。下除吕反。《周禮》:"典掌布緦縷麻紵之物也。"鄭注:"緦,十五升布抽半也。"又:色白而細曰紵也。《説文》:"從糸,宁聲。"宁,直吕。(卷四,85,59p0102a)

案:《周禮·天官·典枲》(頁691上):"典枲掌布緦縷紵之麻草之物,以待時頒功而授齎。"詳文意,知例中"典"後脱一"枲"字;"麻紵",當作"紵之麻草",宜據《周禮》補、正。"典枲"句賈公彦疏(頁691上):"云'掌布緦縷紵之麻草之物'者,欲見布緦縷用麻之物,紵用草之物,布中可以兼用葛蕡之草爲之。"可爲據補、正之證。又:"直吕"後脱一"反"字,宜據文意補,獅本(頁3330)亦著一"反"字。

(26)頡頏　上賢結反,下何浪反。《考聲》云:"頡頏,乍高乍下皃也。"《毛詩傳》曰:"鳥飛而上曰頡,飛下曰頏。"《説文》:"直項也。"並從頁。頁音賢結反。魯首③,非也。(卷五,86,59p0103a)

案:"飛下",當作"飛而下"。《詩·邶風·燕燕》"頡之頏之"毛傳(頁298中):"飛而上曰頡,飛而下曰頏。"例中脱"而"字,宜據《詩傳》補。

---

① "大祭"義《禮記》注數見,如《禮記·明堂位》"以禘禮祀周公於大廟"鄭玄注(頁1489上):"禘,大祭也。"

② 《春秋·閔公二年》"吉禘于莊公"杜預注(頁1787上):"三年喪畢,致新死者之主於廟,廟之遠主當遷入祧,因是大祭,以審昭穆,謂之禘。"

③ "魯首"二字前後失據,疑有脱誤。

(27)謗讟　上博傍反。孔注《論語》云："謗，訕也。"①杜注《左傳》云："謗，毁也。"《説文》："從言，旁聲。"下同目反。杜注《左傳》云："讟，誹、謗也。"《廣雅》："惡也。"郭注《方言》云："誣怨痛曰讟。"《説文》："從言，讀聲。"（卷五，86，59p0103b-0104a）

案："誣怨痛曰讟"，今本作"謗誣怨痛也"②。慧琳音義卷三十九"謗讟"注引《方言》"痛也"郭注(58p0165b)："謗誣怨痛也。"卷四十四"謗讟"注引郭注《方言》(58p0291a)："誣謗怨痛也。"卷九十六"毁讟"注引郭璞云(59p0266b)："謗毁怨痛也。"或言"謗誣"，或言"謗毁"，或言"誣謗"，皆著一"謗"字，知例中脱之，宜據補。又："從言"之"言"爲"誩"訛，宜改。《説文·誩部》(頁58上)："讟，痛怨也。从誩，賣聲。《春秋傳》曰：'民無怨讟。'"

(28)形殂　藏蘆反。孔注《尚書》云："殂落，死也。"《説文》："殂，往也。從歺，且聲。"或作徂。歺音殘也。（卷六，86，59p0106a）

案："往也"，今本作"往死也"③。《資治通鑑·魏紀二》"丁巳，帝殂"胡三省注引《説文》曰(頁2228)："殂，往死也。"亦作"往死"，知例中脱一"死"字，宜據補。

(29)鶡冠　上寒葛反。《考聲》云："鶡，鳥名也。"《漢書音義》云："鶡，鳥。一名蘇。其尾爲武士帽。"《説文》云："鶡，似雉。出上黨山谷。"④其鳥性勇，若共鬪，一死方休，言勇猛也。（卷六，86，59p0107b）

案："其尾"，他書作"以其尾"。考慧琳音義卷十七"如鶡"注引《漢書音義》曰(57p0736b)："鶡，鳥也。以其尾爲武士帽，表勇也。"卷七十四"鶡鵯"注引《漢書音義》(58p0958b)："鶡，一名蘇，以其尾爲武士帽也。"卷九十五"鶡旦"注引《漢書音義》云(59p0243b)："鶡，鳥，一名蘇，以其尾爲武士帽也。"皆著一"以"字，文意完足，知例中脱之，宜據補。

(30)銑鋈　上先典反。《考聲》云："銑之美者也。"《尔雅》云："金絶好光澤謂之銑。"⑤《古今正字》："從金，先聲。"下烏毒反。《考聲》《毛詩傳》並云："鋈，白金也。"《古今正字》："從金，沃聲。"⑥（卷六，86，59p0108b）

案："銑之美者也"文意不順。考《説文·金部》(頁294上)："銑，金之澤者。一曰小鑿。一曰鐘兩角謂之銑。从金，先聲。"《爾雅·釋器》"絶澤謂之銑"郭璞注(頁177下)："銑即美金，言最有光澤也。《國語》曰：'玦之以金銑者。'謂此也。"詳文意，"之美"前脱"金"字，宜據補。

---

① 疑見《論語·陽貨》"惡居下流而訕上者"何晏集解引孔(安國)曰(頁2526下)："訕，謗毁。"仁瑄案：《論語》"謗"1見，《論語·子張》(頁2532上)："未信則以爲謗己也。"

② 《方言》卷十三"讟，痛也"郭璞注(頁967上)："謗誣怨痛也。"

③ 《説文·歺部》(頁85上)："殂，往死也。从歺，且聲。《虞書》曰：'勛乃殂。'殨，古文殂。从歺，从作。"

④ 《説文·鳥部》(頁82上)："鶡，似雉，出上黨。从鳥，曷聲。"

⑤ 《爾雅·釋器》(頁177下)："絶澤謂之銑。"

⑥ 《説文·金部》(頁293下)："鋈，白金也。从金，䒩省聲。"

三 衍

(31)筌蹄　上翠緣反。取魚竹器籠也。亦名魚笱。下弟奚反。《莊子》云:“蹄所以取得兔,既得兔而忘蹄。”從足帝聲。(《序》,85,59p0087b)

案:“竹器籠”之“器”字衍,宜删。考慧琳音義凡十釋“筌”,卷四十一“真筌”注引顧野王云(58p0206b):“捕魚竹笱也。”卷六十“渠筌”注(58p0659b):“捕魚竹器也。”卷八十“筌蹏”注引顧野王云(58p1077a):“筌即捕魚笱也。”卷八十三“筌蹏”注引顧野王云(59p0061a):“捕魚竹笱也。”慧琳音義卷九十“忘筌”注引《考聲》云(59p0167a):“筌,取魚竹籠也。”或言“捕魚竹笱”,或言“捕魚竹器”,或言“取魚竹籠”,可爲據删之旁證。

(32)牒盈　恬恊反。《考聲》:“簡也。”《説文》:“牒,札也。”論文從言作諜牒也。(卷一,85,59p0090a)

案:“諜牒”之“牒”字衍,宜據文意删。

(33)臛染指之黿　上訶各反。《考聲》云:“似羹而濃曰臛。”《説文》:“肉羹也。從肉,隺聲。”隺音涸。下黿音元。《説文》:“水介蟲大鼈也。從黽,元聲。”言染指黿者,事在《左氏傳》中。(卷一,85,59p0091a)

案:“水介蟲大鼈也”,今本作“大鼈也”①。考慧琳音義凡十九釋“黿”,除此例外,皆以“大鼈”爲訓。如卷十四“黿鼉”注引《説文》(57p0665a):“大鼈也。從黽,元聲。”卷十五“黿鼉”注(57p0704a):“大鼈也。從黽,音猛,元聲。”卷二十八轉引之玄應音義“黿鼉”注引《三蒼》(57p1005a):“黿,大鼈也。”《左傳·宣公四年》“宰夫將解黿”孔穎達疏亦引《説文》云(頁1869中):“黿,大鼈也。”知例中衍“水介蟲”三字,宜删。

四 倒

(34)爟爟　上音峯。《方言》云:“𧡧、虞,望也。”《漢書音義》云:“烽有寇則舉而燔也。”《史記》云:“舉燧然也。”《説文》云:“候。遠望有驚則舉之。從火,夆聲。”燔音煩。下萱菀反。《周禮》:“司爟掌火行之政令。”鄭衆云:“每歲隨時更火用木也。”《考聲》《切韻》云:“取火於日宮也。”亦烽類也。《説文》:“從火,雚聲。”亦作烜,音喧。雚音貫也。(卷四,85,59p0098a)

案:(1)“火行”,今本作“行火”②。考《説文》“爟”字(頁210上)下引《周禮》亦作“行火”,知例中“火行”乙倒,宜據乙正。(2)“日宮”之“宮”爲“官”訛,宜改。《説文·火部》(頁210上):“爟,取火於日官名,舉火曰爟。《周禮》曰:‘司爟掌行火之政令。’从火,雚聲。烜,或从亘。”宜改。《淮南子·氾論》“袚之以爟火”高誘注(頁450):“爟火,取火於日之官也。”亦作“官”,可爲據改之旁證。

---

① 《説文·黽部》(頁285上):“黿,大鼈也。从黽,元聲。”

② 《周禮·夏官·司爟》(頁843中):“司爟掌行火之政令。”

(35)檐簦　下得能反。《考聲》云:"簦,織竹爲蓋也。"《國語》:"簦笠相望於艾陵。"賈逵注《國語》云:"簦,俻雨笠器也。"《史記音義》曰:"笠有柄曰簦。"《説文》:"從竹,登聲。"(卷六,86,59p0110a)

案:"簦俻雨笠器也",今本作"簦笠,備雨器"①。考慧琳音義卷九十八"檐簦"注亦引賈逵注《國語》云(59p0294b-0295a):"簦[笠],備雨器也。"詳文意,例中文字有倒乙,宜據乙正作"簦笠,備雨器也"。

(36)赭服　上遮也反。《考聲》云:"赭,赤色也。"郭注《方言》云:"赤衣也。"前已釋訖。(卷六,86,59p0110a-0111b)

案:考"赭",《方言》作"褚"。《方言》卷三"楚東海之間,卒或謂之褚"郭璞注(頁821上):"言衣赤也。"知例中"赤衣"爲"衣赤"之乙倒,宜據乙正。《集韻·馬韻》(頁118上):"褚,衣赤也。"《廣雅·釋器》"帾,幡也"王念孫疏證(頁237下):"衣赤謂之褚,以絳徽帛謂之帾,其義一也。"皆作"衣赤",是其乙正之旁證。

(37)布濩　《考聲》云:"布下音户濩,草多皃。"《博雅》云:"濩者,布遍也。"(卷七,86,59p0113b)

案:"考聲云布下音户濩"不辭,詳文意,當是"下音户考聲云布濩"之乙倒。慧琳音義凡四釋"布濩",其中三例引及《考聲》,除此例外,卷二十"布濩"注(57p0796b):"乎故反。《考聲》云:'布濩,多皃也。'"卷二十四"布濩"注(57p0886a):"胡故反。《考聲》云:'布濩,多皃也。'"音義皆同此例,是其乙倒之旁證,宜據乙正。

【附記】本文曾在"第十一届漢文佛典語言國際學術研討會"(中國臺灣,2017.11.02-06)上宣讀。

徵引書目

漢·班固撰、唐·顔師古注《漢書》,中華書局,1962。
宋·丁度等《宋刻集韻》(第二版),中華書局,2005。
劉文典《淮南鴻烈集解》,馮逸、喬華點校,中華書局,1989年。
南朝梁·顧野王《大廣益會玉篇》,中華書局,1987。
清·郝懿行等《爾雅 廣雅 方言 釋名》(清疏四種合刊),上海古籍出版社,1989。
清·阮元校刻《十三經注疏》,中華書局,1980。
漢·司馬遷撰、唐·裴駰集解、司馬貞索隱、張守節正義《史記》,中華書局,1959。
清·王念孫《廣雅疏證》(第二版),中華書局,2004。
漢·許慎等《漢小學四種》,巴蜀書社,2001。
漢·許慎撰、徐鉉校定《説文解字》,中華書局,1963。
明·張自烈、廖文英《正字通》,董琨整理,中国工人出版社,1996。
清·朱駿聲《説文通訓定聲》,中華書局,1983。
宋·朱熹集注《詩集傳》,中華書局,1958。

① 《國語·吴語》"簦笠相望於艾陵"韋昭注(頁615-616):"簦笠,備雨器。"

參考文獻

[1]黃仁瑄. 慧琳《一切經音義》再校勘舉例[J]. 語文研究,2012(2).
[2]黃仁瑄. 慧琳添修之《妙法蓮華經音義》的訛、倒、衍問題[J]. 語言研究,2012(2).
[3]徐時儀. 一切經音義三種校本合刊[M]. 上海:上海古籍出版社,2012.
[4]楊樹達. 積微居小學述林[M]. 北京:中國科學院出版社,1954.
[5]楊樹達. 釋正韋[M]//積微居小學述林全編,上海:上海古籍出版社,2007.
[6]余迺永. 新校互注宋本廣韻(增訂本)[M]. 上海:上海辭書出版社,2000.

Examples of Collation of *the Disquisition on What is Right and Proper*(辯正論)in *the Sound and Meaning of the Tripitaka Compiled by Huilin*(慧琳)

Huang Renxuan

Abstract: Huilin annotated *the Disquisition on What is Right and Proper*(辯正論)in Volume 85-86 in *the Sound and Meaning of the Tripitaka*(一切經音義). In these sections, errors of characters, such as shedding, redundancies and inversions, exist. Correcting these errors and mistakes will have important significance for further research of Huilin(慧琳)'s work.

Key words: *Disquisition on What is Right and Proper*(辯正論), *The Sound and Meaning of the Tripitaka Compiled by Huilin*(慧琳), Collation

通信地址:華中科技大學中國語言研究所
郵　　編:430074
E-mail: hrenxuan@163. com

《生經》詞語選釋六則

裘雲青

内容提要 竺法護譯《生經》中有眾多疑難用詞，至今仍未得到深入解讀，這與竺法護多用意譯或音譯意譯結合的方式翻譯有極大的關係。本文通過梵漢對比以及利用不同包括日本古寫經在内的寫本校勘，考證"讒哳""摩納學志""罪塵勞""歲節""令"及"使""從"等六則詞語。

關鍵詞 竺法護 生經 讒哳 摩納學志 罪塵勞 歲節 令 使 從

《生經》(《大正新修大藏經》第3卷，第154號，70a9-108c12)，共五卷，由55小經輯集而成，其中多爲釋迦牟尼過去世受生爲不同身形時的故事。譯者竺法護(Dharmarakṣa，從事翻譯年代265-311年)是西晉僧人，按照慧皎撰《高僧傳》，"其先月支人，本姓支氏。世居燉煌郡，年八歲出家。事外國沙門竺高座爲師，誦經日萬言，過目則能……博覽六經，遊心七籍，……慨然發憤，志弘大道，遂隨師至西域，遊歷諸國。外國異言三十六種，書亦如之，護皆遍學。貫綜詁訓，音義字體，無不備識。遂大齎梵經，還歸中夏。自燉煌至長安，沿路傳譯，寫爲晉文"(No. 2059，50/326c2-c12)。竺法護是經譯大師，被稱爲"敦煌菩薩"及"月支菩薩"，他的譯經涉及《普曜經》《般若經》《法華經》《泥洹經》等各方面經典，其中《生經》譯於公元285年。因竺法護譯風忠於原本，翻譯在漢語中尚未有的概念時，或音譯，或分別使用無關的兩個或多個漢字意譯，或音譯意譯各半，因此造成了我們在解讀《生經》時遇到很多困難。即使是翻譯了五百個漢語佛經故事(*Cinq cents contes et apologues extraits du Tripitaka chinois et traduits en français*，三卷，巴黎1910-1911)的法國漢學泰斗埃瑪紐埃爾-愛德華・沙畹(Emmanuel-Édouard Chavannes，1865-1918)，也僅翻譯了《生經》的前3個故事便作罷。但正是因爲如此，在我們研究佛教語言及西晉時代漢語口語詞彙時，《生經》具有極高的語料價值。

在我們讀漢譯佛經時校勘的重要性無需贅述。筆者在校勘《生經》時使用《高麗經再雕版》(《大正新修大藏經》之底本)爲底本，除對比了《金藏》廣勝寺本(《中華大藏經》影印)、宮内廳圖書室本、資福藏、磧砂藏(第五卷後爲元版)之外，還對比了日本古寫經興聖寺、金剛寺、七寺《生經》寫本及岩屋寺《生經》刻本①。

本文以《生經》中六則詞語爲例作一探討。它們是："讒哳""摩納學志""罪塵勞""歲節""令"及"使""從"。

---

① 感謝日本國際佛教學大學院大學落合俊典教授於2017年7月提供了日本興聖寺、金剛寺、七寺《生經》寫本及岩屋寺《生經》刻本的照片。其中寫本興聖寺本僅存卷二，金剛寺本存卷二至卷四，七寺本僅存卷一；岩屋寺《生經》刻本卷第一至第五保存完整。

一　讒哳

《生經》卷五《雜讚經》中有：

103c16. 我如所念如所造　卿所讒哳(*v. l.* 折)多所貪　今遭凶危如得華　後方當更獲其實　我之所頌亦可受　具足成酪致醍醐　值此勤苦衆惱已　當詣屏猥處閑居(v)

此中"讒哳"一詞難解。《玄應音義》卷十二釋該詞爲:"側鎋、中鎋二反。啁哳,鳥悲也。"(《中華大藏經》第56卷，999頁c)《可洪音義》卷十三第一三八三僅注音讀:"上。仕咸反。下,陟轄反。"《漢語大詞典》釋爲"好以讒言誹謗他人。哳,切切私語之聲"①,例自《生經》。

至今有三位學者對該詞有過言及或研究。辛嶋静志《正法華經詞典》收"嚵哳",釋爲:"gluttonous, greedy for food"(?),加"?"以示存疑(辛嶋静志 1998：34)。孫致文於2017年曾言及"唤哳",引《玄應音義》《可洪音義》解釋,對比《麗藏再雕》《大正藏》《磧砂藏》,提出,"根據上下文義,只能推測《應時品》中"嚵哳"一詞具負面義涵,但未能確知其義"。對於上引竺法護《生經》例,孫致文指出,"'嚵''讒'二字,一從言、一從口;此二偏旁之互用,文獻多見。'嚵哳''讒哳'當是一詞。……我們只能根據'嚵''讒'之形符,及玄應、可洪所引'鳥鳴'的義項,推斷此詞與多言有關。《漢語大詞典》的釋義或許可成立"②。真大成(2016:190,191)指出,"竺法護《生經》卷五《雜讚經》載烏妻以偈語告其夫:'我如所念如所造　卿所讒哳多所貪。''讒哳'當即'嚵哳'。'讒哳'當即'嚵哳'。'讒'非'讒言'之'讒',而是同'嚵','言'旁、'口'旁例得混用。説烏夫'讒哳',是埋怨它胡亂説話,多嘴。""'嚵哳'音可注爲chàn zhā,義可釋作'輕易插嘴、隨便説話'。"文中作爲論證依據之一有以下一段:

據上所釋,"嚵哳"一詞大抵能得其義——謂輕易插嘴、隨便説話。又檢《正法華經》之異譯本後秦鳩摩羅什譯《妙法蓮華經》卷二《譬喻品》,與"彼男子者,無黠無明,所在慳貪,性常嚵哳[哳],生盲無目,人所棄捐,人坐不信"相應的部分是"若得爲人,諸根闇鈍,矬陋攣躄,盲聾背傴,有所言説,人不信受","嚵哳[哳]"正對應"言説",其義顯然。

該部分的論證方法和結論皆可商榷。此處有兩個問題。

第一,没有正確斷句,曲解《正法華經》該段原文意義。"彼男子者,無黠無明,所在慳貪,性常嚵哳(*v. l.* 哳),生盲無目,人所棄捐,人坐不信……"爲偈頌。印度古典詩歌*gāthā*,音寫爲"偈"(後多用"伽陀"),意譯爲"偈頌"。印度詩歌最重韻律,韻律種類繁多,規則複雜,最常

---

① 《漢語大詞典》第11卷，468頁b。

② 孫致文教授於2017年11月4日在第十一届漢文佛典語言學國際學術研討會上發言時言及該詞。會後,孫教授特意發來大會發言供筆者參考。撰寫此文時大會論文集尚未出版,特註。感謝孫致文教授賜教賜文。

見的韻律是*Śloka*①和*Triṣṭhubh-Jagatī*②。上引《正法華經》偈頌的韻律即*Triṣṭhubh-Jagatī*。印度詩歌一個詩節由4句構成,表達一個較完整内容。梵文*pāda*,原義爲“足”或“脚”,用在偈頌中謂1/4,指4個*pāda*構成一個詩節③。竺法護譯忠實原文,即使在翻譯偈頌時也是如此。辛嶋静志(2016：120)指出,“原文是*Śloka*韻律的偈頌時,竺法護譯爲四句五言;梵本是*Triṣṭubh-Jagatī*韻律的偈頌時用的是八句四言。在《正法華經》裏,他徹底地遵守了這一原則。*Śloka*和*Triṣṭhubh-Jagatī*韻律都是由前半首詩和後半首詩構成的。竺法護翻譯的偈頌也按照原文韻律,分成前半首詩和後半首詩”。《生經》五卷55小經中共有偈頌101個,除第27小經一處缺殘,第46小經故事不完整外,其餘99個偈頌無一不遵守了四句一詩節的規則。

真文引用部分有七句,且在189頁引文“人坐不信”後用句號,顯然是有問題的。若細檢《正法華經》此處(No. 263, 9/79a14f.),可知,引文最後一句“人坐不信”應屬下句,且應這樣斷句:

告舍利弗　不信此經
彼男子者　無黠無明　/
所在慳貪　性常嚵哳(*v. l.* 哳)
生盲無目　人所棄捐　//
<u>人坐不信</u>　於佛大道
口中常臭　惡氣外薰　/
鬼神厭魅　詳觸嬈之
普世俗人　無用言者　//④

第二,我們將這一部分竺法護譯《正法華經》與鳩摩羅什譯《妙法蓮華經》進行對比如下:

---

① *Śloka*韻律的半偈的基本形如下:⏓⏓⏓⏓⏑––⏓｜⏓⏓⏓⏓⏑–⏑⏓‖(-表示長音節;⏑表示短音節;⏓表示長短皆可)

② Triṣṭubh的半偈的基本形如下:⏕–⏑⏕⏕⏑⏑–⏑–⏓

*Jagatī*的半偈的基本形如下:⏕–⏑⏕⏕⏑⏑–⏑–⏑⏓(⏕表示兩個短音節或一箇長音節皆可)

③ “The hymns of the *Ṛgveda*are composed in stanzas, generally of four lines……the line, which…is also called ‘foot’(*pāda*).”詳盡解釋見Arthur Anthony Macdonell1927：19-20。另見A Practical Sanskrit Dictionary:160頁*pāda*項:“quarter (*pl.* the four parts); verse”。

④ 以“人坐不信”開始的偈頌後半部謂人因爲不信佛道,故口中常有惡氣,臭味沖天。因此遭衆鬼神厭棄擾害,一切世俗人没有與他説話的。“坐”,謂因爲。真文在“人坐不信”後加句號,或許將“坐”釋爲他義了。

竺法護譯《正法華經》	鳩摩羅什譯《妙法蓮華經》(No. 262，9/15c15f.)
告舍利弗　不信此經	若得爲人　諸根闇鈍
彼男子者　無黠無明　/	矬陋攣躄　盲聾背傴
所在慳貪　性常嚵吓	有所言説　人不信受　/
生盲無目　人所棄捐　//	口氣常臭　鬼魅所著
人坐不信　於佛大道	貧窮下賤　爲人所使
口中常臭　惡氣外薰　/	多病痟瘦　無所依怙
鬼神厭魅　詳觸嬈之	雖親附人　人不在意
普世俗人　無用言者　//	若有所得　尋復忘失　/

顯而易見，二者内容雖相近，但語言表達上的不同之處似乎更多。二者雖皆有“信”字，但《正法華經》中“信”的賓語是“佛道”，《妙法蓮華經》中“信”的賓語是諸根不明，相貌醜陋之人所説的話。故真文“‘嚵吓[唽]’正對應‘言説’”不足以爲證明根據。

遺憾的是，與該部分對應的梵文缺欠，因此我們無法通過梵文來考察“嚵吓”究竟何義。異譯間的對比固然可提供綫索，有助於我們理解難解詞彙及語法及其發展，但竺法護與鳩摩羅什各自使用原本似並不完全相同，且二者翻譯風格迥異，翻譯年代相距百年以上，通過對比《正法華經》和《妙法蓮華經》，證明“‘嚵吓[唽]’正對應‘言説’”，“義‘輕易插嘴、隨便説話’”，未免牽强，恐難成立。

言及翻譯風格，忠實原文是竺法護翻譯的顯著特點之一。此外，在句中對於同一詞語的翻譯用詞也力求變化也是竺法護翻譯的特徵。例如，與梵本 KN. 4. 3f. *-parivāra* ……*-parivāra*～ ……*-parivāra*～ ……*-parivāra*～ ……*-parivāra*～ ……*-parivāra*～對應處竺法護譯爲：

日天子與無數<u>眷屬</u>俱。……與無數<u>大衆</u>俱來詣佛所……與無央數千諸龍<u>眷屬</u>俱。……各與<u>營從</u>來詣佛所……與無央數百千阿須倫<u>人民</u>俱來詣佛所……摩竭國王阿闍世與十子并諸營從來詣佛所。稽首畢退坐一面。(《正法華經》，No. 263，9/63b5ff.)

“眷屬”“大衆”“眷屬”“營從”“人民”等以下綫標記的詞語均與 *parivāra* 對應。而鳩摩羅什此處的譯文則是：

眷屬……眷屬……眷屬……眷屬……眷屬……眷屬(《妙法蓮華經》，No. 262，9/2a15ff.)

又如，與梵本 KN. 183. 6f. *buddhajñāna*～……*buddhajñāna*～……*buddhajñāna*～對應處竺法護譯爲：

十六王子……衆行具足，普受<u>聖慧</u>，入于<u>道明</u>，合集<u>佛智</u>。(《正法華經》，No. 263，9/92a10f.)

而鳩摩羅什此處的譯文則作“佛智”(《妙法蓮華經》，No. 262，9/25b14f.)①。

另，河野訓(2006：273-274)指出，《正法華經》中與梵語 *sattva* 對應的詞語有“衆生”“黎元”“蒸庶”“群生”“民庶”等，而在鳩摩羅什譯《妙法蓮華經》中僅用“衆生”。

① 2017年11月5日辛嶋静志教授於佛典語言學國際佛學研討會上發言時舉例。感謝辛嶋静志教授允許使用此例。

《生經》中也有類似用法，如：

93b26. 以拔卿憂惱　心所懷愁感　於今仁無患　而除子憂感　令人離愁惱　及一切親屬　如卿今日歡　見象子起(*v. l.* 故)放(v)

雖至今仍未發現《生經》梵本，但上引文“憂惱”“愁感”“憂感”“愁惱”原語大約是同一詞。

河野訓(2006：274-276)一方面認爲這樣的翻譯使竺法護漢譯豐富多彩，另一方面却認爲竺法護譯不夠統一，不如鳩摩羅什譯直接明瞭。而筆者則認爲，變文以求避複是竺法護漢譯的一大顯著特徵，這一特徵無疑符合中國人對於行文的審美觀念，證明竺法護及其筆受漢語修養之精深。不可否認的是，這種翻譯用詞的不統一也是造成竺法護譯難解的原因之一。

由此竺法護漢譯特徵，筆者推測，《生經》“卿所讒㖒(*v. l.* 折)多所貪”之“讒㖒”與“貪”、《正法華經》“所在慳貪性常嚵唽”之“嚵唽”與“慳貪”義同或近。

《生經》中有23個若干世前如何，若干世後如何的故事，過去與現世所發生的事情基本一致。《雜讚經》前半部講述某比丘尼之子不聽父母教誨，貪戀世俗，與惡人相交，被凶人惡打。後半部講述此人很久以前爲烏，其妻勸告他離開人居之處，而他依舊在人類居處築巢，被人捉住羞辱①。前後情節一致。

其次，“讒㖒”和“嚵唽”與“饞嗜”形似，“饞嗜”在漢譯佛經中猶言對食物貪得無厭。如：

若有衆生食飽滿已，性多饞嗜，數復來求珍妙飲食，亦不施與。(唐玄奘譯《瑜伽師地論》，No. 1579，30/506b10)

慧琳《一切經音義》釋“饞嗜”爲：

饞嗜仕咸反，不廉也，又作膳鍺，二形同，視利反。説文“嗜，欲意也”，貪無猒也。(唐慧琳撰《一切經音義》，No. 2128，54/630a09)

《漢語大詞典》釋爲“貪饞無厭”②，例亦自上引玄奘譯《瑜伽師地論》，另南唐譚峭《化書・食化・燔骨》。而“饞”謂“貪吃”③，“嗜”謂“貪，貪求”④，分别始於漢代及先秦。

上述孫致文與真大成皆認爲“嚵㖒”和“讒㖒”當是一詞，筆者看法相同。真大成認爲“‘嚵’作爲‘饞’的異體字應是唐代以後的事”(真大成2016：191頁註①)，事實上，《焦氏易林・損之》第50：“鼎：一指食肉，口无所得。舌嚵於腹。”《焦氏易林・未濟之》第19：“蠭：蜘蛛作網，以伺行旅。青蠅嚵聚，以求膏腴。觸我羅絆，爲網所得。”這2處的“嚵”皆謂“饞”。⑤

關於“唽”，《玉篇・口部》：“嗜，食利切，欲也。‘㖢’，古文”。《集韻》列“嗜”“鰭”“嗜”“醋”“膳”“㖢”“耆”爲異體字，注“時利切，欲也。《説文》‘嗜欲，喜之也’。或從食，從酉，從肉。亦作‘㖢’‘耆’”。《類篇・口部》：“嗜、㖢，時利切，欲也。《説文》‘嗜欲，喜之也’。亦作‘㖢’”。由此推測，《正法華經》中的“唽”爲“㖢”訛誤，《生經》“讒㖒”的“㖒”也是“㖢”。

綜上，《生經》中的“讒㖒”即“饞嗜”，“讒”同“嚵”，是“饞”的異體，“唽”和“㖒”是“㖢”的訛誤，“讒㖒”音可註爲chán shì，猶言“貪得無厭；貪吃”。《正法華經》中“嚵唽(*v. l.* 㖒)”亦同。

① 此處原文爲：“其烏聞之，雖欲捨去，心懷戀戀，不能避去。”(《生經》103c4-5)。烏夫“雖欲捨去，心懷戀戀，不能避去”的理由大約是爲了食物，而不是爲了“輕易插嘴、隨便説話”。

② 《漢語大詞典》第12卷，589頁a。

③ 同上，第12卷，588頁a。

④ 同上，第3卷，455頁a。

⑤ 另，《漢語方言大詞典》第五卷，7479-7480頁：“嚵”❷<動>饞；貪嘴。冀魯官話。河北新城。1935年《新城縣志》：“饕謂之饞，貪食亦謂之～。饞、～通。”但使用時代過晚。

二　摩納學志

佛教漢譯中的"重複翻譯"(double translaion)並不少見。這一概念最早是許理和提出的①,後那體慧又提出了一個新的概念"overlapping translation"②,更清楚定義了在一詞中重複翻譯同一源頭詞語的翻譯現象。最近盧鷺(2017)也就該問題進行了研究。

《生經》中也有多例此類重複翻譯,"摩納學志"即其中之一。該詞出現在《生經》〈佛說比丘疾病經〉(103c28-104b22):

89b26. 時有摩納學志,有所緩急,常馳走(*v. l.* 十赴)趣。有一學志,若有急緩疾病之厄,初不視瞻。

89c4. 是時,五通仙人……心愍念之,即往到其所,即問之曰:"摩納學志,卿强健時,頗有消息問訊不? 寧有親厚朋友乎?"

按照《梵和大辭典》,梵語 *māṇava*,義爲"少年,青年;尤指少年婆羅門"③。漢譯:人,儒童,年少浄行,行者,婆羅門,浄行婆羅門。音寫:摩納,摩納婆,摩囊縛,摩納縛;"學志",梵語 *māṇavaka*,義爲"少年婆羅門"。漢譯:童子,儒童;善男子;梵志,學志,婆羅門,少婆羅門,婆羅門童男,婆羅門童子。音寫:摩拏縛迦,摩納縛迦④。Monier-Williams Sanskrit-English Dictionary:māṇava,"a youth, lad, youngster (especially a young Brahman; also contemptuously=little man, manikin)"。*māṇavaka*,"a pupil, scholar, religious student"⑤。PTSD: *māṇava* [cp. Sk. *māṇava*] a youth, young man, esp. a young Brahmin Sn 1022, 1027, 1028; J IV. 391 (*brāhmaṇa*°); DA I. 36=satto pi coro pi taruṇo pi; DhA I. 89. pl. māṇavā men Th 2, 112. ——The spelling mānava occurs at Sn 456, 589, & Pv I. 87 (=men Th II. 112; kumāra PvA 41)⑥;māṇavaka [fr. māṇava] a young man, youth a Brahmin Miln 101; in general: young, e. g. nāga° a young serpent J III. 276; f. °ikā a Brahmin girl J I. 290; Miln 101; nāga° a young female serpent J III. 275; DhA III. 232. ⑦。綜而言之,梵語 *māṇava*,或*māṇavaka*義爲"少年(或青年)婆羅門"。

音寫"摩納"相對易解,而"學志"究竟意味着什麼? 辛嶋静志(2016: 106f.)從中期印度

① 許理和,Zürcher 2007=1959: Vol. II, 336. n. 140. "The use of du 度 (for 渡 'to cross') as a translation of pāramitā ('mastery, supremacy, perfection', derived from parama) is based on a false etymology which derives the word from pāram ('the other shore', 'the opposite side') and itā ('gone', fem.), cf. Chavannes, Cinq cents contes et apologues vol. I, p. 2. 度無極 is actually a double translation. ……"

② 那體慧 Nattier 2004: 9. "A special category…is that of 'overlapping' translations, in which part of a given expression (usually one syllable) is interpreted as belonging to two different words, and thus is translated twice."

③ 《梵和大辭典》, 1027 頁 b.

④ 同上,1027 頁 b.

⑤ Monier-Williams Sanskrit-English Dictionary: 806b.

⑥ PTSD: 527b.

⑦ PTSD: 527b.

語的角度對漢譯佛典中的"逝心""梵志""沙門""息心""毘沙門""息意""賁識(=奔識)"等進行了考證,提出,翻譯梵文 *brāhmaṇa* 時,安世高(譯經年代在公元 148-168 年)以及支婁迦讖(譯經年代在公元 178-189 年)使用音寫"婆羅門",安玄及嚴佛調於約公元 181 年翻譯的《法鏡經》及支謙(約 220-257 年)翻譯的《義足經》使用的是"逝心"。自康孟詳譯《中本起經》(196-220 年)起,包括支謙(約 220-257 年)譯《義足經》,開始使用"梵志"。"梵志"由音譯"梵"(EH. bjam-)和意譯"志"組成,可能不是來自梵文 *brāhmaṇa*,而是犍陀羅語 *bram̱maṇa*, *brammaṇa*。"梵"是爲了音寫犍陀羅語 *bram̱*/ *bram* 而造的字(音符同"凡",加部首"林");"志"則與 *maṇa*(<梵語 *manas*"心")相符。"梵志"在鳩摩羅什前的漢譯中尤爲普遍,而音譯"婆羅門"則在鳩摩羅什(從事翻譯於 401-413/409 年)之後越發常用。"梵志"的"梵"是音寫,"志"則是意譯。

筆者認爲,"學志"亦猶言"少年(或青年)婆羅門",而"學"則更强調"學習的;學生","志"則是 *māṇava* 中之 *manas*,即"心"。"摩納學志"中"摩納"和"學志"同義,都謂"少年(或青年)婆羅門"。儘管按照《梵和大辭典》"摩納/學志"和"梵志"(婆羅門)有時不作區别,如 *māṇava* 也被譯作"婆羅門",*māṇavaka* 也被譯作"婆羅門"和"梵志",但"摩納"和"學志"皆屬"婆羅門"或"梵志"範疇①。翻譯 *māṇava* 或 *māṇavaka*("少年[或青年]婆羅門")時,若著重點在"少年(或青年)",則譯爲"摩納"或"學志",而"學志"則更重在"學";若著重點在"婆羅門",則譯爲"婆羅門"或"梵志"。②

義爲"少年(或青年)婆羅門"的"摩納"用例很多,如:

竺法護譯《文殊支利普超三昧經》(No. 627, 15/420b18)"梵忍跡天化作梵志摩納之形,手執拂扇住侍濡首左面,以扇扇之"的"梵志摩納"指站立在文殊菩薩左邊搧扇子的少年婆羅門。同《文殊支利普超三昧經》(427a07)"長者於此所殖德本,如我今授摩納之莂,當爲無上正真之道"中"摩納"指前出阿闍世王名叫月首太子,八歲。

除竺法護譯外,還有如:

> 爾時,異道人須卑及弟子梵達摩納,隨佛及比丘僧。(吴支謙譯《梵網六十二見經》,No. 21, 1/264a25)

> 爾時,傷歌邏摩納中後彷徉,往詣佛所,共相問訊,却坐一面,白曰:"瞿曇!我欲有所問,聽乃敢陳。"世尊告曰:"摩納!若有疑者,恣汝所問。"(東晉瞿曇僧伽提婆譯《中

① 現代漢語中小學生、中學生、大學生皆可稱爲"學生"。此例或許並不恰當,但與"摩納"/"學志"和"婆羅門"/"梵志"的關係相近。

② BHSD: 428 頁 māṇava: (also mānava, MSV i. 261. 20), usually (as in Skt. and Pali) youth, esp. brahman youth; more commonly (again as in Skt. and Pali) °vaka. Once °va is used of an adult brahman, a king's purohita, and contrasted with his pupils, called °vaka: Divy 60. 23 rājño Brahmāyur nāma brāhmaṇaḥ purohito bhaviṣyati ... (25) Brahmāyur māṇavo 'śītimāṇavaka śatānibrāhmaṇakān mantrān vācayiṣyati. This seems to be highly exceptional. 换言之,*māṇava* 雖可用於成年人,但屬例外,多數情況下仍指少年或青年。

阿含經》,No. 26, 1/650b12-14)①

第一例中"梵達"是異道人的年輕弟子,第二例中的"傷歌邏"是 *Saṅgārava*,傷歌邏童子,婆羅門少年或青年。

大正藏中"學志"雖然出現了約 70 處,但用於表示"(學習的)少年婆羅門"的只有竺法護一人。如:

> 於是,審裸形子自告其眾:"汝等當與此五百學志俱悦和合通同爲行,轉相受法化等共學經義,假使此五百人有所説,卿等便當諦受善思念之。"爾時,文殊師利與五百學志等輩,聚會稍現其行審諦功德戒,遂踰於本而普自現。(《文殊師利現寶藏經》,No. 461, 14/482b16-19)

佛言:"族姓子!吾念過世無數劫時,有一學志,名曰焰光,處於林藪行吉祥願,四百二十萬歲浄修梵行,過闋歲已,入沙竭國。(《慧上菩薩問大善權經》,No. 345, 12/175c05)

更有以下一例:

> 有五百學志　講術藂樹間　時有大神力　五通比丘來　我見道人至　誹謗揚其惡　仙人深愛欲　自高處樹間　諸摩納聞之　便共效我宣　時一切學志　家家行乞匃　大眾中誹謗　仙人有垢欲(v)(《佛五百弟子自説本起經》,No. 199, 1/201b26-201c02)

顯然,此中"摩納"和"學志"義同,此例也可説明上述(一)所論竺法護譯變文以求避複之特徵。

《生經》中另有一例與"摩納學志"相關的漢譯。《生經》經第九的經題爲:《佛説旃闍摩暴志謗佛經》(《生經》76a13)。若將"暴志"解釋爲人名,實輕而易舉,但若分析這五字構成,我們便可清楚竺法護如此翻譯的理由,也可以更好地理解竺法護譯的特點。

"旃闍摩"是梵語 Cañcā-māṇavikā② 的音譯。竺法護在《慧上菩薩問大善權經》(235-285 年)、《佛五百弟子自説本起經》(253-303 年)中用"旃遮摩尼"。其他漢譯者,如康僧會在《六度集經》(201-251 年)使用"旃遮",竺佛念譯《菩薩從兜術天降神母胎説廣普經》(365-384 年)使用"旃遮摩納",鳩摩羅什譯《大智度論》(402-406 年)使用"旃遮婆羅門女"等音寫 *Cañcā* 部分。梵語 *cañcā* 與動詞√*cañc*("跳躍,震動;摇晃")和形容詞 *cañcala*("震動;躁動")有關;*māṇavikā* 謂婆羅門少女。這就意味"暴志"的"暴"與梵語動詞√*cañc* 或形容詞 *cañcala* 對應。而對於 *māṇavikā*,竺法護顯然理解或聯想到的是梵語 *manas*,即"心,心思",因此意譯

① 非常感謝《漢語史學報》匿名編審人詳細閲讀拙文,並在此提供了一例,指出《中阿含經·傷歌邏經》中的"摩納"在巴利本 *Saṅgāravasutta*(*AN* 3. 60)中對應 *brāhmaṇa*。並非所有巴利本與梵本完全一致,似不能以此判斷梵本對應處也是 *brāhmaṇa*。

另,編委提供一例,指出,同竺法護譯《舍頭諫太子二十八宿經》卷 1:"王到梵志弗袈裟界。告諸眾曰。且住待之。具教弟子。必遊此道。時弗袈裟旦起嚴駕。乘白車馬。與五百眾諸梵志俱。出其本土。欲化弟子。"(《舍頭諫太子二十八宿經》卷 1,No. 1301, 21/412a1-4),"梵志"有【宋】【元】【明】異讀作"學志"。關於版本問題不在此文中論述。據傳在編纂《開元釋教録》(730 年)時對佛典進行了較大的編集,而以在此之前即到達四川的佛典爲基礎編纂的開寶藏系統保留了更原始的讀法。因此,校勘時我們似選擇開寶藏(10 世紀)系統的高麗藏再雕版(13 世紀)爲底本比宋、元磧砂版(13 世紀)、思溪版(=資福藏,12 世紀)、普寧版(13 世紀)更爲穩妥。

② 參照《梵和大辭典》: 454 頁 b。

爲“志”。可見,此五字前三字爲音譯,後二字是意譯,亦是重複翻譯。與上“學志”同様,歷來漢譯者中僅竺法護一人使用了意譯“暴志”。

綜上,“摩納”和“學志”都謂“少年(或青年)婆羅門”,“摩納學志”是結合音寫“摩納”和意譯“學志”的重複翻譯(*overlapping translation*),是同義複合詞。“旃闍摩暴志”亦爲分别使用音義及意譯表現同一意義的同義複合詞。

三 罪塵勞

《生經》中表達“煩惱;苦難;苦惱”的用詞有“憒惱”“惱患”“憂惱”“惱”等,此外,還有多用於漢譯佛典的以下四組用詞:

1. 塵垢

82c4. 其有能修如此妙 聖不興嫉無懷害 得至寂然去塵垢 處在燕(*v. l.* 宴)樹德如斯(v)

105a15. 於今説法,具足究竟,浄修梵行,離諸塵垢,除婬怒癡、生老病死,獨步三界而無所畏,降伏諸邪、衆外異學,莫不歸伏,一切蒙度。

2. 塵勞

70a26. 即爲比丘,蠲色欲念,除癡愛失,爲説塵勞之穢,樂少憂多,多壞少成,無有節限

93c1. 吾愍傷卿故 欲除諸憂慼 故興此因緣 增益於塵勞 明者曉了斯 恩愛生苦患 則察其内外 無得興變化(v)

3. 塵勞垢

105a12. 於時在世,雖講(*v. l.* 論)經法,未除三毒、生老病死,不能究竟,除塵勞垢,浄修梵行。

4. 罪塵勞

83c13. 又問:“諸入爲何所歸?”答曰:“歸罪塵勞。”又問:“何因有罪塵勞?”答曰:“唯然,世尊!其識及身,各自别異,而各離散。”

關於以上四組用詞,首先“塵垢”,梵語爲 *upakleśa*,謂小煩惱,少分煩惱,小惑,病苦,愁傷,悲歎,辛苦。漢譯謂“煩惱;染;塵垢”(《梵和大辭典》:262 頁 a)。其次,關於“塵勞”,梵語爲 *kleśa*(同前:390 頁 a),謂苦痛,苦惱,心痛,病苦,愁傷,悲歎,辛苦。漢譯有:煩惱,根本煩惱;惑,本惑;結;結縛;惱;染;塵勞等;《漢語大詞典》也收入該詞,選例爲佛典(第 2 卷,1195 頁 b)。“塵勞垢”,《漢語大詞典》未收,辛嶋静志解釋爲“塵世苦難的污穢”(“filth of worldly sufferings”,1998:41)。

漢譯佛典中,表“煩惱”的“塵垢”有約 1900 例,自支婁迦讖、康僧鎧、支謙、無叉羅、竺佛念、鳩摩羅什,至七世紀的達磨笈多、達摩流支、玄奘、不空等漢譯中均有使用。“塵勞”使用頻率更高,有約 3900 例,同様,支婁迦讖、康僧鎧、支謙、無叉羅、竺佛念、鳩摩羅什、達磨笈多、達摩流支、玄奘、義浄、不空、菩提流志等漢譯中均有。此二詞的用例數量龐大,不在此列舉。“塵勞垢”的用例僅有約 40 例,且使用年代皆晚於竺法護。與竺法護同時代的僅有舊題康僧鎧譯《無量壽經》(實爲佛陀跋陀羅及寶雲譯於 421 年左右。由此可見,該用法始於竺法

護譯)中1例。竺法護譯《修行道地經》《正法華經》《持心梵天所問經》《漸備一切智德經》《無言童子經》等共7例,之後有竺佛念譯《菩薩瓔珞經》(326-376年)等6例。例如:

若行若坐,不離十念,心在三尊,未曾忽忘。了知地獄苦痛之惱,至心寂靜,去塵勞垢,眾惡不犯,無能迴轉,應於正理,奉修禁法,德光普照,皆蒙潤澤。(姚秦竺佛念譯《菩薩瓔珞經》,No. 656, 16/4a27)

而"罪塵勞"中"罪"爲何義?

綜觀漢譯佛經,"罪塵勞"僅出現8例,除一部失譯經(即晉代《七佛八菩薩所說大陀羅尼神呪經》)外,其餘7例皆出自於竺法護譯。除上舉《生經》2例,其餘5例分別出現在《修行道地經》《度世品經》及《普曜經》。如:

造作罪塵勞勤苦懷眾惱病痛亂其志多垢命日促(v)(《修行道地經》,No. 606, 15/185b05)

勸助聖慧,入于順業,興於盡慧;除罪塵勞,選擇智慧,發天眼明。(《度世品經》,No. 292, 10/647a23)

其言燒者,出燋燒罪塵勞欲音。(《普曜經》,No. 186, 3/498c16)

梵語 *kleśa* 與巴利語 *kilesa* 同。巴利語 *kilesa* 義爲"煩惱;苦惱;污染;欲念;妄想"①。在《巴利語辭典》中,*kleśa*=*kilesa* 中的定義爲"unregenerate nature, sinful desires, vices, passions"②,即"惡習;罪惡的欲望;罪惡;欲望"。或因有"罪惡的欲望"義,因此竺法護才在常用既成譯詞"塵勞"前加上了"罪"。該複合詞的譯法一方面顯示了竺法護對於梵語 *kleśa* 的獨特的理解,另一方面也顯示了竺法護譯的一個重要特徵,即複合詞的使用。竺法護譯中的複合詞,時爲同義複合詞,時爲異義複合詞。"罪塵勞"即異義複合詞。

句子格式對詞長產生的影響不可否認。偈頌有4言、5言、7言,有字數限制;除偈頌外,很多漢譯佛經4字一句。因此在翻譯選詞時選擇適當2字或3字自然而然。但如上舉《普曜經》"其言燒者,出燋燒罪塵勞欲音"非偈頌,且若四字斷句,意思不通。上舉《生經》"又問:'諸入爲何所歸?'答曰:'歸罪塵勞。'又問:'何因有罪塵勞?'……"同樣既非偈頌,也不可四字斷句,譯者不必在此使用3字。《生經》使用了多個不同詞語表達"煩惱;苦難;苦惱",其原因,我更傾向於如上一所論述,源自翻譯同一詞語時用詞力求變化的竺法護的翻譯風格。

四 歲節

"歲節"在《生經》共有5例,皆出現在《佛說腹使經》。

91b13. 爾時,其國米穀踊貴,人民飢餓。佛、諸比丘各欲散去,流(*v. l.* 流去)遊諸國,以爲歲節。

91b16-18. 假使世尊詣於餘國而造歲節,處於他域,無央數人失其德本,坐具無所之

---

① パーリ仏教辞典,530頁。

② PTSD.:216頁b,"*kilesa* (and *klesa*) [from *kilissati*] 1. stain, soil, impurity, fig. affliction; in a moral sense, depravity, lust."

少。假使如來止此舍衛而爲歲節，多所安隱，爲成德本。

91b24. 如是三月，無所乏少。佛、比丘衆舍衛歲節。

91b27. 賢者阿難功德難及，得未曾有。行權知時，曉了誼理，勸化國王波斯匿(*v. l.* 十王)供養世尊及比丘衆歲節三月，皆令安隱，令比丘衆九十日中無有憂慮，一切施安，所供無乏，令比丘衆各自安隱，不復遊馳至於他國。

譚代龍等《生經簡註》136頁註④解釋爲"年節"，譚代龍(2015)也對該詞作了解釋，本文再作一補充。

引用文中的"三月""九十日"即非常重要的提示。梵語 *varṣa*，*varṣā*，基本義爲"雨，雨季"①，漢譯爲"雨，年，歲，夏安居"②。"雨"和"夏安居"或"雨安居"如何聯繫在一起？《佛光大辭典》"布薩"：安居者防於雨期不健康時期外出殺草木小蟲，且資各自修養。辛嶋静志(2016)亦有解釋③。

《生經》中"歲節"所指就是"雨安居"的三個月。至於竺法護爲何將其漢譯爲"歲節"，或因在中國大陸中原地域没有雨季，因此意譯爲"雨安居"不易被人理解(竺法護譯《度世品經》《漸備一切智德經》爲"安居")。按照《漢語大詞典》，"比丘自出家始，每年夏季三月(四月十五日至七月十五日)安居坐禪，稱爲夏臘。後因以"法臘"稱比丘受戒的年數"④。每度過一次夏安居，作爲比丘受戒得度的年齡就增長一歲，這大約才是竺法護漢譯爲"歲"的理由。"節"謂節令。因此，二字連用指出家僧人安居一處，修習教義的"雨安居"。除"歲節"外，竺法護還使用"新歲""受新歲"等表達雨安居。

舊題後漢安世高148-170年譯，實爲四或五世紀譯《大比丘三千威儀》："皆明聽！今日歲節，四方皆會，佛難得見、法難得聞、賢者會難，歲節易竟。"(No. 1470，24/914c08-09)姚秦佛陀耶舍共竺佛念等355-405年譯《四分律》："時彌却摩納還入鉢摩大國，見國内人民，掃除道路除去不淨，以好土填治平正，以花布地香汁灑之，懸繒幡蓋敷好氍氀，見已問城中行人言：'今觀此城嚴好乃爾，爲用歲節、爲用星宿吉日，而修治如是耶？'行人報言：'今定光佛當來入城，以此故修治如是。'"(No. 1428，22/784c24)這其中"歲節"僅表年節。

漢譯佛經中使用最多的是"安居""夏安居"，也有少數年代稍晚的譯者使用"雨安居""新歲""新歲臘"：

比丘尼僧安居竟，應比丘僧中求三事自恣：見、聞、疑。此法應尊重讚歎，盡形壽不

---

① Monier-Williams Sanskrit-English Dictionary：926c.

② 參照《梵和大辭典》：1178頁 bf.。

③ 原文如下：在印度次大陸雖有例外地域，但總的説来分爲夏季、雨季和旱季三季節。夏季之後，雨季到來，新緑茂盛，生物繁殖。如果雨季在屋外行走，可能會傷害到草木生物，也會面臨河流氾濫，洪水暴漲的危險。因此，雨季時耆那教徒在洞窟或寺院内滯留四個月，佛教徒三個月，甚至苦行者也滯留兩個月，專心修行，這期間稱作"雨安居"或"安居"。對佛教徒來説，自古代印度年曆(元旦相當於公曆三月中至四月中)四月十五日(公曆六至七月)或五月十五日(公曆七月至八月)開始的三個月是雨安居。直至今天，西藏、尼泊爾、東南亞地區的僧人依然在此期間行雨安居。這一習俗也傳到没有雨季的中國大陸中原地域，年曆和數字被原封不動地保留下來，但由古印度年曆變爲中國太陰曆。在中國、日本、朝鮮半島等東亞地區，雨安居從陰曆四月(公曆五月)開始，持續三個月。辛嶋静志《中華文史論叢》：1027頁 b＝《佛典語言及傳承》：164頁 f.。

④ 《漢語大詞典》第5卷，1049頁 a。

得達。(舊題曹魏康僧鎧譯《曇無德律部雜羯磨》[202-252 年],實爲 412 年譯《四分律》之拔萃, No. 1432, 22/1045b01)

佛在舍衛國祇樹給孤獨園。時諸比丘安居欲竟,自恣時到,春秋二時,常來集會,聽佛說法。(舊題吴支謙譯《撰集百緣經》[223-253 年],實爲五世紀中葉至六世紀末譯, No. 200, 4/218a23)

"長老一心念!我某甲比丘,依某甲聚落某甲僧伽藍某甲房舍,前三月夏安居。房舍破,修治故。"(舊題曹魏曇諦譯《羯磨》[204-254 年],實爲 412 年譯《四分律》之拔萃, No. 1433, 22/1057b6)

一時佛住舍衛國祇樹給孤獨園夏安居。爾時衆多上座聲聞,於世尊左右樹下窟中安居。(西晉法炬譯《佛爲年少比丘説正事經》[290-307 年],No. 502, 14/771a07-08)

……應作是說:"長老憶念!我某甲比丘,於此僧伽藍雨安居前三月。"(東晉佛陀跋陀羅共法顯譯《摩訶僧祇律》[416-418 年],No. 1425, 22/450c10)

於時,世尊與比丘衆俱,清淨無量,如日如雲,終竟三月,以至新歲。(東晉竺曇無蘭譯《新歲經》[381-395 年],No. 62, 1/859b05)

僅竺法護使用"歲節"明確表示雨安居。

五 "令"及"使"

《生經》文中有:

91c22. 於時,王施未曾懈廢,心自願言:"令諸倉穀,莫使消減(*v. l.* 滅)!"

76a7. 導師者獲寶,齎還國中,觀寶求願:"使雨七寶,以供天下,莫不安隱。"

前一例自《腹使經》。很久以前波羅奈國遭遇飢荒,國王梵達多施捨米穀給百姓。隨着乞食者增多,王宫的糧倉也日漸虚竭,因此群臣商議,不讓人再來乞食時,國王說的一句話。此時國家的糧倉裏已無米穀是不爭事實,因此,此處的"令" 無法作爲一般使役動詞解釋。後一例自《墮珠著海中經》。某國人多貧窮,佛爲救濟百姓,帶領衆人入海,經歷艱辛到海龍王處拿到了如意珠。這是導師對如意珠發出的願望。

《漢語大詞典》《簡明古漢語字典》等對"令"的定義有:"①謂發出命令讓人執行;②命令;③命名;④善,美好;⑤使;⑥如果"①等;對"使"的定義是"①派遣;②命令;③使唤;④使用;⑤僕役;⑥致使,讓"等②。均與上引 2 例不符。

辛嶋静志(1998: 273;2010: 433f)將"令"和"使"解釋爲"May ....!(used when expressing a wish)":

《正法華經》93b25. 吾等當成 世之明父 汝黨如是 皆得上慧 斯諸衆生 悉令如此 又如世尊 爲法之眼(v)

KN. 193. 2. (*ime ca sattvā*) *bhavi* (*sarvi eva yathaiva tvaṃvīra viśuddhacakṣuḥ*);

《妙法蓮華經》26c4. (我等及營從 皆)當(成佛道)

---

① 《漢語大詞典》第 1 卷, 1118 頁 a;《簡明古漢語字典》415 頁 a。

② 《漢語大詞典》第 1 卷, 1325 頁 b;《簡明古漢語字典》617 頁 b。

《正法華經》126a17. 於時衆生憙見謂……:"吾建要誓至誠之願。如我所言隨順不虚,我此手臂成紫金身。令我手臂平復如故。……"(p)

KN. 413. 9. (*ayaṃmama bāhur yathā paurāṇo*) *bhavatu*;

《妙法蓮華經》54a6. 令(我兩臂還復如故)

梵文對應處的 *bhavi*, *bhavatu* 表願望。其特徵之一是對佛或仙人提出願望,希望願望得以實現。這一用法在漢譯佛經中並不罕見,漢譯者既有早於竺法護的支婁迦讖,也有晚於竺法護的鳩摩羅什、竺佛念等:

阿闍世王太子及五百長者子,聞無量清淨佛二十四願,皆大歡喜踊躍,心中俱願言:"令我等後作佛時,皆如阿彌陀佛。"(後漢支婁迦讖[翻譯多在 170-190 年]譯《大阿彌陀經》[經録錯誤地將其歸於支謙譯], No. 362, 12/303b7f.)=吴支謙譯《佛説無量清淨平等覺經》[223-253 年][經録錯誤地歸於支婁迦讖], No. 361, 12/282c19)

比丘願言:"令汝逢佛得道。"如願獲焉。(吴康僧會譯《六度集經》[201-251 年], No. 152, 3/24a08)

(菩薩)自持三千大千國土其中七寶施與三尊,作誓願言:"令我國土其中所有盡是七寶。"(西晉無羅叉(一作無羅叉)、竺叔蘭譯《放光般若經》[291 年], No. 221, 8/136a25)

我立是願:如多陀竭佛所有者,願悉得之;拔人勤苦生死根本,悉令如佛。唯爲説經,所可施行,令疾得決,我作佛時,令無及者。(吴支謙譯《佛説無量清淨平等覺經》[223-253 年][經録錯誤地歸於支婁迦讖], No. 361, 12/280c17-18)

彼佛如來發此弘誓之心:"若我成佛與生死别不處憒鬧五濁鼎沸,使我國土清淨無瑕。我既成佛翼從成就……使我國土一切衆生光光相照,無有日月星宿光明,……使我國土同一水乳,亦令我刹有一浴池如四天下……使我國土無大乘菩薩無大乘辟支佛無大乘聲聞者。(姚秦竺佛念譯《菩薩瓔珞經》[376 年], No. 656, 16/90c28f.)

二比丘疑悔即除,發阿耨多羅三藐三菩提心,作是願言"令一切衆生皆得是辯"。(姚秦鳩摩羅什譯《維摩詰所説經》[406 年], No. 475, 14/541c05)

比丘出已,諸女送出,禮比丘足與别比丘,爾時若呪願言:"使汝速盡苦際",得波夜提。若言"使汝得無病安樂住"者,無罪。(東晉佛陀跋陀羅共法顯譯《摩訶僧祇律》[418 年], No. 1425, 22/336b14-15)

菩薩復捉其珠,而從求願:"若是旃陀摩尼者,使我父母身下自然,當有七寶奇妙珍異床座,上有嚴淨七寶大蓋。"言訖尋成,一切皆喜。菩薩復更捉珠求願:"令我父母及王、臣民一切諸藏皆悉盈滿。"即以其珠,四向歷訖,如語悉滿,莫不驚喜。(元魏慧覺等譯《賢愚經》[445 年以後], No. 202, 4/409a12-14)

如上所見,以上例相同之處在於句中皆有"願",以"願言"最多,還有"立願""求願"等,表示祝願、願望、祈求。但筆者在漢譯佛經以外的上古、中古漢語中未發現"令"和"使"此類用法。或許因這種用法僅存於口語,或許因梵文對應處多爲√*bhū* 的祈使形(梵語 *imperative* 既表命令,也表祝願。上舉《妙法蓮華經》例中 *bhavatu* 即 imperative),因此漢譯者們選擇了表命令的"令"和"使"來翻譯。而現代漢語"讓"的用法之一,如:"讓他快好起來吧!""讓我們團結起來”的“讓”表示某種願望①,與在此論述的“令”和“使”倒頗爲近似,但此“讓”由何發展而來似尚需進一步考釋。

上舉《生經》二例雖不易判斷,但非使役義,而表示祝願、願望。

六 從

在校勘《生經》時發現如下一句:

82b3. 於是比丘明旦從(*v. l.* 浄; Ks②, Kg③. 捉)其衣鉢,入于聚落。

此處 “從”用法令人費解。因爲《生經》中類似表達多爲:

82b4. 於是,明旦著衣持鉢,入彼國邑若於聚落。

96a18. 時佛明旦著衣,手執應器,入城分衛。

107a27. 佛默可之。即攝衣持鉢,就長者家。

謂拿僧衣帶鉢盂。在其他譯經中也有很多類似的用例,如:

時佛與比丘僧皆著衣持鉢,俱詣來會者皆隨行。(後漢支婁迦讖譯《般舟三昧經》[179 年左右],No. 418, 13/914c25)

是時,均頭沙彌捉衣持鉢及舍利,往至阿難所,白阿難曰:……(東晉瞿曇僧伽提婆譯《增壹阿含經》[347-397 年],No. 125, 2/640c26)

明日時到,世尊即與千二百五十比丘整衣持鉢,前後圍遶,詣彼請所,就座而坐。(後秦佛陀耶舍共竺佛念譯《長阿含經》[363-413 年],No. 1, 1/14b11)

使用最多的是“著衣”,其次是“攝衣”“整衣”“捉衣”。

在做《生經》校勘時發現此處興聖寺、金剛寺本作捉字。按照台灣“國家教育研究院”的《異體字字典》④,“捉”異體字有捉、捉。而“從”的異體字有従、従。二者字形類似一目了然。《生經》中“於是比丘明旦從(*v. l.* 浄; Ks, Kg. 捉)其衣鉢,入于聚落”。“從”應是“捉”。

綜上,在解讀漢譯佛經中出現的疑難詞時,梵漢對勘的重要性顯而易見,使用不同版本校勘以及在通讀譯經全文的基礎之上,了解該譯者的翻譯用詞特點,也是我們解釋疑難詞時必不可少的方法。

參考文獻

[1]當代漢語詞典[M]. 北京:中華書局, 2009.

---

① 該例自《當代現代漢語詞典》:1216 頁。

② Ks, 日本奈良興聖寺寫經。

③ Kg,日本大阪金剛寺寫經。

④ 《異體字字典》Dictionary of Chinese Character Variants,台灣學術網路十二版(試用版)(http://dict2. variants. moe. edu. tw/main. htm)。

[2]丁福保. 佛光大辭典 Digital version [M/OL]. 臺北:法鼓佛教學院 (2010-10-18)[2019-03-01].
[3]漢語大詞典編輯委員會. 漢語大詞典[M]. 上海:漢語大詞典出版社, 1986.
[4]盧鷺. 早期佛經中的"複譯"現象舉例[G]//第十一屆漢文佛典語言學國際研討會會議論文集,宜蘭:佛光大學佛教研究中心. 2017: 503-514.
[5]譚代龍. 生經字詞札記[M]//漢語史研究集刊(第二十輯),成都:四川大學出版社, 2015: 305-313.
[6]譚代龍等. 生經簡注[M]. 成都:四川大學出版社,2015.
[7]臺灣"教育部"編. 異體字字典, 2017 [2019-03-01].
[8]張永言等編. 簡明古漢語字典[M]. 再版. 成都:四川人民出版社, 1996.
[9]真大成.《正法華經》疑難詞語釋義三題[M]//歷史語言學研究(第十輯), 北京:商務印書館, 2016: 189-191.
[10]Arthur Anthony Macdonell. India's past: a survey of her Literatures, Religions, Languages and Antiquities[M]. Oxford: Clarendon Press, 1927.
[11]A Practical Sanskrit Dictionary. 4th ed [M]. London: Oxford University Press, 1965.
[12]Jan Nattier. Beyond Translation and Transliteration: A new look at Chinese Buddhist Terms[M]. Oregon: AOS-WB Portland, 2004.
[13]Erik Zürcher. The Buddhist Conquest of China: The Spread and Adaptation of Buddhism in Early Medieval China[M]. Revised ed. Leiden: E. J. Brill, 1972.
[14]Monier-Williams. Sanskrit—English Dictionary. 4th ed [M]. India: Delhi, 1992.
[15]Seishi Karashima. Indian Folk Etymologies and their Reflections in Chinese Translations —— brāhmaṇa, śramaṇaand Vaiśramaṇa[J]. 創価大学国際仏教学高等研究所年報, 2016(16):101-123.
[16]村上真完・及川真介. パーリ仏教辞典[M]. 東京:春秋社,2009.
[17]荻原雲來. 梵和大辭典[M]. 增補改訂版. 東京:講談社, 2001.
[18]河野訓. 初期漢訳仏典の研究—竺法護を中心として[M]. 三重縣伊勢市:皇學館大學出版社, 2006.
[19]辛嶋靜志. A Glossary of Dharmarakṣa's Translation of the Lotus Sutra(正法華經詞典)[M]. 東京:創價大學國際佛教高等研究所, 1998.
[20]辛嶋靜志. A Glossary of Lokakṣema's translation of the Aṣasāhasrikā Prajñāpāramitā(道行般若經詞典)[M]. 東京: 創價大學國際佛教高等研究所, 2010.
[21]辛島靜志著,裘雲青譯. 盂蘭盆之意——自恣日的"飯鉢"[M]//中華文史論叢(總第 114 期),上海古籍出版社,2014:279-395.

縮寫符號

BHSD = Edgerton, F. , Buddhist Hybrid Sanskrit Dictionary, New Haven, 1953 (repr. Delhi, 1970, 1972).

f = 以下省略

KN = 梵文《法華經》校勘本:Hendrik Kern and Bunyiu Nanjio,1908～12 Saddharmapuṇarīka, St. -Petersbourg: Académie Impériale des Sciences, (Bibliotheca Buddhica X),東京: 名著普及会,1977 再版.

Ks=日本奈良興聖寺寫經.

Kg=日本大阪金剛寺寫經.

PTSD=Thomas William Rhys Davids & William Stede, eds. , The Pali Text Society's Pali-English Dictionary(巴利聖典協會編《巴利語詞典》), London, 1921-1925; 1959, 1979 再版.

v = verse 偈頌.

v. l. ＝ varia lectio（寫本或版本的）異文，異讀.

Interpretation of Six Words in Shengjing

Qiu Yunqing

Abstract：The Shengjing（生經 "Scripture of Births"）is a Chinese version of the Jātaka of an unknown school，translated by Dharmarakṣa in 285 C. E. The present author has prepared a critical edition by collating all available manuscripts and editions，including old Japanese manuscripts. The Shengjing contains many difficult and ambiguous words and expressions，which have not been dealt with properly in either existing dictionaries or previous studies. This paper deals with seven difficult words from this scripture，namely"譧哳""摩納學志""罪塵勞""歲節""令""使" and"從"，as gleanings from the preparation of this critical edition.

Key words：Dharmarakṣa，譧哳，摩納學志，罪塵勞，歲節，令，使，從

通信地址：日本東京都八王子市丹木町 1-236 創價大學ワールドランゲージセンター
郵　　編：192-8577
E-mail：yunqing2010@gmail. com

譯名的規律性與誤題經譯者的判定*

——“《阿育王傳》爲西晉安法欽譯”獻疑

王浩壘

内容提要 我們對徐正考等(2013)的考證提出了不同意見:1.文獻特徵可證:《阿育王傳》五卷、七卷本内容相同;《阿育王傳》東晉可能已見,《阿育王經》譯自梁僧伽婆羅。2.語言特徵方面:舊題安法欽譯《道神足無極變化經》不宜作爲鑒定譯經的語言參照標准;“晉言”“道人”等語言證據亦不能作爲《阿育王傳》乃西晉所譯的充分條件。西晉、東晉是譯經史上新舊譯的分段期,官方背景權威譯者的出現,使新譯譯詞在較短時間就具有較高的使用頻率和較廣泛的使用分布,構成了該時期譯經語言的鮮明特色。《阿育王傳》佛教詞語“隨喜”“維那”等、專有名詞“夜叉”“乾闥婆”等譯名的規律特點顯示該經應譯自東晉之後。

關鍵詞 《阿育王傳》文獻特徵 語言特徵 譯名 譯者

題名西晉安法欽譯《阿育王傳》(五卷或七卷,以下簡稱《傳》)記載了佛滅後古印度孔雀王朝阿育王“少施獲報”並大興佛事以及大迦葉等佛陀五弟子傳法的因緣故事,與今題梁僧伽婆羅譯《阿育王經》(十卷,以下簡稱《經》)是兩部異譯經,兩經的譯時、譯地及其語言特點,對漢語史具較高的研究價值,但目前學界對以上兩經的譯時仍存争議。徐正考等(2013)認爲文獻證據不能證明《阿育王傳》的譯者是西晉安法欽還是梁僧伽婆羅,但憑藉某些語言特徵可證《阿育王傳》爲安法欽所譯,十卷《阿育王經》爲梁譯。我們主要圍繞徐正考等(2013)有關《傳》的觀點展開討論,爲論證方便,有時也拿《經》來對比。

一 《傳》非確爲西晉安法欽譯——與徐正考先生商榷

(一)文獻方面

1.《傳》五卷、七卷本内容上並無差别。

徐正考等(2013)“五卷本《大阿育王經》没有流傳下來”一説不實。據王浩壘(2012)七卷《傳》是其五卷本比照十卷《阿育王經》的内容重新進行了分章排序。今《傳》入藏者宋、元、明、宫等諸本是五卷本,趙城金藏、高麗藏是七卷本。唐智昇《開元釋教録》對歷代經録做了梳理,該經卷十三:“《阿育王經》十卷(或加大字),梁扶南三藏僧伽婆羅譯(《拾遺編》入第二譯);《阿育王傳》七卷(亦云《大阿育王經》,或五卷),西晉安息三藏安法欽譯(第一譯)。右二《傳》同本異譯。……(《長房等録》復云“僧伽婆羅更出《育王傳》五卷”者,誤也。前《經》即

* 基金項目:貴州省教育廳項目(12ZC038);貴州師範大學博士科研啟動基金項目(2012-25)。

《傳》,不合重載)”(55/623a)①王浩壘(2016)證實,《傳》較早即爲五卷《大阿育王經》,經録中較早見於東晉竺道祖《晉世雜録》,後因梁十卷《阿育王經》譯出,時人比照梁譯本對五卷《大阿育王經》重新分章形成七卷本,改名爲《阿育王傳》。

2. 佛教文獻可證《傳》先於《經》譯出。

徐正考等(2013)認爲文獻證據不能證明“《阿育王傳》的譯者是安法欽還是僧伽婆羅”欠妥。一是唐智昇録等經録已論《傳》先於《經》;二是北魏吉迦夜共曇曜譯《付法藏因緣傳》(472 年)對《傳》的引用亦可證《傳》先於《經》。《付法藏因緣傳》記述佛滅後,佛法由迦葉至師子比丘共二十三代的傳法世系。梁僧祐《出三藏記集》卷二:“《雜寶藏經》十三卷(闕)、《付法藏因緣經》六卷(闕)……宋明帝時,西域三藏吉迦夜,於北國以僞延興二年,共僧正釋曇曜譯出,劉孝標筆受。此三經並未至京都。”(第 6 頁)邱琳(2013)證實《付法藏因緣傳》近三分之一的内容襲自《傳》。

3.《道神足無極變化經》不宜作爲安法欽譯經的參照標准。

徐正考等(2013)“確定下來安法欽的可靠譯經爲《佛説道神足無極變化經》”,並以之爲安法欽譯經的語言參照標准。實際上,該經並不可靠。東晉《竺道祖録》是記載安法欽及其譯經的較早經録。隋費長房《歷代三寶紀》卷六:“《道神足無極變化經》二卷,第二譯,或三卷……見竺道祖《晉世雜録》。……惠帝世,安息國沙門安法欽,太康年於雒陽譯。”(49/65a)但梁僧祐《出三藏記集》卷四“《新集續撰失譯雜經録》第一”却把《道神足無極變化經》列爲“失譯雜經”。(第 124 頁)小野玄妙(1983)認爲:“(安法欽)此人亦未見於道安、僧祐二目録。……《道神足無極變化》與《阿育王》二經,現仍以法欽署名收録於《大藏經》中。然其所依典據,仍爲竺道祖之《晉世雜録》,故不足憑信。殊如《道神足無極變化經》等,僧祐將之編入失譯部,譯本本身是西晉代之古經,故勉强擬爲法欽所譯亦無不可,然若涉及是否爲確實之事實這一問題,則不能無條件接受其説。”

(二)語言方面

徐正考等(2013)文中“何”系疑問代詞、“頗”作疑問副詞的反復問句、範圍副詞“都”、人稱代詞複數等語法方面的證據,均以譯者存争議的《道神足無極變化經》作參照,不能構成鑒别譯經的充分條件。我們這裏主要討論徐文兩個詞彙方面的例證。

1. 晉言—梁言

中古譯經常見的“漢言”“晉言”“秦言”等“朝代+言”組合一般指漢語(俞理明 1993),作爲解釋音譯詞的標記。《傳》《道神足無極變化經》均用“晉言”,而梁僧伽婆羅譯《孔雀王咒經》用“梁言”:

(1)阿恕伽者,晉言無憂。(《傳》卷一,50/100a)

(2)其世界名揵遝提(晉言香氣)。(《道神足無極變化經》卷四,17/814a)

(3)阿難波賓多(梁言不稱)夜叉住偷那國。(《孔雀王咒經》卷一,19/450a)

徐正考等(2013)認爲《傳》與題名安法欽譯《道神足無極變化經》同用“晉言”,與僧伽婆

① 本文所引佛經文獻均出自日本《大正新修大藏經》。該例 55、623、a 分别表示册數、頁碼、欄次,下同。

羅譯《孔雀王咒經》不同,表明"《阿育王傳》的譯者可能不是僧伽婆羅,而是安法欽。"我們需探討兩個問題:一是使用"晉言"能不能代表就是西晉譯經;二是《經》用什麼形式來解釋音譯詞。查今《大正新修大藏經》,譯經中用"晉言"者,除東漢《中本起經》3 例外①,其他例證均見於西晉之後,例如:

(4)舍衛長者,名曰須達(晉言善温)。(東漢曇果共康孟詳《中本起經》卷下,4/156a)

(5)佛言:名波迦羅(晉言助身衣也)。(姚秦鳩摩羅什《十誦律》卷六十一,23/466a)

(6)時閻波國,有大長者,而生一女,字修跋那婆蘇(晉言金光明)。(北魏慧覺等《賢愚經》卷五,4/384c)

可見,不僅西晉、東晉譯經能用"晉言",北魏譯經也可以。值得注意的是,《傳》卷七還用"秦言",但這些内容被徐文視爲可能是"後來加進去的",例如:

(7)乃至初生,即名須達(秦言善意)(秦言明本作"此言")。(《傳》卷七,50/127a)

"秦言"之"秦"可指"苻秦""姚秦""西秦"。查中古譯經,"秦言"見於苻秦、姚秦、北魏等北方或本身爲北方秦地之人而後來到了南方(如法顯)的譯著,例如:

(8)是故此寺名波羅提木叉(秦言解脱生死)。(東晉法顯《雜藏經》,17/560a)

上文已證《傳》卷七的内容本來就有,"秦言"恰説明《傳》的譯時可能是東晉以後。

其次,《經》解釋音譯詞主要有三種形式:"翻……""不解翻"和不加"翻"。與僧伽婆羅其他譯經並不相同,可視爲其譯經的新變異。如:

(9)即名此兒爲阿輸柯(即是阿育,翻爲無憂)。(《經》卷一,50/132c)

2. 道人—比丘

"道人"中古可指佛教徒和道教徒。《傳》用"道人",而《經》對應用"比丘",如:

(10)道人在下流,婦女在上流。(《傳》卷六,50/125a)

(11)優波笈多復化作大江,是比丘入水欲渡江而在水下,女人亦渡江而在水上。(《經》卷十,50/167c)

據《佛光大辭典》(慈怡,2005),北魏太武帝之後,"道人""道士"才逐漸成爲道教信奉者的稱謂。徐正考等(2013)以此認爲"道人"魏晉時還可用於指佛教徒,《傳》中的"道人"説明該經的翻譯年代肯定早於北魏。其實,北魏太武帝以後譯經用"道人"指佛教徒也十分常見,例如:

(12)若此道人,是淨持戒得道人者,使我現得領四小國王。(北魏吉迦夜共曇曜《雜寶藏經》卷四,4/467a)

(13)時,迦蘭陀大富長者,從彼阿耆毘伽道人聞是言已,即詣佛所。(隋闍那崛多《佛本行集經》卷四十五,3/861b)

據上,《傳》東晉可能就已出現,但憑現有語料較難確定其爲安法欽所譯,我們論證的焦點轉爲該經是否出自西晉,這需借助語言方面的證據。

① 顧滿林(2016)認爲,"某經爲某人所譯,有時並不等於我們今天看到的就是其原貌;某經中出現晚於譯經時代的用語,有時並不等於該經的譯出年代完全不可靠。"

二 譯名的規律性與《傳》的用詞特點[①]

語言三要素中詞彙的變化較快，而兩晉譯經尤以譯名(佛教譯詞和專名譯詞)的變化最爲明顯，所以可嘗試從譯詞的使用來考量《傳》的譯時。

(一)同義異詞

早期譯經，因源出經語言或譯者地域、審音及個人因素的差異，不同譯經往往把同一概念或同一詞語翻譯成不同的表層形式，這些不同的譯名構成了大量的同義異詞群。

1. 隨喜類。隨喜，梵語 anu-mondanā 的仿譯[②]，即以相喜的方式勸助，佛教七種禮敬法之一，《傳》《經》兩經皆用。除《傳》外，該詞也偶作“隨歡喜”，均較早現於秦羅什譯經[③]：

(14)佛入王舍城次行乞食，汝以土施，羅提毱多合掌隨喜。(《傳》卷二，50/105c)

(15)佛入王舍城乞食，我奉佛麨，汝奉佛沙，成護爾時起隨喜心。(《經》卷三，50/140b)

(16)若能隨喜者，爲得幾所福？(姚秦鳩摩羅什《妙法蓮華經》卷六，9/46b)

(17)“隨喜”名有人作功德，見者心隨歡喜，贊言：“善哉！”(姚秦鳩摩羅什《大智度論》卷二十八，25/269c)

東晉以前，此概念主要有“代”類如“代喜”“代歡喜”，“助”類如“助喜”“(勸)助(其)歡喜”“助(其)歡欣”等形式(康振棟，2011)。例如：

(18)見善則勸，成則代喜，斯意之三戒。(東漢支曜《成具光明定意經》卷一，15/453a)

(19)持是功德，都代歡喜施與，以作無上正真道。(吳支謙《大明度經》卷二，8/486c)

(20)善哉颰陀和，我助其歡喜，過去當來今現在佛皆助歡喜。(東漢支讖《般舟三昧經》(三卷本)卷一，13/901a)

(21)父意解釋，使者來迎，神祇助喜，故興此瑞。(吳康僧會《六度集經》卷二，3/11a)

“代”類詞，主要見於東漢西晉之間，姚秦羅什《十住毘婆沙論》(1 例)、劉宋求那跋陀羅《阿難陀目佉尼呵離陀經》(2 例)等偶有用例，例如：

(22)奉持勸助代歡喜者，其德如是。(劉宋求那跋陀羅《阿難陀目佉尼呵離陀經》卷

---

① 所謂“譯名”，指漢譯佛經的外來詞(名詞)，包括音譯詞和意譯詞兩類(方一新，2008)。按，譯名也含有一些其他詞類，如動詞“闍維”等。

② 朱慶之(2009)：前綴 anu 表示隨着、一同，mondanā 的意思是高興、喜悦。朱慶之(1997)云該譯名有“助(歡)喜”“助……(歡)喜”“勸助”“隨喜”等形式，其中“勸助”爲意譯，其他爲仿譯。康振棟(2011)認爲：“勸助”與“隨喜”同義之説還需商榷；“助喜”乃意譯，和“隨喜”同義，但二者略有不同；“代喜”和“隨喜”相同。

③ “隨喜”還見於舊題東漢安世高《奈女耆婆經》《㮈女祇域因緣經》，舊題吳支謙《撰集百緣經》等幾部誤題失譯經，《奈女耆婆經》：“聞者隨喜信樂受持，莫生誹謗。”(14/906b)

一,19/687b)

"助"類詞,較多用於東漢、三國、西晉和北魏譯經,苻秦僧伽跋澄《僧伽羅刹所集經》(1例)、曇摩難提《增壹阿含經》(1 例)偶見,例如:

(23)彼時老母,由助喜故,五百世中,常爲作母。(北魏慧覺等《賢愚經》卷七,4/401c)

下表爲"隨喜"類詞在先唐譯經中的使用情况(王浩壘,2012):

表 1 "隨喜"類譯詞在先唐譯經中的用例 (單位/次)

時代		東漢			三國			西晉			東晉				南北朝			隋
譯經		道	中	成	度	摩	明	華	泥	耀	妙	訶	智	槃	雜	愚	解	集
代	喜	1	1	1	0	1	6	4	0	0	0	0	0	0	0	0	0	0
	歡喜	0	0	0	0	0	14	1	0	31	0	0	0	0	0	0	0	0
助	喜	0	0	0	4	0	1	0	1	0	0	0	0	0	0	1	0	0
	歡喜	0	0	0	0	0	2	1	0	0	0	0	0	0	0	0	0	0
隨	喜	0	0	0	0	0	0	0	0	0	23	23	189	4	397	0	2	5
	歡喜	0	0	0	0	0	0	0	0	0	0	0	1	0	0	0	0	0

注:譯經一欄從左至右依次爲調查文獻的省稱,全稱参文後附録,下同。

"隨喜"類詞的發展規律是:東漢最早使用"代喜/代歡喜""助歡喜"等,三國又産生了"助喜",東晉之前"代"類詞使用最多;東晉是"代""助""隨"三類譯詞的疊加時期,但新譯"隨喜"迅速占據了這一概念的主導地位,舊譯形式急劇減少。"隨喜"一詞的迅速發展,姚秦鳩摩羅什官方譯場的規範譯經起到了積極的推動作用。

2. 夜叉類。夜叉,梵文 Yakṣa,《佛學大辭典》云:"又曰閱叉。……《玄應音義》三曰:'閱叉或云夜叉,皆訛也。正言藥叉,此譯云能噉鬼,謂食噉人也。又云傷者,謂能傷害人也。'《法華玄贊》二曰:'夜叉,此云勇健。飛騰空中,攝地行類諸羅刹也。羅刹,云暴惡,亦云可畏。彼皆訛音,梵語正云藥叉羅刹娑。'"(丁福保,2011)《傳》譯爲夜叉,《經》對譯爲羅刹。例如:

(24)尊者即夜化作一夜叉擔死人來,更有一夜叉空手而來,二鬼共諍。(《傳》卷六,50/123b)

(25)優波笈多即以神力作二羅刹,一持死屍入於廟中,一則空往,既入廟已,共諍死屍。(《經》卷九,50/165b)

"羅刹"東漢支讖《道行般若經》已見,譯經中常與"夜叉"並稱。我們這裏主要討論先唐譯經"閱叉""夜叉"兩譯詞的演變。"夜叉"較早現於東晉,①例如:

(26)此雖惡業,然我等夜叉,以此之身當辦是事,亦使世尊受百千樂,若我能爲此事者。(苻秦僧伽跋澄等《僧伽羅刹所集經》卷三,4/136a)

① 史光輝(2009)認爲"夜叉"三國之後才開始使用,並舉舊題吴支謙《撰集百緣經》例,但學者已證該經的譯時並不可靠。另,舊題東漢安世高《興起行經》、失譯附漢録《大方便佛報恩經》等疑僞經也使用了該詞,《興起行經》卷二:"五千夜叉,受三自歸。"(4/174a)

(27)夜叉惡鬼,食噉人肉。(姚秦鳩摩羅什《妙法蓮華經》卷二,9/14a)

"閱叉"始見於東漢,主要用於東晉以前譯經,苻秦竺佛念翻譯或參譯的《出曜經》《增壹阿含經》等和北魏一些譯經也有較少用例。例如:

(28)即召閱叉,推逐尼揵,裸形無恥,不應止此。(東漢曇果共康孟詳《中本起經》卷一,4/153b)

(29)閱叉諸鬼、諸天龍神無敢嬈者,師子、虎狼、野獸、弊蟲無能害者。(北魏般若流支《八部佛名經》,14/74b)

以下是"閱叉""夜叉"在先唐譯經中的使用情況(王浩壘,2012):

表2 "夜叉"類譯詞在先唐譯經中的用例 (單位/次)

朝代	東漢		三國		西晉		東晉				南北朝				隋
譯經	道	成	明	摩	耀	般	增	妙	訶	方	雜	愚	正	解	集
閱叉	1	1	0	1	5	8	9	0	0	0	0	0	0	0	0
夜叉	0	0	0	0	0	0	0	32	2	353	13	27	130	1	80

由上,東晉前期譯《增壹阿含經》還用"閱叉",但到姚秦羅什之後譯經就主要改用"夜叉",分割十分明顯。

3. 乾闥婆類。乾闥婆,梵文 gandharvaḥ,《慧琳音義》卷九"玄應《放光般若經音義》卷十'揵遝和'":"又云揵陀羅、或作乾遝婆、或云揵達婆、或云乾闥婆,舊名也,今正言犍達嚩,皆國音之不同也。"(54/357c)又卷十二"《大寶積經音義》卷三十六":"健達縛:梵語虜質也,唐云食香,以香自資故。亦云香行神、或云齅香,又言尋香神、或云居香山、或云身有異香,有言音樂神者,意譯也。舊云'乾闥婆',亦云'乾遝和',皆諸國音之輕重不同。"(54/381b)該詞見於《傳》卷七,《經》無對應内容,但僧伽婆羅其他譯經使用此詞,例如:

(30)天龍、夜叉、乾闥婆皆生譏嫌言:"此諸衆僧不修善業,如是惡人壞滅佛法。"(《傳》卷七,50/127b)

(31)若乾闥婆,若乾闥婆父母子女衆。(梁僧伽婆羅《孔雀王咒經》卷一,19/448c)

除《傳》外,"乾闥婆"較早見於東晉①:

(32)諸天、龍王、乾闥婆、緊那羅、摩睺羅伽、人、非人等,恭敬圍繞,及見十六王子請佛轉法輪。(姚秦鳩摩羅什《妙法蓮華經》卷三,9/23b)

(33)百萬億乾闥婆王一心恭敬,目不暫舍。(東晉佛陀跋陀羅《大方廣佛華嚴經》卷十三,9/480c)

"乾闥婆"早期譯形主要爲"揵陀羅""揵遝和"。"揵陀羅"或作"犍陀羅""乾陀羅""健陀

---

① 林顯庭(1987)認爲該詞見於鳩摩羅什譯經。方一新等(2012)指出三國譯經已見該語,《大寶積經》卷八十二三國魏康僧鎧《郁伽長者會》:"出家菩薩住阿練兒處,應修五通,爲化天龍、夜叉、乾闥婆故。"(11/479a)但該經亦使用了東晉以來才出現的"阿練兒""夜叉",有可疑之處。"乾闥婆"還出現在舊題東漢三國的失譯誤題經典,如《大方便佛報恩經》《撰集百緣經》《菩薩本緣經》等,舊題吴支謙《須摩提女經》:"或復化作阿修羅王、乾闥婆王,嚴皷戒兵恒沙競起。"(2/837b)與該詞較近的詞形有"乾遝婆"(較早見於姚秦羅什《大智度論》,譯經用例較少)、"揵達婆"(始見於隋代,如闍那崛多《佛華嚴入如來德智不思議境界經》,譯經用例較少)。

羅”，主要用於東漢①；三國、西晉譯經，苻秦曇摩蜱《摩訶般若鈔經》(1 例)、東晉帛尸梨蜜多羅《灌頂經》(2 例)、題名姚秦鳩摩羅什《大莊嚴論經》(3 例)也有該譯詞的一些用例；南北朝時消失。例如：

(34)釋梵四王與其官屬，諸龍、鬼神、閱叉、揵陀羅、阿須倫，皆來侍衛。(東漢竺大力共康孟詳《修行本起經》卷上，3/463c)

(35)天、龍、閱叉、犍陀羅悉皆具足。(西晉無羅叉《放光般若經》卷四，8/27c)

“揵遝和”又作“揵遝惒”“乾遝和”，亦始見於東漢(方一新等，2012)，主要用於西晉竺法護、姚秦竺佛念的長安譯經集團②，南北朝時很少使用。例如：

(36)其三千大千世界中諸天、龍、鬼神、揵遝惒、阿須倫、迦留羅、真陀羅、摩休勒一切皆向阿閦菩薩叉手而作禮。(東漢支婁迦讖《阿閦佛國經》，11/753c)

(37)説是般若波羅蜜時，四輩弟子及諸天、龍、阿須倫、揵遝和、甄陀羅、摩睺勒。(西晉無羅叉《放光般若經》卷十五，8/105b)

乾闥婆類三種主要譯名在先唐佛典中的使用如下表(王浩壘，2012)：

表 3 “乾闥婆”類譯詞在先唐譯經中的用例 (單位/次)

文獻	東漢 28 部譯經	三國支謙 23 部譯經	西晉			東晉				南北朝			隋
			華	耀	般	中	出	妙	悲	雜	孔	勝	集
揵陀羅	14	1	1	3	0	0	0	0	0	0	0	0	0
揵遝和	1	2	15	11	3	5	6	0	0	0	0	0	0
乾闥婆	0	0	0	0	0	0	0	27	22	3	13	6	11

可見，“揵陀羅”是東漢譯經的主要譯形，“揵(乾)遝和”西晉變得常用，東晉時新譯“乾闥婆”很快取代“揵陀羅”“揵遝和”成爲主流形式。而舊題安法欽譯《道神足無極變化經》“揵遝惒”5 例、“揵陀羅”1 例，顯示了西晉譯經特點，與《傳》不同。

《傳》出現的東晉新譯名另如布薩(舊譯“浄住”)、阿闍梨(舊譯“長老”“大德”)、嬰愚(舊譯“癡人”“凡夫”)、糞掃衣(舊譯“衲衣”)、摩訶羅(舊譯“老”等)、阿練若/阿蘭若(舊譯“寺”等)、③般遮于瑟(舊譯“般闍于瑟”)、毘尼(舊譯“律”)等。

(二)新概念詞

新概念詞即新概念譯名，主要與東晉律部、論藏、阿含部等大部經典的流入有關。

1. 維那。“維那”，梵語 Karmadāna，乃合璧詞，宋法雲《翻譯名義集》卷一：“《南山》云：‘《聲論》翻爲次第，謂知僧事之次第。’《寄歸傳》云：‘華梵兼舉也，維是綱維，華言也；那是梵語，删去羯磨陀三字也。’《僧史略》云：‘梵語羯磨陀那，譯爲知事，亦云悦衆，謂知其事悦其衆也。”(54/1075a)《傳》《經》均用之，如：

(38)維那即便捉燈著前而三彈指。(《傳》卷五，50/121c)

① “犍陀羅”見於舊題東漢支婁迦讖譯《伅真陀羅所問如來三昧經》等(顧滿林，2002)。

② 竺佛念譯經集團如僧伽跋澄《鞞婆沙論》(6 例)、僧伽提婆《中阿含經》(5 例)等譯經亦使用該形式。

③ 方一新等(2012)也認爲該音譯詞可靠的用例要到東晉以後。

(39)維那取燈以置其前而復彈指。(《經》卷九,50/163b)

除《傳》外,"維那"較早見於東晉:①

(40)今此衆中已生瑕穢,我不堪任行維那法,唯願世尊更差餘人。(苻秦曇摩難提《增壹阿含經》卷四十四,2/786b)

(41)即以所有三十兩金付維那:"爲我作一日食,我明日當來。"(姚秦鳩摩羅什《大智度論》卷十一,25/141c)

此類詞另如游方、僧坊、安居、下座、真濟、擯羯磨、突吉羅、波夜提、十三事、七滅諍、五塵、業記、摩得勒伽(藏)、四圍陀典、夜舍/耶奢、婆伽婆、韋提希、歡喜丸、兜羅綿等。

綜上,1.同義異詞詞群規律性較强。早期譯經處於翻譯的探索階段,譯名往往具有多種形式,但到了成熟階段規範之後,譯名形式單一固定,先唐譯經大部分譯名自姚秦羅什新譯之後趨於統一;與漢語常用詞的新舊替换不同,新譯名一般較短時間就替换了舊詞,即在較短時間就獲得了較高的使用頻率和較廣的分布,新、舊詞往往呈斷層分布,尤以東晉時期顯著。2.西晉、東晉譯經部分譯名使用涇渭分明,東晉新詞集中出現,甚至東晉苻秦、姚秦時代譯經用詞也有明顯的不同。3.《傳》《經》均傾向使用東晉新譯時代的主流譯詞,且《傳》中出現了大量新譯時代的譯名。②

三　結　語

(一)《阿育王傳》視爲東晉後期譯經比較合理

文獻方面,梁僧祐《出三藏記集》未載《傳》,可能東晉道安(《安録》)和梁僧祐都没見到該經,但東晉後期竺道祖《晉世雜録》和北魏文獻都證實了《傳》的存在。語言方面,姚秦鳩摩羅什譯經被譽爲新譯,大批譯名在這裏得到了規範認定,成爲以後翻譯佛經使用的主要形式,其間除了較高的個人翻譯水準和筆受團體的襄助,還有大規模官方譯場的權威推廣,加快了譯詞的傳播速度;《傳》《經》均傾向使用東晉羅什以來規律性强的大批新譯名,且《傳》出現了"秦言"這樣的標誌性詞語,與題名安法欽或西晉的其他譯經不同,據詞彙的社會性和譯者的權威性,西晉名氣一般的安法欽(譯經散佚較多)不大可能譯出如此諸多的權威通行譯名③。

---

① 舊題東漢安世高《佛説鬼問目連經》《大比丘三千威儀》,失譯附漢録《大方便佛報恩經》,舊題吴支謙《撰集百緣經》等幾部誤題失譯經使用了該詞。如《大比丘三千威儀》卷下:"營事維那,飯時於堂中當行。"(24/922b)另,"維那"的意譯形式"知事"亦較早見於東晉譯經,東晉佛陀跋陀羅共法顯《摩訶僧祇律》卷三十一:"若有共行依止弟子持戒,可信者使出,若不可信,應使知事人出。(22/479b)

② 《傳》也使用個别舊譯名,如《傳》"陰馬藏",該詞主要用於東晉以前;《經》用東晉新生的"陰藏相",該譯名東晉以來占據主導地位。

③ 普通詞語諸如"傍邊""爾許""老壽"等也顯示《阿育王傳》的譯時可能是在東晉以後(方一新等,2012)。

（二）正確看待譯經語言的偶然性和必然性

譯經是翻譯的產物，因譯者、筆受、傳抄等因素影響，不同地域的譯經、同一地域不同譯者的譯經、同一譯者的不同譯經甚至同一部譯經内部都可能存在語言差異，這些差異是偶然性的；但譯經語言整體要與當時社會的翻譯規律吻合，這是必然性，要分清主次，本文脚注中所舉的一些舊題東漢三國時的經典會用到東晉以後才出現的譯名，這些經典現在大多已被證明爲失譯或誤題譯經。我們鑒定一部譯經的譯時，需從文獻（經録、版本、其他佛經文獻的引用）和語言角度（尤其是規律性强的譯名）對譯經進行全面多元性的考察，互相印證越多的可信度就越大。

附録：調查文獻，劃綫加粗表省稱，按時代順序排列。

東漢（28 部）：安世高《人本欲生經》《長阿含十報法經》《四諦經》《一切流攝守因經》《本相猗致經》《是法非法經》《普法義經》《大安般守意經》《七處三觀經》《漏分布經》《八正道經》《法受塵經》《陰持入經》《禪行法想經》《阿含口解十二因緣經》《地道經》/支婁迦讖《**道**行般若經》《兜沙經》《阿閦佛國經》《遺日摩尼寶經》《般舟三昧經（三卷本）》《文殊師利問菩薩署經》《阿闍世王經》《内藏百寶經》/安玄共嚴佛調《法鏡經》/竺大力共康孟詳《修行本起經》/曇果共康孟詳《**中**本起經》/支曜《**成**具光明定意經》

三國（24 部）：康僧會《六**度**集經》/支謙（23 部）《維**摩**詰經》《大**明**度經》《太子瑞應本起經》《賴吒和羅經》《梵摩渝經》《齋經》《菩薩本業經》《月明菩薩經》《義足經》《阿彌陀三耶三佛薩樓佛檀過度人道經》《維摩詰經》《阿難四事經》《龍施女經》《老女人經》《私呵昧經》《菩薩生地經》《四願經》《七女經》《八師經》《慧印三昧經》《孛經鈔》《無量門微密持經》《了本生死經》

西晉（4 部）：竺法護《正法**華**經》《普**耀**經》《佛般**泥**洹經》/無羅叉《放光**般**若經》

東晉（9 部）：苻秦僧伽提婆《**中**阿含經》、曇摩難提《**增**壹阿含經》、竺佛念《**出**曜經》/姚秦鳩摩羅什《**妙**法蓮華經》《大**智**度論》/東晉佛陀跋陀羅共法顯《摩**訶**僧祇律》/北涼曇無讖《**悲**華經》《大般涅**槃**經》《大**方**等大集經》

南北朝（6 部）：劉宋求那跋陀羅《**雜**阿含經》/北魏慧覺《賢**愚**經》、般若流支《**正**法念處經》、菩提流支《**勝**思惟梵天所問經》/梁僧伽婆羅《**解**脱道論》《**孔**雀王呪經》

隋（1 部）：闍那崛多《佛本行**集**經》

徵引書目

《大正新修大藏經》，臺北新文豐出版公司（影印），1985。

南朝梁・僧祐《出三藏記集》，蘇晉仁、蕭錬子點校，中華書局，1995。

參考文獻

[1]慈怡. 佛光大辭典[M]. 北京：北京圖書館出版社，2005：5612.

[2]丁福保. 佛學大辭典[M]. 北京：中國書店，2011：1264 上.

[3]方一新. 從譯名演變看疑、佚經的翻譯年代[M]//歷史語言學研究(第 1 輯),北京:商務印書館,2008:54-64.

[4]方一新,高列過. 東漢疑僞佛經的語言學考辨研究[M]. 北京:人民出版社,2012.

[5]顧滿林. 試論東漢佛經翻譯不同譯者對音譯或意譯的偏好[M]//漢語史研究集刊(第 5 輯),成都:四川大學出版社,2002:384.

[6]顧滿林. 東漢佛經語料問題舉隅——從《中本起經》"晉言"説起[M]//漢語史學報(第 16 輯),上海:上海教育出版社,2016:240-250.

[7]康振棟. 竺法護翻譯佛經詞彙研究——以《正法華經》詞彙爲中心[D]. 杭州:浙江大學,2011.

[8]林顯庭.《大方便佛報恩經》纂者考及其唐代變文[J]. 中國文化月刊,1987(91):65-91.

[9]邱琳.《付法藏因緣傳》與源出經比較研究:以文獻、詞彙爲中心[D]. 杭州:浙江大學,2013.

[10]史光輝. 從語言角度看《大方便佛報恩經》的翻譯時代[J]. 古漢語研究,2009,84(3):44-50.

[11]小野玄妙著,楊白衣譯. 佛教經典總論[M]. 臺北:新文豐出版公司,1983:47.

[12]徐正考,黄娜. 語言特徵的考察與"誤題"譯經譯者的確定——以《阿育王經》和《阿育王傳》爲例[J]. 吉林大學社會科學學報,2013,53(2):160-167.

[13]汪維輝. 從語言角度論一卷本《般舟三昧經》非支讖所譯[M]//語言學論叢(第 35 輯),北京:商務印書館,2007:303-322.

[14]王浩壘. 同本異譯《阿育王傳》與《阿育王經》詞彙比較研究[D]. 杭州:浙江大學,2012.

[15]王浩壘. 文獻特徵的多元考察與誤題譯經譯者的確定——以同本異譯《阿育王經》《阿育王傳》爲例[J]. 浙江師範大學學報(社會科學版),2016,41(6):88-94.

[16]俞理明. 佛經文獻語言[M]. 成都:巴蜀書社,1993:22.

[17]朱慶之. 釋"助"和"助喜"[J]. 中國語文,1997,258(3):202-205.

[18]朱慶之. 佛經翻譯中的仿譯及其對漢語詞彙的影響[C]. 朱慶之. 佛教漢語研究. 北京:商務印書館,2009:437-455.

The Regularity of Translated Term and the Identification of the Chinese Buddhist Scriptures Marked by the Wrong Translator——A Discussion of *A yu wang Zhuan* Translated by *An Fa-qin* in the Western Jin Dynasty

Wang Haolei

Abstract: we have some different opinions about the thesis of the paper "*Linguistic features and the identification of the Chinese buddhist scriptures which was marked the wrong translator—taking 'A yu wang Zhuan' and 'A yu wang Jing' for example*" written by Xu Zheng-kao, etc. 1) Literature characteristics can make sure that the content of the five volumes and the seven volumes of "*A yu wang Zhuan*"(阿育王傳) is the same, and "*A yu wang Zhuan*" may appear in the Eastern Jin Dynasty, and "*A yu wang Jing*"(阿育王經) was translated by *Seng qie po luo*(僧伽婆羅) in Liang Dynasty. 2) "*Dao shen zu Wu ji bian hua jing*"(道神足無極變化經) marked by An Fa-qin(安法欽) can't be as the language reference standard of An Fa-qin's translations. The linguistic features, such as the words Jinyan (晉言), Daoren(道人) and so on, can't prove that "*A yu wang Zhuan*" was translated in the

Western Jin Dynasty. The Western Jin Dynasty and the Eastern Jin Dynasty were the segmented period of old and new in the translation history of the Chinese Buddhist scriptures. With the emergence of the official authority translators, the new translated terms have high frequency of use and broader distribution in a relatively short time, which constitutes the unique language characteristic of the Chinese Buddhist scriptures during this period. The regularity of translated terms e. g. Suixi(隨喜), Weina(維那), Yecha(夜叉), Qiandapo(乾闥婆), etc. confirm that "*A yu wang Zhuan*" *may be* translated since the Eastern Jin Dynasty.

Key words: *A yu wang Zhuan*(阿育王傳), literature characteristic, linguistic feature, translated term, translator.

通信地址:貴州省貴陽市雲岩區寶山北路 180 號貴州師範大學文學院
郵　　编:550001
E-mail: 56876869@qq. com

禪籍詞語“荼毗”“茶毗”考*

任連明

内容提要 對於禪籍詞語“荼毗”“茶毗”，文章從文獻用字、字書釋義和古音演變三個方面入手進行梳理，呈現了“荼”“茶”二字的變化過程，認爲在禪籍中“荼毗”“茶毗”的使用都是正確的，但是還是應該以尊重底本爲宜。

關鍵詞 禪籍 荼毗 茶毗

“荼毗”還是“茶毗”，在禪籍現代點校本中各家使用情況不一，甚至同一書中前後使用也不一致，下面選取比較常見的幾種點校本來説明：

(1)成都古籍書店 2001 年版妙音、文雄點校《景德傳燈録》一書中該詞使用統一，皆爲“荼毗”，例如：卷一，第一祖摩訶迦葉：“爾時，迦葉告諸比丘：‘佛以[校：以，宋元明作已。]荼毗，金剛舍利非我等事。’”卷十三，首山省念禪師：“言訖安坐，日將昳而逝，壽六十有八。荼毗收舍利。”

(2)商務印書館 2009 年版張美蘭點校《祖堂集》中統一使用“茶毗”，但在該詞第一次出現時做了校注説明。例如：卷一，釋迦牟尼佛：“苦哉！苦哉！應當疾往至如來所，恐已茶毗[校：茶毗，梵語，僧死而焚燒。亦作“荼毗”。]，不得見佛。”

(3)中華書局 2007 年版孫昌武、(日)衣川賢次、(日)西口芳男點校《祖堂集》中，全書該詞統一使用爲“荼毗”，但没有做任何校注説明。例如：卷一，釋迦牟尼佛：“苦哉！苦哉！應當疾往至如來所，恐已荼毗，不得見佛。”

(4)中華書局 2011 年版蘇淵雷點校《五燈會元》多數作“荼毗”。如：卷一，釋迦牟尼：“時諸弟子即以香薪競荼毗之，燼後金棺如故。”也有少數作“茶毗”，如：卷八，羅漢桂琛禪師：“天成三年秋，復届閩城舊止，徧遊近城梵宇，乃示寂。茶毗收舍利，建塔於院之西隅，謚真應禪師。”

(5)中華書局 2011 年版蕭萐父、吕有祥點校《古尊宿語録》中該詞只出現一次，寫作“茶毗”，且没有校注説明。卷八，勘辯語：“言訖安坐，日將昳而逝，壽六十有八。茶毗收舍利。”

由上可知，妙音、文雄和孫昌武等認爲“荼”爲正字；張美蘭和蘇淵雷認爲“荼”“茶”通用；蕭萐父、吕有祥認爲“茶”爲正字。

---

* 本文爲 2018 年度廣西民族大學校級科研項目“廣西籍僧人契嵩《傳法正宗記》校注”(項目編號：2018MDSKYB09)，廣西民族大學 2018 年度校級引進人才科研啟動項目“傳統語言文獻學視角下的《五燈會元》研究”(項目編號：2018SKQD10)和廣西壯族自治區教育廳 2019 年度廣西高校中青年教師基礎能力提升項目“廣西籍僧人契嵩禪籍文獻俗字俗語研究”(項目編號：2019KY0186)的階段性成果之一。評審專家提出了十分有指導性的意見，謹致謝悃！疏漏之處，概由筆者負責。

到底以何爲確，我們從文獻用字、字書釋義和古音演變三個方面試加以考證：

（一）從文獻用字來看：查《景德傳燈録》影宋本、趙城藏本、磧砂藏泰定本，“荼”皆作“茶”；查《祖堂集》高麗覆刻影印本作“茶”；查《五燈會元》之寶祐本、嘉興本、清龍藏本、卍續本，“荼”皆作“茶”；查《古尊宿語録》徑山化城寺刻本、卍續藏本、日本無著道忠校寫宋影印本中亦皆寫作“茶”。唐宋乃至以後的禪宗文獻使用“茶毗”的用例繁多，略舉數例，如：明《護法録》卷一：“九月一日，茶毗於聚寶山前，舍利如菽如麻，五色燦爛。”清《鶴林天樹植禪師語録》：“師遂示寂，茶毗後門人建塔於杜鵑樓之東塢焉。”①

但“荼毗”寫法也並不是没有，經 CBETA 電子佛典集成 2014 檢索可知，共出現 171 例，其在唐朝早期的佛經文獻就有使用，例如：唐義浄②《根本説一切有部毘奈耶皮革事》：“時迦攝波如來化緣既畢，如薪盡火滅，而入涅槃。時訖，里伽王即取香木，以用荼毗，又用牛乳滅火，收拾設利羅，用四種寶造瓶，於四衢中起七寶塔。”趙遷《大唐故大德贈司空大辨正廣智不空三藏行狀》：“七月六日，就塔所，具荼毗之禮，隨喜者億千萬數。是日有詔，使高品、劉仙鶴就致祭，并贈司空，謚曰‘大辨正廣智不空三藏和上’，尊其德也。荼毗火滅，於餘燼中凡得舍利數百粒。”唐之後至清的禪宗文獻中多數都有用例③，如：宋《衆許摩訶帝經》卷十一：“佛既入滅，王以種種香木荼毘世尊，復以乳汁灑滅餘火，即收舍利貯四寶瓶，又選勝地起大寶塔。”元《佛祖歷代通載》卷一五：“師乃倒殖而化，亭亭然其衣亦皆順體，衆爲舁屍荼毗。屹然不動。”明《寶王三昧念佛直指》：“況今禪林爲病僧念誦，及荼毘，十念稱佛名號，俾其往生，事載典章，餘風尚在。”清《解惑篇》：“焚身之日，舌不焦壞，言訖而逝，荼毘，舌果不壞。若紅蓮色。”

（二）從字書收字釋義來看：《爾雅·釋木》：“檟，苦荼。”郭璞注：“樹小如梔子，冬生葉，可煮作羹飲。今呼早采者爲荼，晚取者爲茗，一名荈，蜀人名之苦荼。”《説文·艸部》：“荼，苦荼也。”臣鉉等曰：“此即今之茶字。”《玉篇·艸部》：“荼，杜胡切，苦菜也。又除加切。”《五經文字·艸部》：“荼，大奴反。”《經典釋文·毛詩音義中·豳風·七月》：“采荼（音徒）薪樗。”慧琳《一切經音義》卷二五：“闍毘：或闍維，或荼毗。古云耶旬，此云焚燒也。”（徐時儀校注，2008：930）“荼毗”的書寫形式出現，此後，歷代字書多有説明，如：《集韻》：“荼𣗪茶：茗也。一曰葭荼。或從木，亦省。”《翻譯名義集·名句文法》：“闍維：或耶旬，正名荼毗。”《龍龕手鏡·艸部》：“荼，音途，菜也。又俗音茶。”《字鑒·平聲·九麻》：“荼：除加切，茗也，又音徒……俗作茶，蓋省文爾。”《正字通》曰：“梵言闍維即荼毗，僧死而焚之也。”《經典文字辨證書·艸部》：“荼正，茶省。今俗以荼爲苦菜字、茶爲茶茗字者非。”民國鄭詩《古今正俗字詁》卷上：“荼：苦荼也。從艸余聲。徐鉉以爲即今之茶字。蓋許書無茶字也。俗析爲二，音義各殊。”所以，在丁福保《佛學大辭典》中“荼毘”“茶毘”都有收録，是梵語 *Jhāpita* 的音譯詞④。

---

① 本段所引《護法録》《鶴林天樹植禪師語録》分别出自“嘉兴大藏經”之 21 册 600 頁下、37 册 758 頁中。

② 義浄（635～713）：唐代譯經僧，義浄法師公元 671 年赴印取經，695 年返國，前後二十四年之久，三次赴南洋弘法，所譯五十萬頌佛經。可知，至遲在唐朝初期“荼毗”就已經出現。

另外，本小段所引《根本説一切有部毘奈耶皮革事》《大唐故大德贈司空大辨正廣智不空三藏行狀》《衆許摩訶帝經》《佛祖歷代通載》《寶王三昧念佛直指》分别出自“大正新修大正藏”之 23 册 1053 頁中、50 册 294 頁上、3 册 905 頁上、49 册 620 頁下、47 册 359 頁下；《解惑篇》出自“嘉興大藏經”35 册 445 頁上。

③ 筆者近來通過對宋時契嵩著《傳法正宗記》的校對發現，該書中“茶毗”“荼毗”皆未使用，而是“闍維”出現 7 次，表示火葬的“焚”出現 6 次。可見，對該類詞的使用明顯具有選擇性。

④ 丁福保《佛學大辭典》（上海書店，1991 年）下册 1721 頁收録“荼毘”，1893 頁收録“茶毘”。

從以上我們選取各時代辭書的收録釋義看，"茶"在南朝梁《玉篇》中雖已出現其音，但是直到《一切經音義》中才出現其字。可以說，以唐爲分界綫，"茶"字正式出現於歷史文獻當中。唐陸羽《茶經・一之源》(陸羽，1986：612)："茶者，南方之嘉木也。……其字：或從草，或從木，或草木並。"原注："從草，當作'茶'，其字出《開元文字音義》；從木，當作'㭘'，其字出《本草》；草木並，當作'荼'，其字出《爾雅》。"《開元文字音義》據文獻記載是唐玄宗所撰，但已亡佚，無從查證。宋魏了翁《邛州先茶記》："茶之始，其字爲荼。如《春秋》書'齊荼'，《漢志》書'荼陵'之類，陸、顔諸人雖已轉入'茶'音，而未敢輒易字文也。若《爾雅》、若《本草》，猶從艸從余，而徐鼎臣訓荼猶曰：'即今之茶也。'惟自陸羽《茶經》、盧仝《茶歌》、趙贊《茶禁》以後，則遂易荼爲茶，其字爲艸、爲入、爲木……然而終無有命荼爲茶者，蓋傳注例謂荼爲茅秀、爲苦菜。"可見，魏了翁所言可信度較高。

(三)從古音演變來看：《漢字古音手册》(郭錫良，1986：104)："茶(荼)，(古)定母魚部。"漢以後，上古魚部開始分化，中古麻韻與魚韻分道揚鑣，茶，《廣韻》宅加切，中古屬於麻韻澄母。荼，《廣韻》同都切，中古屬於模韻定母。這就出現了麻韻和模韻的讀法。顧炎武在《音學五書・唐韻正》(顧炎武，1982：270)中所論精當，他說："'荼蘼'之'荼'，與'荼苦'之'荼'本是一字，古時未分麻韻，'荼蘼'字亦唯讀爲徒。漢魏以下乃音宅加反，而加字音居何反，猶在歌戈韻，梁以下始有今音，又妄減一畫爲'茶'字。愚遊泰山岱嶽觀覽唐碑題名，見大曆十四年刻'荼藥'字，貞元十四年刻'荼宴'字皆作'荼'。又，李邕《沙羅樹碑》、徐浩《不空和尚碑》、吴通微《楚金禪師碑》'荼毗'字，崔琪《靈運禪師碑》'荼椀'字亦作'荼'，其時字體尚未變。至會昌元年柳公權書《密塔碑銘》、大中九年裴休書《圭峰禪師碑》'茶毗'字俱減此一畫，則此字變於中唐以下也。"可知，"荼"在中唐變成了"茶"。

綜合以上三個方面可知，漢魏以前，只有"荼"字；魏晉南北朝時期，"茶"有音無字；中唐以下，"茶"字出現。"荼毗"至遲在唐朝初期的佛經文獻中已存在，延續至明清時期依然有用例。"茶毗"在中唐時已出現，到宋代的禪籍中就更加普遍，在後代禪宗文獻中也一直使用。所以今本禪籍點校本中無論是使用"荼毗"還是"茶毗"都没有錯，但是古籍整理還是應以尊重原本爲宜，不煩相互改動。

徵引書目

唐・陸羽《影印欽定四庫全書本子部譜録類〈茶經〉》，臺灣商務印書館，1986。

南唐・静筠二禪師《祖堂集》，張美蘭校注，商務印書館，2009。

宋・普濟《五燈會元》，蘇淵雷點校，中華書局，2011。

宋・賾藏主《古尊宿語録》，蕭萐父、吕有祥點校，中華書局，2011。

宋・釋道元《景德傳燈録》，妙音、文雄點校，成都古籍書店，2001。

清・顧炎武《音學五書》，中華書局，1982。

清・顧棟高《影印欽定四庫全書本經部〈毛詩類釋〉》，臺灣商務印書館，1986。

郭錫良《漢字古音手冊》，北京大學出版社，1986。

丁福保《佛學大辭典》，上海書店，1991。

徐時儀校注《一切經音義三種校本合刊》，上海古籍出版社，2008。

Exegesis of “荼毗”“茶毗” from Zen Quotations

Ren Lianming

Abstract: Abstract:The research for the words of “荼毗” “茶毗” from the characters inscribed,dictionaries interpretation and ancient voice evolution three aspects of carding, showing the change process of them. Believing in zen books two kinds of writing is all correct,But should respect the original as well.

Key words:Zen Quotations,“荼毗”,“茶毗”

通信地址:廣西壯族自治區南寧市大學東路 188 號廣西民族大學文學院
郵　　編:530006
E-mail:renlianming@126. com

“冬烘”“小的子”“的篤”考源*

楊　琳

内容提要　“冬烘”形容人之糊塗迂腐，然理據不明。“冬烘”二字本身與糊塗義没有關係，應該都是記音字。文章認爲“冬”的近親是“懵懂”“顛懂”之“懂”。“懵懂”同義連文，義爲糊塗。不少方言稱年老糊塗爲“顛懂”，亦爲同義連文，“顛”指瘋癲失智，“懂”指糊塗。“懂”源自“憧”，“憧”即“冬烘”之“冬”的本字。“憧”由“童”分化而來，兒童蒙昧無知，故“童”引申爲愚昧無知。“烘”的本字爲《説文》訓爲“愚也”的“戇”，《廣韻·送韻》音呼貢切。“小的子”指小孩子，但來源構造與“小的”不同。聯繫“狗的子”“潑的子”等詞來看，“的子”爲一詞，“小”是“的子”的修飾成分。“的子”之“的”本字爲“滴”，水滴爲小點兒，常用來形容事物之小少。“的篤”本字爲“滴涿”。“滴涿”既指水液滴落（動詞），也指滴落之水滴，比喻矮小。

關鍵詞　冬烘　顛懂　酩酊　小的子　狗的子　的篤

“冬烘”考源

五代王定保《唐摭言》卷八《誤放》（清盧見曾輯《雅雨堂叢書》本）：“鄭侍郎薰主文，誤謂顔標乃魯公之後。時徐方未寧，志在激勸忠烈，即以標爲狀元。謝恩日，從容問及廟院，標曰：‘寒進也，未嘗有廟院。’薰始大悟，塞默而已。尋爲無名子所嘲曰：‘主司頭腦太冬烘，錯認顔標作魯公。’”後用“冬烘”形容人之糊塗迂腐，其人被稱爲“冬烘先生”。宋葉夢得《避暑録話》卷上（明毛晉《津逮秘書》本）：“唐人言冬烘是不了了之語，故有‘主司頭腦太冬烘，錯認顔標是魯公’之言，人以爲戲談，今蜀人多稱之。崇寧末，安國同爲郎，成都人詹某爲諫官，故以安國嘗建言移寺省，上章擊之。其辭畧云：‘謹按某官，人材闒冗，臨事冬烘。’蓋以其蜀人，聞者無不笑之。安國性隱而口吃，每戟手躍於衆曰：‘吾不辭譴逐，但冬烘爲何等語？’於是傳之益廣，遂目爲冬烘公。”安國即家安國，字復禮，四川眉山人，進士出身。他當然知道“冬烘”是“不了了”（即不聰明、糊塗）的意思，他問“冬烘爲何等語”，是在問“冬烘”爲何有此義，正如宋歐陽修《歸田録》卷二載：“俚諺云：‘趙老送燈臺，一去更不來。’不知是何等語。”這也是説不知道“趙老送燈臺，一去更不來”的由來，而非不清楚該俗語的實際意義。那麽，那些譏笑家安國的人能回答他的問題嗎？自古迄今未見有誰做過解釋。今天的辭書也都只是解釋“冬烘”的詞義和出處，不解釋理據，令人不知其所以然。在此不妨試着解答一下家安國之問。

“冬烘”二字本身與糊塗義是没有關係的，應該都是記音字。

“冬”的近親應該是“懵懂”之“懂”。“懵懂”同義連文，義爲糊塗。北宋道原《景德傳燈

---

*　本文根據兩位匿名審稿專家的意見做了一些修改，謹向審稿專家表示感謝。文中錯誤概由作者負責。

録》卷三十載唐玄覺(665—713)《永嘉證道歌》:“師子吼,無畏説,深嗟懵懂頑皮靼。”宋許月卿《上程丞相元鳳書》:“人望頓輕,明主增喟,懵董之號,道傍揶揄。”清范寅《越諺》卷上《詈罵譏諷之諺第十六》:“聰明一世,懵懂一時。《談藪》(琳按:舊題宋龐元英撰):‘甄龍友平生給捷,一時懵懂。’正合此諺。”今俗語有“聰明一世,糊塗一時”。“懂”字最早見於宋代。金邢准《新修絫音引證群籍玉篇》卷八《忄部》:“懂,多孔切,不惠。”“不惠(慧)”即糊塗。北宋編的四大辭書《玉篇》《廣韻》《集韻》《類篇》中都無“懂”字,但後三種辭書中收有“憧”字。《廣韻·董韻》:“憧,懵憧,心亂。”音多動切,與“懂”同音。“心亂”謂心中混亂,也就是心中糊塗的意思。“懂”無疑是“憧”的俗字。從《廣韻》等收録而不見於前代辭書的情況來看,“懂”字的出現大約不會早於唐代。

“憧”可能是“憧”的俗字或分化字。“憧”在歷史上是兩個同形字。《説文》:“憧,意不定也。从心童聲。”音尺容切(今讀 chōng)。此字與糊塗義無關。《戰國策·趙策三》:“今王憧憧,乃輦建信以與强秦角逐,臣恐秦折王之輢也。”清俞正燮《癸巳類稿》卷七《釋“小”補〈楚語〉“笄”〈内則〉“總角”義》:“妾若小童,憧憧然無所知。”《漢語大詞典》:“憧憧,愍愚無知貌。”《大戴禮記·千乘》:“作起不敬,以欺惑憧愚。”“憧愚”同義連文,故亦可倒序言“愚憧”。《史記·三王世家》:“臣青翟、臣湯等宜奉義遵職,愚憧而不逮事。”亦作“童愚”。宋施護譯《讚法界頌》:“二空殊勝智,妙用化童愚。”此義之“憧”由“童”分化而來,兒童蒙昧無知,故“童”引申爲愚昧無知。《詩經·鄭風·褰裳》“狂童之狂也且”毛傳:“狂行童昏所化也。”孔穎達疏:“童昏,謂年在幼童,昏闇無知。”《國語·晉語四》:“聾聵不可使聽,童昏不可使謀。”韋昭注:“童,無智;昏,闇亂也。”愚昧是一種心智,故“童”又從心作“憧”,其讀音自與“童”相同,或爲别義而破讀。五代後晉可洪《新集藏經音義隨函録》第五册《持心梵天經》第四卷:“憧真,上徒東反,正作僮也。《字樣》云:‘古以僮爲童。’”章太炎《新方言·釋言第二》:“《賈子·道術篇》:‘反慧爲童。’春秋晉胥童字昧。《廣雅》:‘僮,癡也。’蘄州謂騃不解事爲童,音如董,猶言懵懂矣。”章説可取。上引《永嘉證道歌》中的“懵懂”,敦煌文獻 P. 2104《禪門秘要訣》(《永嘉證道歌》異名)作“懞憧”(源自“蒙童”),可證“懂”源自“憧”。由此可見,“憧”是後世“冬烘”之“冬”的本字。當然,若説本字爲“童”也未嘗不可。

但後世辭書中,愚義之“憧”並不讀作“童”或“冬”。《集韻·絳韻》:“憧,戇憧,愚皃。”音丈降切(今應讀 zhuàng),這是將“憧”訓讀爲“戇”。《集韻·鍾韻》:“惷,騃昏也。或作憧。”音書容切(今應讀 shōng)或昌容切(今應讀 chōng),這又是將“憧”視爲“惷”之異體。這大約就是墨守辭書的學者們無法將“憧”確認爲“冬烘”之“冬”本字的原因。

《全唐詩》卷八百六寒山《詩三百三首》之一一〇:“或有衒行人,才藝過周孔。見罷頭兀兀,看時身侗侗。繩牽未肯行,錐刺猶不動。恰似羊公鶴,可憐生氃氋。”《漢語大詞典》:“氃氋,毛鬆散,委頓貌。”《漢語大字典》“氃”下:“〔氃氋〕也作‘氋氃’。羽毛鬆散貌。”江藍生(1988:197):“‘童蒙’,爲愚癡無知貌。‘氃氋’義同,一詞而異形。‘童蒙、氃氋’實爲一語,字又作‘瞳矇、朣朦、重蒙’等,義並爲‘愚癡貌’,有時轉指愚癡無知之人。”江説甚是。寒山詩中之“兀兀”“侗侗”均爲愚昧無知貌。寒山《詩三百三首》之八九:“汝輩(或作爲)埋頭癡兀兀,愛向無明羅剎窟。”唐飛錫《念佛三昧寶王論》卷上《一切衆生肉不可食門第七》:“安得固食其肉,用資敗軀,而兀兀然不知其懼哉?”《莊子·山木》:“侗乎其無識。”陸德明釋文:“侗乎,無知貌。”宋紹隆等《圓悟佛果禪師語録》卷十一:“到這裏若無透關眼透出機關,未免瞞瞞頇頇、儱儱侗侗去也。”“侗”就是“憧”。既然衒行人“兀兀”“侗侗”,“恰似羊公鶴”,則“氃氋”自以童蒙無知爲切,若解爲羽毛鬆散,何來"恰似"? 蓋寒山詩原作"童蒙",後人因其指鶴而言,故益"毛"旁。"氃氋"日本宫内省本、四庫本作"懂懵","童蒙""懂懵"同源同義。"懂懵"爲同義並列,故亦可倒序言"懵懂"。《集韻・東韻》:"氃,氃氋,毛皃。"《篇海類編・身體類・毛部》:"氃氋,毛散皃。"此望文生訓,未可信據。

今不少方言稱年老糊塗爲"顛懂"(亦作"顛東""顛冬""顛頓"等)。姜亮夫(2002:92—93):"顛棟(下音東),昭人謂年老健忘語言錯亂曰顛棟。……按顛棟即顛倒一聲之轉,顛棟則錯亂矣。字或作顛冬。按此與丁冬、町畽、挺挏等爲同一語根之聯綿詞。"此説非是。"顛"指瘋癲失智,"懂"指糊塗,"顛懂"爲同義連文。許寶華、宫田一郎(1999:5049):"懵倲,愚笨、呆癡的樣子。吴語。上海[loŋ13 toŋ34]呆木懵倲。浙江寧波[loŋ55 toŋ55]老木懵倲。""倲"即"懂"。

現將糊塗義之"童"的演變過程圖示如下:

童>憧>㦰>懂

至於"懂"用於理解義,始見於元代(《漢語大詞典》及《漢語大字典》最早引明末用例)。《正統道藏・太平部》元姬志真《雲山集》卷五《粉蝶兒》:"嚼蠟塵情,誰知淡然無味。販何樓、一場兒戲。看成空,渾不懂,夢中身世。"《元曲選》王仲文《救孝子賢母不認屍》第二折:"小官姓鞏,諸般不懂。雖然做官,吸利打哄。"學者們大都認爲理解義之"懂"是借來記録"黨"的音轉。揚雄《方言》第一:"黨、曉、哲,知也。楚謂之黨。"郭璞注:"黨,朗也,解寤貌。"清胡文英《吴下方言考》卷七:"黨,音董。……今諺通謂不曉曰不黨。"清錢繹《方言箋疏》:"今人謂知爲懂,其黨聲之轉歟?"章太炎《新方言・釋言第二》:"《方言》:'黨,知也。'今謂瞭解爲黨,音如董,俗作懂,非也。《廣韻》懂訓心亂,今猶有懵懂之語,其義絶異。"音轉説證據不足。理解義之"懂"當是源自"董"。"董"有處理、理會義。北宋惠洪《石門文字禪》卷十九《郴州乾明進和尚舍利贊并序》:"福嚴長老保宗新其寺,殿閣宏壯妙天下,師寔董其事。""董其事"謂理其事。元李士瞻《經濟文集》卷四《題王彦方小傳後》:"皇帝至正二十有一年秋九月,中書省臣奉詔命臣士瞻以户部尚書使閩中董理鹽賦。""董理"同義連文,謂處理。元汪元亨《醉太平・警世》(《雍熙樂府》卷十七,《四部叢刊》影印本):"耳聞時做聾,眼見處推盲,且達時知務暗包籠,權粧箇懵懂。聽人著冷話來調弄,由人著死句相譏諷,任人著假意廝過送,老先生不董。""不董"謂不理會、不管。由理會引申爲理解,正如"理"也引申爲理解。明董其昌《骨董十三説》:"事物有不明者謂不董,會得曰董得也。"明阮大鋮《燕子箋》第十七齣:"在此我雖不董得他文字中的奥妙,看他那病中光景兒,却是得意之極,文章決定好的了。"理解與心智相關,故"董"寫作"懂"。所以理解義之"懂"與懵懂之"懂"是同形字關係。

再來探求"冬烘"之"烘"的本字。《説文》:"戇,愚也。从心贛聲。"大徐本音陟絳切。《集韻・送韻》:"戇,愚也。"音胡貢切。《廣韻・送韻》:"戇,悾戇,愚人。"音呼貢切。讀音各不相同。戇從贛聲,贛《廣韻・送韻》音古送切,又《説文》匶、灨皆爲贛聲,也讀古送切,與胡貢、呼貢二切更爲接近,則陟絳切當爲後起音轉或訓讀。《廣韻・送韻》"戇""烘"同音,那麼將"戇"視爲"烘"的本字音義都能對得上號。蓋"戇"後來多讀陟絳切,故人們不知其爲"冬烘"之"烘"的本字。

"戇"還有不少同源詞。《説文》:"儚,惛也。从人薨聲。"音呼肱切。"惛,不憭也。"謂不明了、昏聵。日本空海《篆隸萬象名義》卷十一《頁部》:"顭(顭),霍弘反。迷也。"《玉篇・頁部》:"顭,霍肱切。《字書》云:惛也。或作儚。"《廣韻・登韻》:"顭,惛迷也。"明劉基《贈道士蔣玉壺長歌》:“揚眉抵掌開蒙顳,人生嘉會安得恒。”《玉篇·目部》:“矇,火貢切。瞢矇。”《集韻·送韻》:“矇,瞢矇,不明。”《集韻·董韻》:“頬,顭頬,頭昏。”音虎孔切。《淮南子·道應》:“西窮窅冥之黨,東開鴻濛之先。”“鴻濛”指原始的混沌狀態。也有糊塗不明義。宋辛棄疾《水調歌頭·元日投宿博山寺》:“有時三盞兩盞,淡酒醉蒙鴻。”戇、僋(顳)、矇音近義通,爲一組同源詞。“鴻”則爲戇、僋之音借。

綜上所述,“冬烘”的本字爲“憧戇”,同義連文。不過由於“戇”後世流行讀陟絳切,故“烘”之本字亦可定爲“僋”。

周長楫(2007:248):“倲恷,<廈漳>$toŋ^{5\text{-}3}$ $goŋ^{6}$<泉>$toŋ^{5\text{-}3}$ $goŋ^{5}$ 傻里傻氣,蒙昧無知。”《漢語方言大詞典》(1999:2724)寫作“倲傃”。“倲恷”“倲傃”即“冬烘”的方言音轉。《玉篇·人部》:“倲,都聾切。儱倲,儜劣皃。”“儜劣”與愚昧義通,所謂冥頑不靈。《集韻·送韻》:“戇,忺戇,愚皃。或作倲。”“忺戇”即“儱倲”,《圓悟佛果禪師語録》之“儱儱侗侗”即“儱倲”之重疊形式。“倲”應該是爲“憧”的破讀音而造的字,所以方言中的[toŋ]記寫爲“倲”是合理的。但把[goŋ]記寫爲“恷”“傃”則未見其理。《集韻·尤韻》:“尤,於求切。《説文》:異也。……古作恷。”《玉篇·人部》:“傃,五甘切。不慧也。”兩字讀音都與[goŋ]不合。[goŋ]應記寫爲“僋”或“頬”。

清黄生《義府》卷下《酩酊》:“酩酊二字古所無,《世説》‘茗艼無所知”,蓋借用字。今俗云懵懂,即茗艼之轉也。”黄侃《説文新附考原》十四下:“酩酊本作茗艼,以形容無所知之狀,其語與懵懂同,《晉書·山簡傳》‘茗艼無所知’是也。後專以形容醉人,而易作酩酊。”兩人均未明本末。“酩酊”應爲“蒙童”之音轉,而非相反。

“小的子”“的篤”考源

《金瓶梅詞話》第五十七回:“哥,你天大的造化,生下孩兒。你又發起善念,廣結良緣,豈不是俺一家兒的福分!只是那善念頭他怕不多,那惡念頭怕他不盡。哥,你日後那没來回没正經養婆娘兒、没搭煞貪財好色的事體少幹幾樁,也好儹下些陰功,與那小的子也好。”“小的子”崇禎本改爲“小孩子”。王利器(1988:38):“小的子,亦作小底子。即孌童。”白維國(2005:431)在“小的”詞目下列三個義項:①地位低的人對地位高的人自稱。②稱奴僕或手下人。③稱男孩或兒子。義項③下舉上揭例句。我們認爲上面兩位的解釋都不恰當。“孌童”指成年男子當作女性玩弄的男孩,上例中的“小的子”指西門慶自己的小孩官哥兒,並非孌童。《詞話》第五十五回:“只是咱前日酒席之中已把小的子許下他了,如今終不成改個口哩?”這裏的“小的子”指歌童,没有充當孌童的情節。

“小的”與“小的子”確實都可以指小孩,但兩個詞的構造和來源都不相同。“小的”是“的”字結構,其中的“的”原是結構助詞。“小的子”的結構是“小/的子”,這一點聯繫與此相關的“狗的子”“潑的子”等説法來看不難得知。如明吾邱瑞《運甓記》(明毛晉《六十種曲》巳集)第三十二齣:“我蘇峻犯了何罪,把這性命送在你這狗的子手裏。”明《香山寶卷》:“皇帝聞言大怒,龍顔喝罵:‘潑的子,妖精也來作怪!’”可見“的子”爲一詞,“小”与“狗”“潑”一样,是“的子”的修飾成分,文俊威(2014)認爲“的子”是“小子”的意思,大致不差。

《詞話》中還有“小的兒”的説法。如第七十一回:“小的兒們,再燒好炭來,今日天氣寒冷些。"似乎與"小的子"類同,其實不然。"小的兒"是"小的"的兒化,正如"小的子"也可說成"小的子兒"。《詞話》第五十七回:"靠天靠地,靠著日月三光,若得俺小的子兒來也,也不虧了俺修齋吃素的念頭。"所以"小的兒"與"小的子"結構及理據均不相同,很可能兩個"的"的實際讀音也不一樣。白維國將兩個詞混爲一談,未免疏失。

"的子"之"的"是小的意思,這可以在今天的方言中找到佐證。許寶華、宫田一郎(1999:3449):"的的個,西南官話。貴州清鎮。❶小:這麼的的個娃兒就會駡人。❷一點兒:兹的的個點東西够哪個吃。""的的伢,小孩兒。贛語。安徽懷寧。"又(3348):"的息,小巧玲瓏。粵語。廣東廣州。木魚書《五色荷花》:'的息金蓮二寸長,窈窕行床真嫋娜。'""的息"也寫作"的析""的式"。

"的"的小義從何而來?竊謂當是來自"滴"。水滴爲小點兒,常用來形容事物之小少。如用"點滴"形容零星微小。許寶華、宫田一郎(1999:6929):"滴滴,東西少,事情小。西南官話。貴州大方。雲南昆明、新平:這滴滴飯咋個够那多人吃 | 這滴滴事都要推,還叫哪樣好朋友。"又(6930):"滴大子,小。閩語。福建永定、下洋。""滴長裏,很短。客話。廣東五華。""滴點兒,少;小。西南官話。四川成都:滴點兒染料染緑一缸水 | 你滴點兒大就不長眼睛,你瞎了嗎?"又(6932):"滴滴些些,極少量的。"英語中 drop(水滴)引申指 a small quantity of a substance(少量的東西),a trace or hint(絲毫),如 a drop of fever(少許熱度),not a drop of pity(没有絲毫的憐憫),跟漢語的引申軌跡是相同的,可爲佐證。"小的子"跟今天"小不點兒"的説法頗爲類似。

粵語"的息""的析""的式"三種寫法中,原型應爲"的息"。唐白履忠(梁丘子)《黄庭内景玉經註》卷下《沐浴章第三十六》:"徐徐以鼻内氣,氣入五六息則吐之。一呼一吸爲一息。"一息很短暫,故用來比喻短時,如吴語中的"過息點"義爲待會兒。引申指數量少。許寶華、宫田一郎(1999:4960):"息息子,一些些。閩語。福建建陽。""的息"即"滴息",同義連文。

水滴爲點狀,故滴引申有點義。清末張春帆《九尾龜》第一五一回:"啥人叫耐去做石灰布袋,東揩一的的,西揩一的的格呀。""一的的"即一點點。許寶華、宫田一郎(1999:34):"一的的,一點兒。西南官話。雲南騰沖:我只要一的的辣子。"翁輝東《潮汕方言・釋身》(上海:涵暉樓 1943):"婦人常以胭脂志於兒童之額,曰的點紅。""的點"連文猶"點滴"連文。

客家話中有"快滴子"的説法,成都話中有"快的丁兒"的説法,廣州話中有"快的(啲)"的説法、江蘇金壇話中有"快底"的説法,意思都是快點兒(以上見許寶華、宫田一郎 1999:2854、2852),"的/底"的本字都是"滴"。

清初王逋《蚓菴瑣語》(《四庫全書存目叢書》本)載:"明萬曆中,天寧寺富僧物故,凡往弔者,厚有贈貽,名曰程儀。同時鄉紳鍾姓者效之。有諸生丘某者,形體侏儒,人稱之爲丘的篤,與死者素不相識,利其贈金,備禮往弔,旬日數往。喪主訝而問曰:'先人存日,未嘗見公往來。'丘曰:'死的肚裏自知。'聞者絶倒。……丘死而傳其衣鉢者,皆故家子弟、潦倒無聊之徒,猶以斯文自居。至今此風不變。民間遇見此輩,輒稱之爲丘的篤云。"《漢語大詞典》據此收有"丘的篤"一詞,釋爲"民間因稱此種以賀吊爲名,向人勒索饋贈之徒爲'丘的篤'","的篤"爲何義則無所解釋。從文意來看,"的篤"應爲矮小之義。許寶華、宫田一郎(1999:6592):"矮的督,很矮。吴語。江西玉山。""的督"即"的篤",可知該詞在今天的方言中仍然活着。不少方言中有"矮篤篤"(很矮)的説法,如成都話、上海話、江西客家話等(許寶華、宫田一郎 1999:6592),跟"的篤"的矮小義無疑也有聯繫。

清胡文英《吴下方言考》卷十:“碻沰,音的篤。……吴中形敲物小聲曰碻沰。”“碻沰”也有小義,應與“的篤”同源。《廣雅·釋言》:“碻沰,磓也。”王念孫疏證:“《廣韻》:‘磓,落也。’《玉篇》:‘沰,落也。’碻、沰、磓一聲之轉。”“碻沰”義爲水液滴落,也寫作“滴沰”。《漢語大詞典》:“滴沰,象聲詞。多指雨聲。清梁章鉅《農候雜占·火占》:‘上火不落,下火滴沰。見崔寔《農家諺》。言丙日不雨,丁日必雨也。滴沰,雨聲。’”“下火滴沰”意爲丁日下雨,這裏的“滴沰”應爲動詞,理解爲象聲詞文意未諧。“沰”的本字應爲“涿”。“沰”爲端母鐸部,“涿”爲端母屋部,古音相近。《説文》:“涿,流下滴也。”段玉裁注:“今俗謂一滴曰一涿,音如篤。”唐抄本《玉篇·水部》“涿”(涿)下引《説文》作“流下適涿也”,從東漢崔寔所引農諺“下火滴沰”及《廣雅》“碻沰,磓也”之訓可知,《説文》原本當作“流下滴涿”。“滴涿”同義連文,既指水液滴落(動詞),也指滴落之水滴(名詞),《説文》之“滴涿”當指水滴。可見“滴涿”猶言“滴點”,是由水滴義引申爲矮小義的。

許寶華、宫田一郎(1999:7290、6573):“濩涿,下雨。閩語。福建。1922年《福建新通志》:‘謂雨落爲濩涿。’”“蜀涿,一點。閩語。福建永泰。”閩語中“濩”是雨的意思,“蜀”是一的意思,“濩涿”之“涿”即动詞滴落,“蜀涿”之“涿”即量詞點滴。上海話中稱慢慢喝酒爲“督盅”(李榮2002:4779),“督”本字即“涿”,“督盅”字面意思爲杯中倒入少許酒,引申指慢慢喝。

總之,水滴隱喻小點、轉喻微小是詞義引申演變的一個條例。

參考文獻

[1]白維國. 金瓶梅詞典[M]. 北京:綫裝書局,2005.

[2]江藍生. 魏晉南北朝小説詞語彙釋[M]. 北京:語文出版社,1988.

[3]姜亮夫. 昭通方言疏證[M]//姜亮夫全集(第16册). 昆明:雲南人民出版社,2002.

[4]李榮主編. 現代漢語方言大詞典[M]. 南京:江蘇教育出版社,2002.

[5]王利器主編. 金瓶梅詞典[M]. 長春:吉林文史出版社,1988.

[6]文俊威. “的子”考釋[M]//南開語言學刊(第2期):北京:商務印書館,2014.

[7]許寶華,宫田一郎主編. 漢語方言大詞典[M]. 北京:中華書局,1999.

[8]周長楫. 閩南方言常用小詞典[M]. 福州:福建人民出版社,2007.

Tracing to the Etymology of *donghong*(冬烘), *xiaodizi*(小的子) and *didu*(的篤)

Yang Lin

Abstract: This thesis makes a textual research on the etymology of the words, *donghong*(冬烘), *xiaodizi*(小的子) and *didu*(的篤). The author holds that the original characters of *donghong*(冬烘) is 憧戇 and the original characters of 的 is 滴(waterdrop).

Key words: *donghong*(冬烘), *xiaodizi*(小的子), *didu*(的篤), etymology

通信地址:天津市南開區南開大學文學院

郵　　編:300071

E-mail:ylin@nankai.edu.cn

近代漢語顔色詞釋詁

趙曉馳

内容提要 近代漢語對顔色的命名呈現出一些新的特點，某些舊有顔色詞在表色方面也發生了新的演變。在排比歸納用例的基礎上從構詞、語音、文字、文化等角度對近代漢語一些顔色詞的義理進行訓釋，以補現有研究之不足。

關鍵詞 近代漢語 顔色詞 釋詁

傳統訓詁一般不著意於顔色詞的訓釋，大概是因爲漢語顔色詞具有較强的理據性和可析性，大多從字面就可知道表示什麽顔色。但近代漢語對顔色的命名呈現出一些新的特點，某些顔色詞的詞義難以從字面直接求得，另外某些舊有顔色詞在表色方面也發生了新的演變，本文即在排比歸納用例的基礎上從構詞、語音、文字、文化等角度對近代漢語一些顔色詞的義理進行分析，以補現有研究之不足。

紺

《漢語大字典》(以下簡稱《大字典》)共爲"紺"設置三個義項：

①呈紅色的深青色。《説文・糸部》："紺，帛深青揚赤色。"

②深青色。《玉篇・糸部》："紺，深青也。"

③青色。《廣雅・釋器》："紺，青也。"

《説文》《玉篇》《廣雅》的釋義中都有一"青"字，説明"紺"的主色調是青色。由於其深淺和輔色並不是最主要的語義構成成分，所以在不同的字書裏或被突顯或被隱没。顯見，這三條釋義只是用語詳略不同，而非所指对象不同，《大字典》爲"紺"分立三個義項過於瑣碎，實無必要。

《漢語大詞典》(下簡稱《大詞典》)設置一個義項：天青色；深青透紅色。

《大字典》和《大詞典》釋義中都有一"青"字，如此釋義顯得十分含糊。張清常(1991)就曾感慨："青到底是藍是緑是黑，莫説外國人没有把握，中國人有時也心裏打鼓。查字典詞書吧，它或者索性不注，即使注了也不知在這裏該是哪個顔色。"爲此，趙曉馳(2014)曾建議辭書釋義的元語言應將含義模糊的"青"改爲含義明確的"緑、藍、紫、黑、白"等詞。那麽，"紺"究竟指何色?

從以下用例來看，"紺"當指深黑泛紅的顔色，往往泛指黑色：

(1)君子不以紺緅飾。(《論語・鄉黨》)邢昺疏："紺，玄色。"

"玄"即是黑裏泛紅的顔色，也泛指黑色。

(2)生於肝，如以縞裹紺。(《素問·五藏生成論》)

這裏“紺”對“縞”，即“黑”對“白”。

(3)紺蝶，一名蜻蛉，似蜻蛉而色玄紺。(晉·崔豹《古今注·魚蟲》)

(4)〔虺蜴〕一曰蛇醫，大者長三尺，色玄紺，善魅人。(明·毛晉《毛詩草木鳥獸蟲魚疏廣要·胡爲虺蜴》)

這兩例“玄紺”同義連文。

另《齊民要術校釋》注“紺族”：“紺族，指紺色的竹類，如《竹譜》有‘殷腸竹’，殷色即是紺色。”“殷”指紅黑色，則“紺”也當類此指黑中泛紅的顏色。尹泳龍《中國顏色名稱》(1997：128)解釋“紺碧藍”：“暗藍。黑中發紅的藏青色或天青色，也叫作紺碧色，簡稱紺色。紺表示深黑而微紅的天青色。”該義在《現代漢語詞典》中已得到明確説明：“紺，稍微帶紅的黑色。”

但以“黑色透紅”之義衡量近代文獻的某些用例，於義未安。如：

(5)頳景宣疊麗，紺波響飄淋。(唐·顧況《大茅嶺東新居憶亡子從真》)

(6)素房含露玉冠鮮，紺葉摇風鈿扇圓。(唐·白居易《六年秋重題白蓮》)

(7)紺園澄夕霽，碧殿下秋陰。(唐·沈佺期《遊少林寺》)

(8)天高雲杳，山横紺碧，桂華初吐。(宋·袁去華《木蘭花慢》)

(9)誰家明鏡飛空，海天紺碧浮秋霽。(宋·趙以夫《水龍吟》)

(10)圈畫園林溪紺碧。(宋·晁補之《别歷下》)

(11)羅霧薄、紺緑擁重重。(宋·華岳《望江南》)

(12)張南周北，謾説清漳摇紺碧。何似幽棲，甥舅相望共一溪。(宋·葛立方《減字木蘭花·章甥築地相望作》)

(13)白露影邊霞一縷，紺碧江天暮。(宋·謝逸《謁金門》)

先看搭配，以上“紺”分别修飾水波、園林、樹葉、溪水、海天、山峰、春水等，這些事物既非深黑透紅的顏色，也非純黑色，一般爲緑色或藍色。再看文例，以上例子中“紺碧”“紺緑”連用的有6例，對舉的有2例。所以我們認爲“紺”又可指藍色、緑色。下文“磁青”條提到“磁青”即“瓷青”，即像青花瓷一樣的青色，据劉一萍等(2014)，“磁青紙”又稱作紺紙、紺碧紙、紺青紙，也可證“紺”可表藍、緑義。

“紺”本指黑色，爲何又可指藍、緑色？這有兩方面的原因。一是客觀現實的基礎，二是語言内部的影響。顏色光譜是一個連續統，從何切分爲何種顏色在不同語言不同文化裏具有一定的差異性。而且，由於光綫、遠近、主觀的不同，對同一物體，人們常常會用不同的顏色詞去描述，這就是顏色詞的模糊性。趙曉馳(2012)認爲藍色、緑色與黑色的關係尤爲密切，遠處的藍色、緑色常呈現爲黑色，較暗光綫下的藍、緑也常呈現爲黑色。正因如此，漢語裏的不少顏色詞都兼表藍、緑色和黑色，如“青、碧、緑”等。所不同的是，“青、碧、緑”是從藍、緑色義演變出黑色義，而“紺”是由於黑色與藍、緑色常糾纏不清，再加之受上述顏色詞的影響，則從黑色義演變出藍、緑色義。

露褐

明陶宗儀《輟耕録·寫像訣》記載了“露褐”的調製方法：“露褐，用粉入少土黄、檀子合。”

文中一同記載的還有“枯竹褐、山谷褐、湖水褐、珠子褐”等顏料名,都是以具體事物比擬不同的褐色。“露褐”的“露”到底指什麽? 遍查各大辭書均未收列該詞。應該不會指露水,因爲露水一般不呈褐色。我們認爲“露”當指惡露,即産婦生産後由子宫排出的餘血和濁液,其色常呈褐色,所以叫露褐。

官緑

近代漢語文獻中常見“官緑”一詞,如宋・陸游《遣興》詩:“風來弱柳摇官緑,雲破奇峰涌帝青。”《西遊記》第四七回:“身上穿一件紅閃黄的紵絲襖,上套著一件官緑緞子棋盤領的披風。”《大詞典》釋“官緑”爲“正緑色,純緑色”,大概是將“官”理解爲官方的,正的,純的。我們認爲不確。唐白居易《西行》詩:“官道柳陰陰,行宫花漠漠。”明陶宗儀《輟耕録・寫象秘訣》:“官緑,即枝條緑是。”可见“官緑”即古時官道兩旁所種柳樹枝條的顏色,“官”当指官道,再代指楊柳。這是一種比較曲折的表示顏色的方法,即用以比擬顏色的物名不直接出現,而是代之以與這種物名相關的其他信息。

妃色、楊妃色

清朝小説頻頻出現“妃色”和“楊妃色”二詞,如:

(14)但見他頭戴雉尾銀盔,身穿鎖子連環甲,内襯妃色戰袍,脚踏鐵頭戰鞋。(《七劍十三俠》第一百五十八回)

(15)見他家常只穿一件洋灰縐紗棉襖,妃色縐紗褲子,下穿平底雙梁緞鞋。(《十尾龜》第二回)

(16)外國床上,掛了湖色縐紗外國式的帳子,罩著醉楊妃色的顧繡帳簷。(《二十年目睹之怪現狀》第五十二回)

(17)内有一花,獨踞高座,花大如斗,作淺楊妃色,嬌豔無比。(《孽海花》第三回)

“妃色”不是説像妃子那様的顏色,這裏的“妃”指楊貴妃,因爲歷史上楊貴妃喜吃荔枝,還流傳下不少這方面的詩詞,如杜牧的《過華清宫》:“長安回望繡成堆,山頂千門次第開。一騎紅塵妃子笑,無人知是荔枝來。”所以“妃紅”實際是指荔枝紅。《大詞典》解釋爲:“妃色,即緋色。妃,通‘緋’。亦稱楊妃色。”認爲“妃”通“緋”,不確。

斷腸色

《西遊補》第一回:“你不與我,我到家裏去叫娘做一件青蘋色,斷腸色,緑楊色,比翼色,晚霞色,燕青色,醬色,天玄色,桃紅色,玉色,蓮肉色,青蓮色,銀青色……”何爲“斷腸色”?我們認爲即柳色。古人折柳送別,古詩詞裏常將離愁別緒寄託於柳枝,“楊柳”與“斷腸”二詞常常出現於同一作品之中,如:

(18)垂柳萬條絲,春來織别離。行人攀折處,閨妾斷腸時。(唐·戴叔倫《堤上柳》)

(19)柳條弄色不忍見,梅花滿枝空斷腸。(唐·高適《人日寄杜二拾遺》)

(20)夜香燒了夜寒生,掩銀屏,理銀箏。一曲春風,都是斷腸聲。杜宇欲啼楊柳外,愁似海,思如雲。(宋·曹良史《江城子》)

(21)惜多才,憐薄命,無計可留汝。揉碎花箋,忍寫斷腸句。道傍楊柳依依,千絲萬縷,抵不住、一分愁緒。(宋·戴復古妻《祝英台近》)

(22)江柳斷腸色,黄絲垂未齊。(唐·戎昱《江上柳送人》)

最後一詩直接將"江柳"與"斷腸色"連用,可證"斷腸色"就是柳色。

紫棠色、紫膛色

從用例來看,"紫棠色""紫膛色"都只修飾人的面色。如:

(23)本朝及五代以來,吏部給初出身官付身,不惟著歲數,兼説形貌,如云"長身品,紫棠色,有髭髯,大眼,面有若干痕記";或云"短小,無髭,眼小,面瘢痕"之類,以防僞冒。(《揮塵前録》卷之三)

(24)他渾家乃是宰牲口王屠妹子,排行六姐,生的長挑身材,瓜子面皮,紫膛色,約二十八九年紀。(《金瓶梅詞話》第三十三回)

(25)跟隨的頭上纏布,身上長花衣服,脚下鞋襪,都生得深紫膛色。(《三寶太監西洋記》第八十六回)

(26)在大奶奶説的是平平静静的話,他不知聽到那裏去了,不由的把個紫膛色的臉蛋兒羞的小茄包兒似的,便給何小姐請了個安。(《兒女英雄傳》第三十四回)

從用例來看,"紫膛色"應該就是"紫棠色"。"棠"無論是赤棠、棠梨還是海棠,都不是紫色,"膛"一般指胸膛,也難以用來比擬紫色。我們認爲"棠、膛"本應作"赯"。宋趙叔向《肯綮録·俚俗字義》:"人面色紫曰赯。"紫、赯同義連文,且"赯"正好表示人面紫色。在書寫時,因"赯"用得較少,一般就寫作了"紫棠",又因"膛"可表示"臉膛",因此又寫作"紫膛"。《廣韻·平唐》:"赯,赤色。"赤色與紫色爲鄰近色,人面的紫色實爲紅中帶紫。

磁青

"磁"一般指磁石,常呈鐵黑色,不太可能用來比擬青色。"磁"又指河北磁州,是中國磁州窯的發源地,《大詞典》釋"磁器":"本謂磁州窯所産的瓷製品。後泛指瓷製器具。"用例如明王鏊《震澤長語·雜論》:"嘉靖初,籍没朱寧貨財……錫器磁器三百扛。"《紅樓夢》第二七回:"總不過是那些金、玉、銅、磁器,没處擱的古董兒。"現在仍有人把"瓷"寫作"磁",如丁玲《母親》四:"他玩的一些小玩具,木頭的小碗,小罐,磁的小菩薩,奶媽替他做的香袋子,他從不會把它們失落。"曹禺《北京人》第一幕:"窗前有楠木書案,紫檀凳子,案上放着筆墨畫硯,磁器古董,都極其古雅而精緻。"故"磁青"即"瓷青",劉仁慶(2012)认为:"因這種紙在加工後鮮豔時的外觀顏色給人有與宣德青花瓷相近的印象,故而另取名爲瓷青紙。"用例如《醒世姻緣傳》第六回："桌上一小本磁青紙泥金寫的般若心經。"《遵生八箋·燕閑清賞箋》："有印金花五色箋紙。又若磁青紙，如段素，堅韌可寶，多用寫泥金字經。""磁青紙"又作"瓷青紙"，可證"磁"本作"瓷"。

焦紅

從字面上看，"焦紅"容易被理解爲"乾焦的紅色"，但有時實際表示火紅色，如：前蜀李珣《南鄉子》詞："攏雲髻，背犀梳，焦紅衫映緑羅裾。"又有"蕉紅"一詞，即像紅蕉花那樣的顔色，"焦紅"即當"蕉紅"。但如今，隨着"焦"的理據變得模糊，人們僅就字面將其理解爲"乾焦的紅色"，如李紅印（2007：120）即將其解釋爲"暗紅的顔色"。

酒紅

今日"酒紅"指像紅葡萄酒那樣的顔色，而在近代文獻裏，是指因喝了酒而臉上呈現的紅色，如：

(27)酒紅應是鉛華褪。（《全宋詞·陸凝之〈夜遊宫〉》）

(28)舞態歌闌，困偎香臉，酒紅微帶。（《全宋詞·歐陽修〈鼓笛慢〉》）

像這種字面雖同，但在不同歷史時期其理據和詞義發生變化的尤要引起注意，就如同前面所談的"焦紅"一樣。

頭藍、二藍、三藍

清朝小説中常見這三個詞修飾服飾顔色：

(29)身穿一件頭藍布的大衫，腰中結著一根扣兒，青中衣，白襪青鞋，精神不衰。（《大八義》第十一回）

(30)次日青萍起來，走進房間，見荷生已經起來，披件二藍夾紗短襖，坐在案上了。（《花月痕》第十三回）

(31)二人定睛觀看那衙内，頭戴一頂盤金紅青緞書生巾，上面一塊羊脂玉方版，頂上老大一顆珠子，三藍繡花飄帶。（《蕩寇志》第七十一回）

葉傾城專寫有《二藍這個顔色》一文："二藍這詞生得很。一查，原來'種藍成畦，五月刈曰頭藍，七月再刈曰二藍'。"緊接着又説："布料進入藍靛缸内染色，染液原料是藍草製成的土靛。染第一遍月白、第二遍爲二藍，三至鴉青。"考慮到藍色的深淺恐與藍草割刈的時間關係不大，而與布料在染料中浸泡的時間長短有關，時間越長顔色越深，故第二種解釋更合理。一染爲"月白"，即淺藍色；三染"鴉青"，烏鴉色黑，則"鴉青"應爲深藍色，與黑色近似；二染"二藍"，其色當比月白深比鴉青淺。與此對應的"頭藍"也就是一染之"月白"，"三藍"即三染之"鴉青"。在類推作用的影響下，又有"頭青、二青、三青""頭緑、二緑、三緑"，但此種情況就不是得名於染色時間的長短了。到了現代方言,有的地方仍用“二”表示不深不淺的顔色,如忻州説“二紅”。

雪青、雪紅

“雪青”表示紫色,至今常用。但“雪”既非紫色,也非青色,何能構成“雪青”一詞?“雪紅”始用於清,如《海上塵天影》第四十二回:“珊寶看萱宜,穿着一件雪紅紡綢洋金花邊時鑲單衫。”“雪”本爲白色,又爲何能與紅一起組成“雪紅”?

我們認爲這是由於物色詞中用以比擬顔色的物名詞素發生了語法化演變,即從名物義向程度義演變。“雪白”連用較早的用例可見《太平御覽》卷八六〇引晉束晳《餅賦》:“爾乃重羅之麩,塵飛雪白”,此時的“雪白”還是一般的物色詞,表示像雪那樣白。由於“雪白”表示像雪那樣很白的顔色,隨着“雪白”一詞的高頻使用,其詞素“雪”的名物義漸漸被磨滅,這時就發生了對“雪白”的重新分析,可直接將“雪白”理解爲“很白”,“雪”也就獲得了表程度深的意思。“雪”語法化後,常常作爲程度詞修飾别的形容詞,如“雪亮”“雪嫩”“雪淡”“雪尖”“雪亂”等。以下例子引自石鋟(2010:97):

(32)天色已晚,點起十幾副明角燈來,照耀的滿堂雪亮。(《儒林外史》第四二回)

(33)把那雪嫩的皮膚……弄成三堆白骨。(《續金瓶梅》第七回)

(34)這些浮華早先也已看得雪淡。(《後紅樓夢》第九回)

(35)從袖筒管裏,一把爍亮雪尖的剪刀伸了出來。(《官場現形記》四十九回)

(36)見箱籠中間抖得雪亂,知是乘著鬧弄了一些去。(《野叟曝言》三十回)

“雪”表程度深的例子在現代方言裏常見使用,如如江蘇鎮江話中的“雪紫、雪青、雪藍、雪尖、雪亮、雪薄”等(趙倩倩 2009;高婷婷 2012:31),寧波話、徐州話中的“雪平”“雪淡”等(周志鋒 2002)。類似的語法化還如“焌黑”的“焌”在四川話“焌青、焌齷、焌鹹”中表示程度深,“飛快”中的“飛”在四川話“飛辣、飛熱、飛冷、飛高、飛矮、飛燙、飛胖”中也表程度深,等等。石鋟(2010:103)也認爲:“在AB式雙音狀態形容詞中,隨着A語素意義的泛化,整個AB式詞語表狀態的意義弱化,表程度的意義形成。因此,有些A語素漸漸向準程度副詞發展。”

青蓮色

佛教中的“青蓮”到底爲何色?《大詞典》解釋爲:“青色蓮花,青白分明。”“指像青蓮一樣的顔色”。可“青色蓮花”到底是什麼顔色的蓮花?仍没有説清楚。李紅印(2007:165)解釋爲“淺紫色”,我們可爲之尋找一些證據。《閱世編》卷七:“桔梗,草本,葉鋭而小,花如青蓮色,清雅可玩。”桔梗花即爲紫色或藍紫色。又《琉球國志略》卷十四:“又一種,如女貞子,甘酸可食,亦可染物作青蓮色。”女貞子果實成熟時呈藍紫色,果皮中含豐富的花青素物質,據此可推測其染物作“青蓮色”即紫藍色。故“青蓮色”中的“青”當指藍色,藍紫爲鄰近色,“青蓮色”也就可以指藍紫色或紫色了。據李世平(2010)研究,“‘青蓮’一詞隨印度佛教傳入中

國,印度盛産蓮花,其中青蓮即是比較常見的一種,又稱‘印度藍睡蓮’,花色藍紫色”,也可證“青蓮”之“青”爲藍色。用例如:

(37)戒得長天秋月明,心如世上青蓮色。(《全唐詩·李白〈僧伽歌〉》)

(38)及收骨,舌根不燼,如青蓮色。(《遼代石刻文編·天祚編》)

秋香色

在清朝小説中“秋香色”一詞頻頻出現,如:

(39)臨窗大炕上鋪着猩紅洋罽,正面設着大紅金錢蟒靠背,石青金錢蟒引枕,秋香色金錢蟒大條褥。(《紅樓夢》第八回)

(40)秋香色一條綾帕,横束着鐵錚錚綽約小蠻腰。(《野叟曝言》卷三)

《大詞典》釋“秋香色”爲“暗黄色”。張清常(1991)認爲是古銅色,其理由有二:一是據《五體清文鑒》采色類,根據滿蒙漢對譯知道秋香色是古銅色;二是京劇戲衣色彩分上五色、下五色,上五色爲京劇正色:黄、紅、緑、白、黑,下五色爲副色:紫、藍、粉紅、湖色、秋香色(古銅)。但又有“秋香緑”一詞,與“暗黄色”“古銅色”不合:

(41)床裏面折着四條草絲錦緞灑花邊的鴛鴦翡翠消寒被,顔色一條是秋香緑,一條是竹根青,一條是楊妃紅,一條是玫瑰紫。(《海上塵天影》第二十四回)

據唐金萍(2014:35)研究:“從故宫博物院所藏文物來看,‘秋香色’爲黄緑色,在色相上更接近緑色系。”由於顔色的模糊性,“黄緑色”有時偏向黄色,有時偏向緑色,故認爲其是“暗黄色”“古銅色”“秋香緑”都没錯。①

小結

從以上可以看出,近代漢語有部分顔色詞理據模糊,其表現是不能直接從字面瞭解其詞義,辭書或不做收録,或解説不當。主要原因有以下幾種:一是用以比擬顔色的物名不爲常人所知,如“露褐”的“露”;二是物色詞中的物名不直接出現,而只出現與物名相關的其他信息,如“官緑、妃色、斷腸色”之類;三是不用本字,而用了音同音近的借字,如“紫棠色、紫膛色、磁青、焦紅”之類;四是構詞比較特殊,如“頭藍、二藍、三藍”之類;五是字面義與所指顔色義不相吻合,如“雪紅、雪青、青蓮色”之類;六是古今形同但構詞理據不同,如“酒紅、焦紅”之類。本文即對這些問題一一進行了分析,以溝通字面義與實際所指顔色義之間的聯繫。

參考文獻

[1]高婷婷. 鎮江方言語法研究[D]. 南京:南京大學,2012.

① 網上有人專門寫文討論秋香色,説秋香色是從小母親教自己認識的顔色,介於芥末緑和芥末黄之間,比淺緑暗一點,比松緑黄一些,此説值得可信,尤其是得自其母親的傳授,估計其母親又是從母親的母親那裏認得這種顔色的吧。

[2]李紅印. 現代漢語顔色詞語義分析[M]. 北京:商務印書館,2007.
[3]李世平. 睡蓮及其栽培技術[J]. 雲南農業科技,2010(1):27-29.
[4]劉仁慶. 論瓷青紙——兼羊腦箋——古紙研究之十七[J]. 紙和造紙,2012,31(2):59-64.
[5]劉一萍,盧明,吴大洋. 植物靛藍染色歷史及其發展[J]. 絲綢,2014,51(11):67-72.
[6]石鋟. 漢語形容詞重疊形式的歷史發展[M]. 北京:商務印書館,2010.
[7]唐金萍. 中國古代服飾中的黄色研究[D]. 北京服裝學院,2015.
[8]尹泳龍. 中國顔色名稱[M]. 北京:地質出版社,1997.
[9]趙倩倩. 析鎮江話中的程度副詞"雪"[J]. 語文學刊(教育版),2009(15):91-92.
[10]趙曉馳. 跨語言視角下的漢語顔色詞[J]. 古漢語研究,2012(3):73-79.
[11]趙曉馳. 從類義詞角度談《辭源》的修訂——以顔色詞爲例[J]. 語文研究,2014(3):6-9.
[12]張清常. 漢語的顔色詞(大綱)[J]. 語言教學與研究,1991(3):63-80.
[13]周志鋒. 吴方言與明清白話著作語言互證研究[J]. 語言研究,2002(3):90-93.

Annotation of Some Color Words in Modern Chinese

Zhao Xiaochi

Abstract: The naming of color words in modern Chinese are presenting certain new features. Some old color words have changed in showing colors. This study, therefore, based on generalizing these features with examples, mainly aims to annotate some color words in modern Chinese from the perspectives of word formation, pronunciation, wording and culture, expecting to fill the blank in existing researches.

Key words: modern Chinese, color words, annotating

通信地址:江蘇省南京市南京特殊教育師範學院
郵　　編:210038
Email:zhaoxiaochi262@163. com

“差强人意”意義誤用的詞彙史考察及原因分析*

顧　軍

内容提要　文章以“差强人意”爲例，從漢語詞彙發展史的角度考察其意義誤解和誤用的現象，考察主要包括“差强人意”的意義、相關形式和導致誤用的因素。“差强人意”的本義爲“很能振奮人的情緒”，後來先後出現了“很能使人滿意”“大體上能使人滿意”和“很難使人感到滿意”等誤解誤用義。之所以出現這些變化，與語境、語義和心理的影響有關。

關鍵詞　差强人意　成語　意義誤用　解釋

一　引　言

瑞士著名語言學家索緒爾曾經指出：“我們有時會歪曲形式和意義不大熟悉的詞，而這種歪曲有時又得到慣用法的承認。”這種情況在漢語中也是存在的。尤其是對意義不大熟悉的詞語，漢語中誤用的情況更爲多見。從多種角度探討這類“不合規律”的語言現象，是語言深入研究的發展趨勢和必然要求。但從目前的狀況來看，這方面的研究還有許多工作要做。

我國具有悠久的文化傳統，漢語的發展從古至今具有繼承性。在漢語的發展過程中詞語的意義也會發生變化。有些詞語意義的變化是有理據的，但還有一些詞語的意義在演變過程中會出現誤解和誤用的現象。這種由於受到外部或内部因素的影響而對詞語意義産生錯誤理解和使用的語言現象，我們稱作“詞義的誤解誤用”（顧軍 2012：2）。“差强人意”的誤解和誤用即是一例。

在漢語研究中，“差强人意”是近些年被討論較多的一個成語，主要集中於意義的變化、誤用和語言規範等方面，如倪林生（1996），黎新第（1997），肖旭（1998），朱楚宏（2000），賀國偉、紀曉静（2002），文子斤（2002），胡慧（2005），孫莉（2006），王承略（2009），趙丕傑（2009）等。但研究的系統性和深度仍然不够，比如：“差强人意”意義演變的軌跡是怎樣的？導致“差强人意”意義誤用的原因有哪些？這些問題都有進一步探討的必要。下面我們主要從漢語詞彙史的角度對“差强人意”的意義誤用情況進行考察。

二　“差强人意”的意義辨正

《辭源》認爲，“差强人意”最早出自《後漢書・吴漢傳》：“吴公差强人意，隱若一敵國矣。”

* 本文爲教育部青年基金項目“漢語詞彙誤解誤用義産生的動因與機制研究”（14YJC740026）的階段性成果。在寫作過程中得到了汪維輝師和崔達送師的悉心指導，謹致謝忱！文中謬誤概由本人負責。

不少辭書持相同觀點。爲分析方便，現列《後漢書·吴漢傳》原文如下：

漢性强力，每從征伐，帝未安，恒側足而立。諸將見戰陳不利，或多惶懼，失其常度。漢意氣自若，方整厲器械，激揚士吏。帝時遣人觀大司馬何爲，還言方修戰攻之具，乃歎曰："吴公差强人意，隱若一敵國矣！"

對"吴公差强人意，隱若一敵國矣"一句中"差强人意"的意義，目前辭書界主要有三種不同的理解：

第一種：將"差"釋作"比較"，"差强人意"理解爲"比較使人滿意"。

第二種：將"差"釋作"尚；略"，"差强人意"理解爲"還能振奮人的意志"。

第三種：將"差"釋作"甚，殊"，"差强人意"理解爲"很能够振奮人的情緒"。

"差"確有"甚、殊""比較""略"等意義。如《漢書·匈奴傳下》："從塞以南，徑深山谷，往來差難。""差"是"甚"的意思；《漢書·食貨志下》："白金三品……二曰以重差小，方之，其文馬，直五百。"這裏的"差"是"比較"義；魯迅《書信集·致李秉中》："我仍碌碌，但身體尚健，差堪告慰耳。"例中的"差"義爲"比較"。

那麼，哪種理解更爲合理呢？

我們認爲，要想正確辨析"差强人意"的意義，應當從微觀和宏觀兩方面入手：微觀方面，將"差强人意"的内部成分進行結構和語義的分析；宏觀方面，一是結合語境對"差强人意"的意義進行分析，二是結合相關詞語（如同義詞語、反義詞語等）進行考察。將這兩方面結合起來，能够儘量避免理解上的偏差。

先來看微觀方面。

"强"有"使堅强，使堅定"的意義。《禮記·學記》："故君子之教喻也，道而弗牽，强而弗抑，開而弗達。"孔穎達疏："謂師微勸學者，使神識堅强，師當隨才而與之。""人意"有"人的意願、情緒"的意思。《詩·小雅·無羊》："麾之以肱，畢來既升。"鄭玄箋："此言擾馴，從人意也。"《三國志·蜀志·秦宓傳》："上當天心，下合人意。"因此，"强人意"爲動賓結構，其意思是"振奮人的情緒；堅定人的意志"。如果按照第一種理解的釋義，"强人意"的意義恐怕很難同"使人滿意"在字面意義上完全一致。因此，第一種理解是以後起的意義代替了語源意義。

第二、三種理解對"强人意"的認識是一致的（同文意也相符），差别僅在於對"差"理解的不同。那麼，到底是將"差"理解爲"尚，略"還是"甚，殊"更爲合理呢？

我們再從宏觀方面，即語境和相關詞語的情况進行考察。

《後漢書·吴漢傳》的"差强人意"承接上文諸將"或多惶懼，失其常度"，而吴漢"意氣自若""方整厲器械，激揚士吏"，兩者的表現形成了鮮明的對比，故漢光武帝不由讚歎道："吴公差强人意，隱若一敵國矣！"《文選》卷三十八任彦昇《爲范尚書讓吏部封侯第一表》："或與時抑揚，或隱若敵國。"李賢注："隱，威重之貌。言其威重若敵國。前書周亞夫謂劇孟曰：'大將得之，若一敵國矣。'……'差强人意'，是倚之也。"漢光武帝將吴漢比作一個國家（"若一敵國"），而且"差强人意"又是對吴漢的倚重之辭，可見對吴漢的評價甚高。由此可見，這裏的"差"應當爲"很，甚，殊"義，因此第三種理解爲是。如果將"差"理解爲"尚，稍微"，則語意不諧。① 另外，通過下文"差强人意"的相近形式我們也看出"差"的"很，甚"義。

---

① 張相《詩詞曲語辭匯釋》（中華書局，1955，245-246頁）和肖旭（1998）等爲"差"的"甚；很"義列舉了不少用例，可參。

由此可知，“差强人意”的本義指“很能振奮人的情緒”，而從我們對“差强人意”的結構分析來看，“比較使人滿意”和“還能振奮人的意志”義爲其誤解誤用義。

自“差强人意”在《後漢書》出現之後，後世的文獻中也有一些用例。例如：

(1)元禧之謀亂也，車駕在外，變起倉卒，未知所之。忠進曰：“臣世蒙殊寵，乃心王室。臣父領軍，付留守之重計，防遏有在，必無所慮。”世宗即遣忠馳騎觀之，而烈分兵嚴備，果如所量。世宗還宫，撫背曰：“卿差强人意。”賜帛五百匹。又曰：“先帝賜卿名登，誠爲美稱；朕嘉卿忠款，今改卿名忠。既表貞固之誠，亦所以名實相副也。”(《魏書·于忠傳》)

(2)東魏北豫州刺史高仲密請舉州來附，周文以仲密所據遼遠，難爲應接。諸將皆憚此行。遠曰：“北豫遠在賊境，高歡又屯兵河陽，常理而論，實難救援。但不入獸穴，不得獸子，若以奇兵出其不意，事或可濟。脱有利鈍，故是兵家之常。如其顧望不行，便無克定之日。”周文喜曰：“李萬歲所言，差强人意。”(《北史·李遠傳》)

(3)公直不撓，智謀尤深，忠厚可移，文武是憲。幼讀墳典，素知名於國庠；晚藉韜鈐，因效策於戎幕。累膺將帥之重，積有艱鉅之勳。竭力事邊，乃誠王室。伏波料敵，每合我心；司馬理軍，差强人意。(李豫《封衛伯玉城陽郡王制》，《全唐文》卷四十六)

(4)奉常差强人意，但覺亦欠子細商量，甚恨前此匆匆，不能甚款也。(朱熹《答吕子約(其六)》，《朱文公文集》卷四十八)

(5)天限長江，雲擾中原，一局持棋勢。漢將誰。盍爲掃清之。彼伎猶、黔驢而止。客亦知、何材不生斯世。丁寧屢賚君王旨。向馬首論詩，燈前觀劍，豈無差强人意。(李曾伯《哨遍》，《全宋詞》卷三百七十八)

(6)壬辰一甲，最爲不競，首林大欽止修撰；榜眼孔天允，以王親授僉事；探花高節，以編修謫戍；庶常惟吕餘姚一人入閣，差强人意耳。(《萬曆野獲編》卷七)

(7)後因瓦剌哈迷從征陣亡，什古不耐寡居，遂與門下少年相通。恨不暢意，少年乃覓淫藥傳之，通宵不倦。什古笑道：“今日差强人意。”後有知之者，遂嘲少年爲差强人以笑。(《醒世恒言》卷二十三)

(8)帝諭輔臣曰：“昨鑒京湖報程雖盧氏縣之捷，差强人意。朕以寡昧，服祖宗之令緒，兢業不敢荒寧，適值十六七年應酬不暇。”(《續資治通鑒》卷一百七十三)

(9)明代無一工詞者，差强人意，不過一陳人中而已。(清陳廷焯《白雨齋詞話》卷一)

(10)沈歸愚選的《古詩源》，將那歌謡與詩混雜一起，也是大病；王漁洋《古詩選》，亦不能有當人意。算來還是張翰風的《古詩録》差强人意。(《老殘遊記》第十二回)

與《後漢書·吴漢傳》的“差强人意”用例相比，上述用例在語境上發生了變化，例(1)-(2)已經不是在戰場上用實際的行動去振奮將士們的情緒，而是言語方面給上級帶來的積極心理影響①，例(3)-(10)的語境與在戰場上振奮將士們的情緒差别更大。與語境的變化相適

① 還有一些與例(2)“李萬歲所言，差强人意”類似的表達。如：世祖大喜曰：“所以召卿，本爲是耳。卿今所言，副吾所望。”(《北史·魏長賢傳》)帝悦曰：“如汝所言，吾無憂矣。”(《周書·齊煬王憲傳》)上述幾例所表達的都是説話者説的内容是否令聽者滿意，類似的例子還有很多；而説話的内容直接表達振奮情緒的例子却很罕見。

應,“差强人意”也發生了意義的變化:例(1)-(3)的“差强人意”發展爲“很能使人滿意”的意思,如例(3)的“每合我心”和“差强人意”前後對舉,顯示出兩者意義上的對應關係。而例(4)-(10)中的“差强人意”則又發展出“大體上還能使人滿意”的意思。

但無論是“很能使人滿意”義還是“大體上還能使人滿意”義,均非“差强人意”的本義,而是其誤解誤用義。在現代漢語中,“差强人意”又出現了“很難使人感到滿意;不能使人感到滿意”的意義。例如:

(11)即便是蘇童的小説《妻妾成群》被改編成電影《大紅燈籠高高掛》,由於北方導演不熟悉南方地域文化的精髓,被改編得差强人意。(《南方作家聯手涉足影視》,《文匯電影時報》1996年2月10日)

但總的來説,當時“差强人意”這一意義的用例並不多見。

近些年來,這種意義的用例有了明顯增多,玆舉幾例:

(12)……許多同學也用了大部分時間和精力來記憶單詞,但是效果常常差强人意。這是因爲單詞記憶方法不對,進入了“死胡同”。(人民網2010年11月9日)

(13)對於室内阻擋物較多的房子而言,單天綫無綫路由在性能表現方面較爲差强人意,信號差、傳輸率低等現象頻發,應用方面難以滿足,爲此雙天綫路由器從而誕生,JCG JHR-N825R,其在性能表現方面相當出色。(和訊網2012年7月27日)

(14)武江橋由東向西禁行摩托車通告實施效果差强人意 車輛逆行上橋屢見不鮮(南方網2015年12月29日,文章標題)

從語境來看,上述三例中的“差强人意”顯然均爲“很難使人滿意”的意思。

“差强人意”的意義變化可以歸納如下:

①能振奮人的情緒→②很能使人滿意→③大體上能使人滿意→④很難使人感到滿意

由上可見,“差强人意”的意義經歷了從“很能振奮人的情緒”到“很能使人滿意”“大體上還能使人滿意”再到“很難使人感到滿意”的變化過程,後三種意義均爲“差强人意”的誤解誤用義。其演變軌跡大致如下:從北魏開始,人們開始使用“差强人意”的“很能使人滿意”義;從宋代開始,“差强人意”又産生出“大體上能使人滿意”義;從上世紀後期開始,又産生出“很難使人滿意”的意思。

三 “差强人意”的相近形式及分析

(一)“差强人意”的相近形式

在“差强人意”的發展過程中,還出現了一些與其比較相近的形式①:

1. 差慰人意

(15)大中初,爲右補闕,屢陳章疏,指斥時病。宣宗嘉之,曰:“牛氏子有父風,差慰人意。”(《舊唐書·牛蔚傳》)

① 這部分的用例參考了劉潔修(2009:145)。

2. 差可人意

(16)應須生鐵鑄就心肝、殺人不眨眼手段,乃可略露風規,貴慧命流於無窮,差可人意耳。(《圓悟佛果禪師語録》卷十三"示丹霞佛智裕禪師")

3. 差快(人)意

(17)邇者嚴嵩罷黜,世蕃極刑,差快人意,一時稱清時焉。(《海瑞集·治安疏》)

(18)老夫卧穩謝浮名,羅雀閑門少送迎。一事近來差快意,篋中詩得孟雲卿。(朱彝尊《騰笑集·贈别孟楷二首(其一)》)

4. 差適人意

(19)自爾每見之,師不以語人,然自以差適人意也。(樓鑰《攻媿集·延慶月堂講師塔銘》)

5. 差足快意

(20)自古騷人墨客,時出奇句,與山争勝。求其卓絶者,如詠此山:"樹影中流見,鐘聲兩岸聞。"差足快意耳。(《李東陽集·湘江送别詩序》)

6. 人心差快

(21)仰賴宗社有福,陰謀隨破,二凶夭殛,人心差快。(《玉鏡新譚》卷九)

7. 差足自慰

(22)是故山人之言,予亦似能言之,……合於山人,故能知其説之精當,則又差足自慰耳。(吴德旋《白華山人詩説序》)

8. 差絶人意

(23)如僕老矣,居無可談,得貞父來,同卧語三日,差絶人意。(湯顯祖《與王相如》,《湯顯祖詩文集》卷四十八)

9. 甚强人意

(24)胡公論事皆合公論,甚强人意。(朱熹《與李誠父書》,《朱文公文集》卷二十八)

10. 殊强人意

(25)(賀孫)辭先生,同黄敬之歸鄉赴舉。先生曰:"仙里士人在外,孰不經營僞牒?二公獨逕還鄉試,殊强人意。"(《朱子語類》卷一百一十四)

11. 差强意/意差强

(26)揚帆海浦差强意,卧看秋濤蹴遠天。(陸游《舟行戲書》,《劍南詩稿》卷三十)

(27)憔悴經年客瘴鄉,把君詩卷意差强。(陸游《謝張廷老司理録示山居詩》,《劍南詩稿》卷二)

"意"和"差强"之間還可以插入副詞。例如:

(28)眼中猶有公在,吾意亦差强。(方岳《水調歌頭·壽吴尚書》,《全宋詞》卷三百八十)

由上可見,"差强意"和"意差强"用於詩詞中,往往是由於字數的限制、押韻或者節奏的需要。

12. 粗强人意

(29)吴桂未保何如?陳昱粗强人意。(魏了翁《與黄制置書》,《鶴山文集》卷三十七)

13. 不强人意

(30)問:"趙好處如何?"曰:"意思好,又孜孜汲引善類,但其行事亦有不强人意處。"(《朱子語類》卷一百三十一)

"不强人意"還可以受到程度副詞"殊"的修飾:

(31)宋人如秦少游、辛稼軒,詞極工矣,而詩殊不强人意。(楊慎《詞品・自序》,《詞話叢編》)

(二)"差强人意"的相近形式分析

不難看出,上文所列詞條不僅僅同"差强人意"在形式上類似,意義也很接近,因此也出現了誤解誤用,這些詞語有助於加深我們對"差强人意"的認識。

上述詞條主要具有如下幾個特點:

第一,"慰人意""可人意""快人意"和"適人意"等形式同"强人意"形成了對應關係,爲"滿足人的心意;符合人的心意"義,也就是"能够使人滿意"的意思。

第二,上述形式中的"差""甚"和"殊"構成了另一組對應關係,在上述形式中居於主體地位。而且可以看出,這些形式中"差""甚"和"殊"均爲"很"的意思。這同"差强人意"的"差"最初用作"很,甚"義是一致的。

第三,南宋魏了翁的《與黄制置書》中出現了"粗强人意"的用法,而"差强人意"在南宋時期也開始有了"大體上使人滿意"的意思,兩者存在着意義上的對應關係。

四 導致"差强人意"意義誤解誤用的原因分析

"差强人意"由"很能振奮人的情緒"發展成爲"很難使人感到滿意",語義發生了很大的變化。這種變化並非正常引申而來,也非由隱喻或者轉喻所致,而是由語言的使用者對"差强人意"意義的錯誤理解所造成的,因此屬於意義的誤用。

我們認爲,導致"差强人意"意義的誤解誤用主要有如下幾個原因。

(一)語境和語義的影響

從《後漢書》"差强人意"的用例來看,其出現的語境有如下兩個特點:一、戰鬥的形勢不容樂觀("諸將見戰陳不利,或多惶懼,失其常度");二、有鼓舞士氣的具體行爲("漢意氣自若,方整厲器械,激揚士吏")。因此,"差强人意"爲"很能够振奮人的情緒"義。而後來的很多用例很少同時具備這兩個特點,尤其是第二個特點。"差强人意"之所以會由"很能振奮人的情緒"變成"很能使人滿意",恐怕同"行動—振奮情緒""言語—心理滿足"的語境有着密切的對應關係。另外,"振奮人的情緒"和"使人滿意"在意義上存在着一定的聯繫,都是强調精神方面的因素。根據它們之間的關聯點,就會由"振奮人的情緒"這一認知域投射到"使人滿意"認知域。以《後漢書》的"差强人意"爲例,從漢光武帝的角度來說,"差强人意"既可以理解爲"很能振奮情緒",又可以理解爲"很能使我感到滿意"。從早期的用例來看,"差强人意"多爲地位極尊者對自己得力將領的高度評價,大概是由於地位極尊者的强勢地位,導致人們將“差强人意”的重心由“振奮人的情緒”轉向“很能使人滿意”。

正是由於語境的變化，導致了“差强人意”的語義發生了第一次轉移，由“很能振奮人的情緒”義變成了“很能使人滿意”義。

根據上文可知，“差强人意”的“差”最初爲“很，甚”義。但是，“差”也有“略，稍微”義。從程度來看，“很，甚”和“尚，稍微”的差别並不算大，必須結合具體語境往往才能區分。不同的人在生活經歷和心理認知等方面都會存在一定的差異，因此對於同一事物、同一概念在理解上或多或少存在不同。“每個人都有自己特定的評價系統和參考標准，你説輕，他可以説重，你説難，他可能説易，這些情况造成了語言中的許多義位元具有模糊性。”（雲興華 2008：90）例如“頗”同樣既可以表示程度深，也可以表示程度較淺。如《漢書・王商傳》：“商爲外戚重臣輔政，推佑太子，頗有力焉。”這裏的“頗”指程度深。《論衡・别通》：“涉淺水者見蝦，其頗深者察魚鱉，其尤甚者觀蛟龍。”此例的“頗”則指程度較淺。

就用例來看，“差”的“尚，稍微”義比“很，甚”的使用占有優勢。大概正是這種原因，“差强人意”的“差”由“很，甚”義變成了“尚，稍微”義。於是“差强人意”的語義産生了第二次轉移，由“很能使人滿意”義變成了“大體還能使人滿意”義。

（二）心理的影響

我們認爲，“陌生化”是導致詞義誤解誤用的根本原因（汪維輝，顧軍 2012）。在現代漢語中，“差”的常用義項是“不好，不够標准”，而“尚，稍微”義極少使用，因此人們對後者已經陌生化，容易以更爲熟悉的義項來理解。由於“不好，不够標准”義是“差”的核心義位，爲人們所熟悉，因此會對“差强人意”意義的錯誤理解産生强化作用。

但是，“差”作“不好，不够標准”義時是形容詞，無法同“强人意”直接構成組合關係，又如何解釋“差强人意”的“不能使人滿意”義呢？

我們認爲，詞語同句子一樣，也是存在焦點的。在對詞語使用的過程中，人們常常將詞語的意義作爲一個整體進行感知。比較熟悉、容易感知的語素，往往被置於焦點位置，而相對陌生、較難感知的對象，則置於非焦點位置甚至將其隱蔽化，這樣會造成結構的模糊化（根據大衆的語感，不容易分析其構詞理據）。因結構的模糊化而導致誤解誤用的現象在現代漢語中還有不少，例如“涉及到”（“及”和“到”同義）、“公諸於”（“諸”是一個兼詞，相當於“之於”，故後面無須再用“於”）、“來自於”（“自”和“於”同義）、“是否是”（“是否”已經表示肯定和否定的判斷，後面又用“是”，意義重複了）、“出乎意料之外”（“出乎”即有“在外”的意思）等。出現上述現象，同人們在詞義的理解過程中，對結構的模糊化、較爲熟悉的語素意義凸顯化以及陌生語素的意義隱蔽化是分不開的。

同樣地，在“差强人意”的意義理解中，由於對其内部結構的模糊化①，加上“差”之“不好”這一核心意義的凸顯化和對“强”意義的隱蔽化，從而導致“差强人意”的語義産生了第三次轉移，這樣才使“大體還能使人滿意”義變成了“不能使人滿意”義。

---

① TCL、創維、海信等廣州市場相關人士也向信息時報記者證實了銷售確實强差人意，均表示雖然做了最大限度的促銷讓利，但消費者根本不買賬，甚至没多少消費者逛賣場……（劉莉. 彩電銷售强差人意[EB/OL].（2013-10-18）[2018-10-18].）

五 結語

根據以上分析可知,"差强人意"的本義是"很能振奮人的情緒",由於語境的變化,先後出現了"很能使人滿意""大體上能使人滿意"和"很難使人感到滿意"等誤解誤用義。之所以出現這些變化,與語境、語義和心理因素的影響都有一定的關係。在漢語發展過程中,類似於"差强人意"的誤解誤用現象還有很多。要想對這類現象進行全面、準確、深入的闡釋,不但需要具備訓詁、語義、語法、語用以及社會語言學等方面的知識,還要注意同文化學、心理學等學科的研究相結合。我們對"差强人意"的個案研究旨在拋磚引玉,希望能够引起大家的重視,從而推動語言研究的進一步發展。

參考文獻

[1]費爾迪南·德·索緒爾著,高名凱譯. 普通語言學教程[M]. 北京:商務印書館,1980:244.
[2]顧軍. 漢語詞義的誤解誤用研究[D]. 南京:南京大學,2012:2.
[3]何九盈,王宁,董琨等編. 辭源:第三版[M]. 北京:商務印書館,2015:1293.
[4]賀國偉,紀曉静等. 容易用錯的詞語[M]. 上海:文匯出版社,2002:21-22.
[5]胡慧. "差强人意"——滿意,還是不滿意? [J]. 四川教育學院學報,2005(11):57-58.
[6]黎新第. "差强人意"與"不盡人意"[J]. 語文建設,1997(2):44.
[7]劉潔修. 漢語成語源流大辭典[M]. 北京:開明出版社,2009:145.
[8]倪林生. "差强人意"並不"差"[J]. 咬文嚼字,1996(9):42.
[9]孫莉. "差强人意"="不盡人意"嗎? [J]. 秘書工作,2006(7):44-45.
[10]王承略. "差强人意"解[J]. 文獻,2009(4):185-186.
[11]汪維輝,顧軍. 論詞的"誤解誤用義"[J]. 語言研究,2012(3):1-8.
[12]文子斤. 給名家挑錯[M]. 北京:新華出版社,2002:159-160.
[13]肖旭. 也釋"差强人意"[J]. 咬文嚼字,1998(8):32-33.
[14]雲興華. 漢語語義研究[M]. 北京:北京教育出版社,2008:90.
[15]趙丕傑. "差强人意"是不能令人滿意嗎? [J]. 新聞與寫作,2009(4):100.
[16]朱楚宏. 成語的理解也須從俗從衆——"差强人意"的意義淺析[J]. 語文建設,2000(4):22-23.

On the Meaning Misuses of *Cha Qiang Ren Yi* (差强人意) from the Lexical History and its Reason

Gu Jun

Abstract: Abstract: Taking *Cha Qiang Ren Yi* (差强人意) as an example, This paper studies the miscomprehension and misuses of meaning from the perspective of Chinese history and the study centers around the following aspects: the meaning, the similar form, misused factors and standard significance. The origin meaning of *Cha Qiang Ren Yi* (差强人意) is be able to inspire people's emotions. Then came some meaning caused by miscomprehension and misuse, such as can make people feel satisfied, generally can make people feel satisfied, difficult to make people feel satisfied. These changes are related to the influence of context, semantics and psychology.

Key words: *Cha Qiang Ren Yi*(差强人意), the misuses of meaning, idioms, explanation

通信地址:安徽省蕪湖市九華南路 189 號安徽師範大學文學院
郵　　編:241002
E-mail:1067868094@qq. com

黑水城出土宋代漢文社會文獻詞語例釋*

邵天松

内容提要 黑水城出土宋代漢文社會文獻是研究近代漢語詞彙的重要語料。文章選取了“白狀”“干照”“借掇/掇借”“倍罰”“齊足”等五個詞語進行考釋,以便學界更好地利用這一文獻並有助於大型語文辭書相關詞條的增訂。

關鍵詞 黑水城 漢文社會文獻 詞語 考釋

黑水城文獻是我國學術史上繼敦煌、吐魯番文獻之後又一次重大的出土文獻發現。所謂黑水城出土文獻,是對出土於我國西夏王朝黑水城遺址(位於今内蒙古額濟納旗)的大批歷史文獻的總稱。由於西夏的滅亡及其主體民族——党項族的消失,黑水城文獻曾經一度被歷史所湮没,二十世紀初重見天日的黑水城出土文獻也因此顯得十分稀缺珍貴。黑水城出土文獻以西夏文和漢文文獻爲主,内容包括社會文獻和宗教文獻。其中宋代漢文社會文獻部分包括了借貸租賃契約文書、榷場文書、賦税勞役文書及軍政公文等,這些文獻大都是寫本文獻,而且許多都具有明確的撰寫年代,屬於漢語史研究中的“同時資料”,具有重要的語料價值。同時,這些文獻大部分來自民間,充滿了世俗的意味。其中的契約、公文等,多爲實用性的文體,不會像文學作品那樣有華麗的辭藻修飾,更不會有詰屈聱牙的深奥古語。因此,從語言學角度來看,這樣的文獻一般文白如話,語言通俗,能够真實地反映當時語言中詞彙的使用情況。今選取黑水城出土宋代漢文社會文獻詞語數例,或爲大型語文辭書所未收,或爲釋義有未盡之處者,略作考釋,敬請方家指正①。

【白狀】

(1)▭借斛斗白狀封記,一齊[付]與差去人齎監前來。($И_{HB}$. No. 211 213-19)②

(2)合要知城李成用白狀於常平司米內借支⊏($И_{HB}$. No. 211 213-46)

(3)知城李成用輕齎博糴□人户轉般斛斗,及白狀借出常平斛斗,並要族司

---

* 本文爲國家社會科學基金青年項目《黑水城出土元代漢文社會文獻詞彙研究》(17CYY031)的階段性成果。

① 我們所參考的涉及宋代漢語詞彙的語文辭書主要有《漢語大詞典》(1986-1993)、《宋元語言詞典》(1985)、《宋元明清百部小説語詞大辭典》(1992)、《宋語言詞典》(1997)、《唐宋筆記語辭彙釋》(修訂本)(2001)、《宋金元明清曲辭通釋》(2002)、《〈全宋詞〉語言詞典》(2007)、《近代漢語大詞典》(2008)、《禪宗語言大詞典》(2010)、《近代漢語詞典》(2015)。

② 本文所引黑水城出土漢文社會文獻例句均出自《俄藏黑水城文獻(漢文部分)》,例句後括號中數字爲其編號。原卷缺字用“□”號表示,缺幾個字用幾個“□”號;不能確定者,上缺用“▭”形符號表示,中缺用“▭”形符號表示,下缺用“⊏”形符號表示。

房軫、將司勾成證對。(Инв. No. 211 213-50)

按:“白狀”一詞,《漢語大詞典》及其他相關辭書均未收。然而中古文獻中已見該詞,如《三國志・魏志・武帝紀》“王崩於洛陽,年六十六”裴松之注引《曹瞞傳》:“王使工蘇越徙美梨,掘之,根傷盡出血。越白狀,王躬自視而惡之,以爲不祥,還,遂寢疾。”後世亦沿用,如《舊唐書・裴寂傳》:“寂又以晉陽宫人私侍高祖,高祖從寂飲,酒酣,寂白狀曰:‘二郎密纘兵馬,欲舉義旗……’”這兩例中的“白狀”爲動詞義,即指呈報有關情況。

宋代文獻中,“白狀”一詞仍見使用,但意義已經與此前有所不同,如南宋佚名《名公書判清明集》卷十一“鉛山贓吏”:“監納無名錢,白納三千石,重科半萬籌,不給朱鈔,白狀交納,尤爲百姓之苦。”又卷十二“因姦射射”:“縣司此斷,悉由簿尉,非長官而受白狀,非所司而取草欵,俱爲違法。”許浩(2013)引《宋代文化史大辭典》中的釋義,認爲上述兩例中的“白狀”均指“宋代未經長官審閲簽押的原始訴訟狀。宋規定,凡訴訟狀交官府長官審閲,如可以受理,長官便簽押交有關機構審理。未經簽押的訴訟狀,各司法機構不得受理”。

竊以爲這一論斷有待商榷。首先,《宋代文化史大辭典》中對“白狀”的解釋於文獻無徵。姑且承認“白狀”在宋代有表示“未經長官審閲簽押的原始訴訟狀”之義,但《名公書判清明集》中的“白狀”是否就是此義,尚不得而知。我們認爲卷十二“因姦射射”中“白狀”指的是向有司呈報有關情況的文書。例句中“非長官而受白狀,非所司而取草欵”,“白狀”“草欵”對文。“欵”即“款”,指犯人的供詞。司馬光《資治通鑒・唐紀・則天后天授二年》:“來俊臣鞫之,不問一款,先斷其首,仍僞立案奏之。”胡三省注:“獄辭之出於囚口者爲款。”“草欵”即記録犯人供詞的文稿,與之相對應的“白狀”在具體的語境中即表示向長官呈報的訴訟狀。這一詞義也可以看作是中古時期“白狀”詞義的引申,即由“呈報有關情況”引申指“呈報有關情況的文書”,這也符合詞義引申的一般規律①。至於卷十一“鉛山贓吏”中“白狀”的用例則與上文例(1)-(3)所出現的用例語境較爲一致。類似的文獻用例還有《建炎以來繫年要録》卷一百六十八:“庚辰,右朝請大夫高世史知蘄州還,論監司用白狀借支役卒衣糧,或家僮冒籍,或詭名虚請,爲蠹不細,乞申嚴禁止。”在上述諸例中,這些“白狀”所出現的語境均和糧食衣物的支取相關。據此,我們推測“白狀”應是當時一種鈐有官方印信但内容空白的支取物資的憑證文書,利用這種“白狀”,可以徇私舞弊、冒領物資,所以往往又涉及官司。《建炎以來繫年要録》例句中“監司用白狀借支役卒衣糧”,正是用這種已經用印的空白憑證,可以使家童冒籍或詭名虚請,因此被嚴令禁止。本條例(3)中,金湯城知城李成被人舉報的事由之一也正是“白狀借出常平斛斗”。此外,元代法律文書《通制條格・舉保》中也有一條用例:“詮注官員,所宜遴選,白狀保用,焉得其人,如準所言,誠爲允當。”其中“白狀保用”下有注釋云:“已用印之空白公文。有司得隨時賄賣或徇私情而任意填寫姓名,以爲保舉也。”顯然,這裏的“白狀”和我們前文所討論的“白狀”意義一致,至於具體的用途不一樣,只是隨文釋義罷了。元代去宋未遠,《通制條格》中的“白狀”當是承襲宋代用法。此亦可作爲我們論證“白狀”詞義的一個有力佐證。

---

① 動詞義向名詞義的引申是詞義引申中常見的一種現象,有的學者稱之爲“轉化”或“轉類”。張志毅、張慶雲(2005:240)指出:“轉類,就是轉移詞類,利奇(1987:302)叫‘轉化’。占演變綜述的 20.09%,比擴大、縮小比例之和還高。這是漢語和外語共有的數量很大的語法性的詞義演變。……古今漢語的動詞轉名詞和名詞轉動詞都是最常見的轉類現象。”

【干照】

(4)今來本城專典盡去延安府干照公事,即日止有馬彦日逐回報諸處取會緊切文字並出入官物結轉赤曆,及計置日下諸軍糧食。($И_{HB}$. No. 211 213-76)

按:“干照”一詞,近藤一成(2008)釋義云:“かかわりのあることに関して照らし合わせるの意か”(譯文:大概和相關事宜相對照的意思)。由此可知,近藤一成亦未能準確給該詞做出解釋,只能大致推測是“和相關事宜相對照”之義。《近代漢語詞典》則引《宋會要輯稿》及《朱子語類》語例釋爲“憑證、證據”。陳景良(2012)全面歸納了宋代文獻中“干照”一詞的意義,列出了如下義項:1. 干連、關聯之義;2. 日記或筆記之義;3. 檔案之義;4. 文書之義;5. 憑藉簿記之義;6. 法律憑證之義;7. 法律證據之義。然而細繹文意,文書中“干照”並無上述意義。爲了準確地理解句中“干照”一詞的意思,我們先將本句大意試譯如下:當前本城的專典都去了延安府“干照公事”,目前只有馬彦每天回復報告各處核實的重要公文以及官物支出與收入的結轉賬簿,並籌措當下各軍隊的軍糧。顯然句中的“干照公事”是一個動賓短語,“干照”是一個動詞。從這個意義上看,近藤一成的釋義庶幾近之,但若釋爲“對照公事”或“和公事相對照”,文義扞格難通。我們認爲此句中“干照”亦即“關照”之義,干、關乃一聲之轉。“干”,《廣韻》古寒切,見母寒部平聲字;“關”,《廣韻》古還切,見母删部平聲字。兩者同爲見母字,韻部相近,故得通轉。“關照”即通知、囑咐、招呼之義,宋代文獻中多見,如宋胡太初《晝簾緒論·催科》:“民户之受害者,莫甚於已納重追,皆由案吏不相關照,鄉胥不與銷豁。”故“干照公事”意謂通知相關的公事。因此,文書中“今來本城專典盡去延安府干照公事”一句也就是説本城的專典都去了延安府通知公事去了。本城指金湯城,當時金湯城隸屬保安軍。保安軍又屬於鄜延路管下,而鄜延路治所正在延安府。因此金湯城專典去上級機關駐地通知、報知相關公事自在情理之中。

至於“干照”之“憑證、證據”義,亦可寫作“關照”,如宋赵昇《朝野類要·故事》:“俗謂經由閤門有司,出給關照之物,爲明宣賜。”從這個意義上講,表示通知、囑咐、招呼之義的“關照”和表示憑證、證據之義的“關照”實是同形異義的兩個詞。

【借摋/摋借】

(5)時並無見在米麥,彦與專典高仲等於户人處先資借摋,應副納訖。($И_{HB}$. No. 211 213-24)

(6)今年正月二十一日,苗知城將將領潘大夫已俸白米壹拾陸碩交旁,分付與專典高仲,於鋪户處借摋白米。($И_{HB}$. No. 211 213-48)

按:《漢語大詞典》中“借摋”釋義爲“以借爲名取人錢物”。然而就上述兩例來看,“借摋”僅有借取之義。如例(5)中“於户人處先資借摋,應副納訖”意謂從百姓那裏先行借取(米麥)支付交納。例(6)大意是説苗知城將潘大夫的白米交旁交給高仲,從鋪户那裏借取白米。在閱讀文書的時候,我們注意到在例(6)出自一份公文文狀中,該文狀中有領引詞“準”引用轉述了其他部門公文的内容,之後本部門也對同樣的内容進行了陳述。這就相當於在同一份文書中出現了異文,這就爲我們確定詞義提供了很好的材料。在這份文狀中與例(6)類似的表述爲:“苗知城將 潘大夫已俸白米□拾陸碩交旁,分付與專典高仲等,於鋪户處摋借白米。”這樣我們就清楚地看到，在表達同樣意思的句子中一個用了“借掇”，一個用了“掇借”。可知“借掇”和“掇借”實爲一對意義相同的同素逆序詞。而一般來説，意義相同的同素逆序詞的構成語素往往是同義的，故“借”與“掇”當爲同義，均表示“借取”之義。周志鋒(2006)亦認爲“掇”當訓借、暫借，“借掇”係同義連文，同時舉出多條例證明明代小説中“掇”多有“借、暫借”之義，並指出這一意義仍保留在吴方言中。據調查，這一意義在其他方言中亦有所保留①。

“借掇”一詞，後世文獻中亦見，如明《禪真逸史》第六回：“這老婆子却也没些轉智。既無柴米，何不著人到我這裏借掇，却在家裏尋鬧。”與“借掇”相比，“掇借”一詞文獻中較爲罕見，我們僅在與明代同時期的朝鮮李朝鄭麟趾所撰《高麗史》中撿得一例：“若歸我兩城人物，則不須掇借米貨。”

如前所述，《漢語大詞典》釋“借掇”爲“以借爲名取人錢物”，乃據明《初刻拍案驚奇》卷十一：“那周四不時的來假做探望，王生殷殷勤勤待他，不敢衝撞；些小借掇，勉强應承。”我們認爲這裏的“些小借掇”不必强解爲“以借爲名取人錢物”，就釋爲“借取”，文意亦可通。據此《漢語大詞典》可將“借掇”一詞釋義修改爲“借，借取”，以本例爲首引書證。這樣“借掇”一詞的出現年代亦可提前至宋代。此外，《漢語大詞典》未收“掇借”一詞，似可補之。

【倍罰】

(7)其糜[子限至來]八月初一日交還。如[限日]不見交還之時，每一斗倍罰一斗。(TK. 49P)

(8)如限日不迴還之時，其五行動用、小麥本每一石倍罰一石，五行動每一件倍罰一件與元受用。(Дx. 18993)

按：“倍”，本義爲背、反，後引申指“增加與原數相等的數”。《説文・人部》：“倍，反也。”段玉裁注：“以反者覆也，覆之則有二面，故二之曰倍。”“倍罰”意即一賠二的懲罰。契約中一般用作對未能及時按約定時間償還所欠之物的懲罰。上述例(7)中“每一斗倍罰一斗”、例(8)中“每一石倍罰一石”“每一件倍罰一件”均表示這種一賠二的懲罰。“倍罰”一詞，中古的契約文書中已見其例，如《北涼建平四年(440)高昌縣支生貴賣田券》：“五□與道人佛敬，交賈(價)毯十張。田即付，毯即畢。各供先相和可，後成券。各不得反悔，部(倍)罰毯廿張。二主各自署名。”本句中前文説到交易的價格是“毯十張”，如果反悔違約，則“倍罰”，即“毯廿張”。文書中“部”乃“倍”的音借字，故“部罰”即“倍罰”。又《北涼建平五年(441)高昌縣張鄯善奴夏葡萄園券》：“建平五年正月十一日，道人佛敬以毯貳拾張□張鄯善奴蒲陶一年。賈(價)即畢，蒲陶並繩索即躡畔相付。二主先相和可，不相逼强，乃爲券書。券成之後，各不得恢悔。悔者倍罰毯肆拾張，入不悔者。”本句中前文説道以交易價格爲“毯貳拾張”，如果反悔則“倍罰毯肆拾張”。“倍罰”皆謂以一罰二。唐代契約文書中，“倍罰”一詞亦常見。如P. 2964V《巳年(837?)令狐善奴便刈價麥契》：“如若依時吉報不來，或欠收苅不了，其所將斛㪷，請陪(倍)罰叁碩貳㪷，當日便須佃(填)納。”本例中“陪”爲“倍”之音借，“陪罰”即“倍罰”。又如吐魯番出土60TAM316:8/1(a)高昌《某人買田契》：“▭二主先和□□□成之後，各不[得]▭倍罰▭□□重更者▭主厚絹□□悔者。”此件文書殘缺較多，但前後文可以推知，

① 承蒙師兄趙家棟博士告知，在其家鄉(安徽無爲)方言中，“掇”和“借”意義相當，但“掇”一般指借物，而“借”則更多地指借錢。

句中"□成之後，各不得□倍罰"意即：契成之後，各不得反悔，悔者倍罰。唐代義净譯經中亦見該詞，如《根本説一切有部苾芻尼毘奈耶》："長者報曰：'汝今更欲倍罰我耶?'牛曰：'勿毁呰我，定當盡力。'"(23-969c)宋代不僅契約中有"倍罰"，一般的公文中也能見到該詞的用例，如《續資治通鑒長編・哲宗紹聖四年》："兼自元祐二年沿此後來内外茶税錢，本部置簿，每年春季違限，倍罰税錢。"所謂"倍罰税錢"即指將原應繳納税錢增加一倍，以作懲罰。又如范成大《通濟堰碑・堰工》："田户不如期發工納錢，仰堰首舉申勾追，倍罰一年工數。"《宋會要輯稿・食貨》六四之六八："十一月十四日南郊赦文，州縣人户合納免行錢，因拖欠倍罰，竊慮積併數多，艱於輸納，仰州縣將今日以前倍罰錢數，日下蠲放，如敢依前追理，令提刑司覺察按劾。"《漢語大詞典》中未收"倍罰"一詞，可酌補之。

【齊足】

(9)合要人並公案文曆等，及所會事節，須管一一完備齊足，分付與差去人賫監前來，赴府出頭。(И$_{HB}$. No. 211 213-51)

按："齊足"之"足"，本字當爲"珿"，俗亦作"促""娖""齪"等。《廣雅・釋詁》："斷、珿，齊也。"王念孫疏證："《漢書・申屠嘉傳》：'踧踧廉謹。'顔師古注云：'踧踧，持整之貌。'《後漢書・中山簡王傳》：'官騎百人稱娖前行。'李賢注云：'稱娖，猶齊整也。'義並與珿同。今俗語猶謂整齊爲整珿，聲如捉。" 蔣禮鴻《義府續貂》對此有過考釋，指出："宋時有整娖一詞，或做整擉、整促、整齪。"蕭旭(2014)於此亦發之甚詳，可參看。可見，"整娖"義同"齊足"。齊、整、珿均爲齊整之義，故"齊足"同義連用，其義並同。宋代文獻中多見，蘇轍《論吏額不便二事劄子》："自此數月之間，文字齊足，方得裁損成書，却被吏額房違廢上件聖旨指揮，將所減人數便行裁撥。"歐陽修《論史館日曆狀》："並令修撰官逐時旋據所得録爲草卷，標題月分，於史院躬親入櫃封鎖，候諸司供報齊足，修爲日曆。"程大昌《萬年歡》詞："富壽康寧，要三般齊足，方是有福。"《續資治通鑒長編・神宗元豐六年》："秦州支用錢物有侵過本錢，收付尚未齊足。乞下秦州本司，令差官一員攢造支錢文帳。"《漢語大詞典》中"齊足"釋義僅有："猶並駕。謂前進的速度相同。"未收齊整之義，可補之。

徵引書目

西晉・陳壽《三國志》，中華書局，1959。

後晉・劉昫等《舊唐書》，中華書局，1975。

南宋・佚名《名公書判清明集》，中華書局，1987。

北宋・司馬光《資治通鑒》，中華書局，2012。

南宋・李心傳《建炎以來繫年要録》，中華書局，2013。

方齡貴《通制條格校注》，中華書局，2001。

南宋・胡太初《晝簾緒論》，收録於南宋・左圭輯《左氏百川學海》(武進陶氏涉園影宋咸淳本)，中國書店，2010。

南宋・赵昇《朝野類要》，中華書局，2007。

明・清溪道人《禪真逸史》，收録於《古本小説集成》第二輯136-138册(據浙江圖書館藏本衙爽閣本影印)，上海古籍出版社，1994。

朝鮮李朝・鄭麟趾等《高麗史》，韓國首爾大學圖書館藏明萬曆四十一年太白山史庫本(鈔本)。

南宋・李燾《續資治通鑒長編》,中華書局,1995。

清・徐松《宋會要輯稿》,中華書局,1957。

北宋・蘇轍《欒城集》,上海古籍出版社,2009。

北宋・歐陽修《歐陽修全集》,中華書局,2001。

南宋・范成大《通濟堰規》,收録於清・李遇孫撰、鄒柏森校補《栝蒼金石志》(清同治十三年浙江處州府署重刻本),中國東方文化研究會歷史文化分會編《歷代碑志叢書》第二十册,江蘇古籍出版社,1998。

唐長孺《吐魯番出土文書》,文物出版社,1981。

參考文獻

[1]白維國,江藍生,汪維輝. 近代漢語詞典[M]. 上海:上海教育出版社,2015:566.

[2]陳景良. 釋"干照"——從"唐宋變革"視野下宋代的田宅訴訟説起[J]. 河南財經政法大學學報,2012(6).

[3]段玉裁. 説文解字注[M]. 上海:上海古籍出版社,1988:378.

[4]漢語大詞典編輯委員會、漢語大詞典編纂處. 漢語大詞典(第一卷)[M]. 上海:漢語大詞典出版社,1986:1451.

[5]蔣禮鴻. 義府續貂[M]. 北京:中華書局,1981:130.

[6]近藤一成. 黑水城出土宋代軍政文書の研究[M]. 東京:早稻田大學文學學術院,2008:87.

[7]王念孫. 廣雅疏證[M]. 南京:江蘇古籍出版社,1984:426.

[8]蕭旭. 敦煌變文校補(二)[M]//蕭旭. 群書校補(續). 臺北:花木蘭文化出版社,2014:1399-1402.

[9]許浩.《名公書判清明集》詞彙研究[M]. 北京:人民出版社,2013:174.

[10]張志毅、張慶雲. 詞彙語義學(修訂本)[M]. 北京:商務印書館,2005:240.

[11]周志鋒. 明清小説俗字俗語研究[M]. 北京:中國社會科學出版社,2006:211-212.

Annotations on Difficult Words in Chinese Documents of the Song Dynasty from Heishui City

Shao Tiansong

Abstract: Chinese Documents of the Song Dynasty from Heishui City are very important corpus in the study of Chinese language history. The paper makes explanation on five difficult words : Baizhuang(白狀)、Ganzhao(干照)、Jieduo/ Duojie(借掇/掇借)、Beifa(倍罰)、Qizu(齊足),in the hope of helping the reading of these documents and the revision of the large-scale Chinese dictionaries.

Key words: Heishui city,Chinese social documents,words,annotations

通信地址:江蘇省南京市鼓樓區北京西路 77 號江蘇第二師範學院文學院

郵　　編:210013

E-mail:sht_song@126. com

馬譯《世説新語》考辨(三)*

龔　波

内容提要　本文爲續《馬譯〈世説新語〉考辨》及《馬譯〈世説新語〉考辨(二)》而作,共討論了九個語詞。

關鍵詞　世説新語　馬瑞志　語詞　翻譯

杜舉者之口

《棲逸》三:"山公將去選曹,欲舉嵇康,康與書告絶。"劉孝標注引《康别傳》曰:"山巨源爲吏部郎,遷散騎常侍,舉康,康辭之,並與山絶。豈不識山之不以一官遇己情邪? 亦欲標不屈之節,以杜舉者之口耳! 乃答濤書,自説不堪流俗而非薄湯、武。大將軍聞而惡之。"此章原文及劉注交代了嵇康名作《與山巨源絶交書》(後收入《昭明文選》)的由來。劉孝標注引《康别傳》的評論很精當。意思是説:難道説嵇康不識好歹,不知道山濤並不是要拿一官半職來禮遇自己嗎?(意謂山濤絶非小看嵇康,没有輕慢嵇康的意思)嵇康作此文,只不過是爲了標明自己不屈的風格,用來堵塞那些舉薦者的口罷了。(意謂讓那些舉薦者知難而退,不再舉薦自己)"標不屈之節,以杜舉者之口"道出了嵇康作《與山巨源絶交書》的真實目的。

馬氏將"亦欲標不屈之節,以杜舉者之口耳"譯作:"Indeed he recognized that Shan also wished to demonstrate his own unswerving integrity by stopping the mouth of the one who was being recommended."該譯文可回譯爲:他(嵇康)其實知道山濤只是想通過堵塞那些被舉薦的人(指嵇康)的口來展示自己的不屈之節罷了。根據馬氏的這個譯文,則山濤之舉薦嵇康,並不是賞識嵇康,而只是爲了給嵇康一個官職,以使其不再發牢騷,並借此來標榜自己。

此譯有可商之處。其一,"欲標不屈之節,以杜舉者之口"的主語應當是嵇康而不是山濤。此句原文省略了主語,因此導致了理解的分歧。但從上下文來看,該句上文"豈不識山之不以一官遇己情邪"的主語(已省略)是嵇康,其下文"乃答濤書,自説不堪流俗,而非薄湯武"的主語也是嵇康,按照漢語的習慣,通常情況下,居中句子所省掉的主語也應當是嵇康。其二,在"欲標不屈之節,以杜舉者之口"中,"以"字標明"杜舉者之口"是想要達到的目的,"標不屈之節"是達到目的的方式。這是古代漢語中很常見的一種格式:將想要達到的目的

* 文章初稿根據匿名審稿人的意見做了很多修改,謹致謝忱。

放在"以"字之後,將用以達到目的的方式放在"以"字之前①。若按照馬氏的理解,則"標不屈之節"成了目的,而"杜舉者之口"成了方式。照這種理解,原文不應當説成"欲標不屈之節,以杜舉者之口",而應當説成"欲以杜舉者之口標不屈之節"。其三,"舉者"是指舉薦者而非被舉薦者,應當以主動式來翻譯,而不應當以被動式來翻譯。在漢語中,"所"和"者"都有附著在動詞或動詞性結構之上,以實現將陳述轉化爲指稱的作用。當它們都用於轉指(指代與動作有關的人或物)的時候,"者"字結構一般用於轉指動作的發出者(主語),"所"字結構一般用於轉指動作的接受者(賓語)。例如,在"張三殺了李四"這個結構中,可以用"殺李四者"來指代張三,"者"字結構實現轉指主語(張三)的功能;也可以用"張三所殺"來指代李四,"所"字結構實現轉指賓語(李四)的功能。(朱德熙,1983)在"杜舉者之口"中,"舉者"這個"者"字結構應當指的是動作行爲的主動者,即舉薦别人的人,而不應當是指被舉薦者(被舉薦者應當説成"所舉")。因此,馬氏以"the one who was being recommended"譯"舉者"是不正確的,正確的譯法應當是"the one who want to recommend him"。

綜上,"標不屈之節,以杜舉者之口"似可改譯作:"Indeed he just wish to demonstrate his own unswerving integrity and through this way to stop the mouth of the one who want to recommend him."

棰頭欲得高

《汰侈》六劉孝標注:"甯戚《經》曰:'棰頭欲得高,百體欲得緊,大膁疏肋難齢,龍頭突目好跳。又角欲得細,身欲促,形欲得如卷。'"馬譯"棰頭欲得高,百體欲得緊"作:"For convenience in whipping the head, it should be high, and the hundred parts of the body should be tightly knit."將"棰頭"譯作"whipping the head"且增譯"for convenience",似不確。

劉注所引甯戚《相牛經》已佚,無從覆核,但馬譯有不合情理之處。首先,鞭策牛馬無鞭打其頭之理。不論牛馬,欲其前行,必鞭打其臀,鞭打其頭只會適得其反。其次,《相牛經》雖已亡佚,但我們在他書中找到一些類似的談相牛之術的例子,可證此處"棰頭"之義不應是鞭打牛頭。《齊民要術》卷六《養牛、馬、驢、騾》篇中就有很多與本句類似的例證。如:

(1)馬:頭爲王,欲得方;目爲丞相,欲得光;脊爲將軍,欲得强;腹脅爲城郭,欲得張;四下爲令,欲得長。

(2)"水火"欲得分,上唇欲急而方,口中欲得紅而有光:此馬千里。

(3)額欲方而平,"八肉"欲大而明,"玄中"欲深。

(4)"龍翅"欲廣而長,"升肉"欲大而明,"輔肉"欲大而明。

(5)相馬從頭始:頭欲得高峻,如削成。頭欲重,宜少肉,如剥兔頭。"壽骨"欲得大,如綿絮苞圭石。

(6)(牛)"蘭株"欲得大,"豪筋"欲得成就,"豐嶽"欲得大。蹄欲得竪。"垂星"欲得

---

① 可比較:《詩經·鄘風·定之方中》:"升彼虚矣,以望楚矣。"《老子》第一章:"故常無欲,以觀其妙;常有欲,以觀其徼。"《左傳·僖公五年》:"晉侯假道于虞以伐虢。"《論語·季氏》:"隱居以求其志,行義以達其道。"

有“怒肉”,“力柱”欲得大而成。肋欲得密,肋骨欲得大而張。髀骨欲得出儁骨上。

(7)“泉根”不用多肉及多毛,“懸蹄”欲得横。

(8)“壁堂”欲得闊,倚欲得如絆馬聚而正也,莖欲得小,“膺庭”欲得廣,“天關”欲得成。“儁骨”欲得垂。

類似的“A 欲得 B”句式在《齊民要術》卷六《養牛、馬、驢、騾》篇中還有很多。其中的“A”都是指動物身體的某一部位,“B”都是形容詞。應當注意的是,其中表示身體部位的詞很多並不見於他書,一般的字典辭書也没有收録。上舉之“水火”“八肉”“玄中”“龍翅”“升肉”“輔肉”“壽骨”“蘭株”“豪筋”“豐嶽”“垂星”“力柱”“泉根”“懸蹄”“壁堂”“膺庭”“天關”“儁骨”等詞,《漢語大詞典》僅收録了“水火”“壽骨”“泉根”和“天關”四個①,其他的都没有收録。根據《齊民要術》原書之注②,這些詞應該都是表示馬牛等的身體部位的名詞③。

《世説》劉注所引甯戚《相牛經》中的“棰頭欲得高,百體欲得緊”應是與《齊民要術》中的“A 欲得 B”句式相同的句式。其中的“棰頭”也應當是馬牛的身體部位的名稱,此“棰”通“槌”,“棰頭”即似槌之頭④。馬氏將“棰頭”翻譯成一個動賓結構,不妥。“棰頭”可以譯作“hammer-like head”。

另外,馬氏將“大膁疏肋難齝”譯作“An ox with large hollows at the loins and wide-set ribs is difficult to feed”,似也不妥。“齝”並非“feed”(飼養、餵養)之義,而是“反芻”之義⑤。可將“難齝”改譯作“difficult to ruminate”。

綜上,“棰頭欲得高,百體欲得緊”可譯作:“The hammer-like head should be high, and the hundred parts of the body should be tightly knit.”“大膁疏肋難齝”可譯作:“An ox with large hollows at the loins and wide-set ribs is difficult to ruminate.”

治家富擬王公

《儉嗇》一劉孝標注引《晉諸公贊》:“嶠性不通,治家富擬王公,而至儉,將有犯義之名。”所謂“治家富擬王公”是説和嶠治家理財,使其家富裕如王公一般。馬氏譯此句作:“In managing his family wealth he sought to imitate princes and nobles.”揣摩譯文,馬氏是將“治家富擬王公”的内部結構理解成“治家富/擬王公”。馬氏用“family wealth”來對譯“家富”,指家庭財産,似不確。“家富”不成詞,“家”應屬上,是“治”的賓語。用“imitate”對譯“擬”也不

① 《漢語大詞典》收録了“水火”,但例證偏晚:“水火,指馬鼻孔間的部位。《太平御覽》卷八九六引漢馬援《銅馬相法》:‘水火欲明。’原注:‘水火在鼻兩孔間。’”收録了“壽骨”,舉《齊民要術》爲證。收録了“泉根”,釋義爲“泉源”,與這裏的“泉根”不是一個意思。收録了“膺庭”,舉甯戚《相牛經》爲證。收録了“天關”,但没有跟這裏的“天關”相關的義項。

② 《齊民要術》原書中有很多小字注文,這些注文基本上是作者賈思勰自注。參看繆啟愉、繆桂龍《齊民要術譯註·前言》,上海古籍出版社,2009 年。

③ 如“水火”下注曰:“‘水火’,在鼻孔間也。”“升肉”下注曰:“髀外肉也。”“輔肉”下注曰:“前脚下肉。”“壽骨”下注曰:“髮所生處也。”

④ 朱鑄禹《世説新語彙校集注》引《世説抄撮》曰:“棰通槌,謂頭如槌也。”

⑤ 楊勇(2006:790):“齝,《爾雅·釋獸》:‘牛曰齝。’注:‘食已久,復出嚼之。’即反芻也。”

確。此"擬"是"猶似、好像"之義,不是"模擬、效法"之義。"治家富擬王公"可改譯作:"He managed his family to be as rich as princes and nobles."

既明且哲,於是在矣

《儉嗇》三劉孝標注引戴逵論王戎之言曰:"王戎晦默於危亂之際,獲免憂禍,既明且哲,於是在矣。"意思是王戎能够在危亂之中保持緘默,得以免除憂懼禍亂,王戎的聰明賢達恰恰體現在這裏。馬譯此句爲:"By being inconspicuous and silent in an age of danger and chaos, Wang Jung avoided pain and disaster. Since he was both intelligent and wise, he survived."馬氏將"既明且哲,於是在矣"譯爲"Since he was both intelligent and wise, he survived."回譯過來的意思是:"因爲王戎聰明賢達,於是他活下來了。"馬氏將"於是在矣"的"於是"看成連詞,將"在"理解爲"存活""存活下來",這與原文文義不合。雖然在六朝時期"於是"確實已可用作連詞,但王戎之言乃文士之論,語言仿古,"於是"是可以理解爲動賓結構的。問題的關鍵還在於"在"在六朝雖然有"存在"的意思,但却並没有"存活""活下來"的意思,將"於是在矣"理解爲的"在矣"理解爲"活下來了"是很奇怪的①。"既明且哲,於是在矣"似可改譯作:"His intelligence and wisdom lay in here."

運有險易

《儉嗇》三劉孝標注引戴逵:"運有險易,時有昏明。"馬譯"運有險易"作:"Fortune is sometimes perilous, sometimes safe."以"perilous"譯"險",以"safe"譯"易",不甚確。"險"與"易"對舉,"險"指不平,"易"指平坦。"運有險易"是説命運有時平坦順暢,有時有險阻。宜以"even"譯"易",以"uneven"譯"險"。

負　責

《儉嗇》三劉孝標注引戴逵:"如子之言,則蘧瑗、季札之徒,皆負責矣。"所謂"負責"乃承擔責備、被責罵之義。全句意謂如果像您説的這樣的話,那麼蘧瑗、季札這樣的人都應當被責罵了。此處之"負責",意義不同於現代漢語"負責任"之"負責"。馬譯此句爲:"According to what you say, then people like Ch'ü Yüan and Chi Cha all turned their backs on their responsibilities."很顯然,馬氏是將"負責"理解成了擔負責任之義。此譯不確。似可改譯作:"According to what you say, then people like Ch'ü Yüan and Chi Cha all should be re-

---

① 六朝時期,"存活""活下來"的意思是用"活"來表達的,《世説》本書即不乏例證。如《德行》四五:"軍人潰散,逃走山澤,皆多饑死,遺獨以焦飯得活。"《術解》:"若蒙官一脈,便有活理。"《假譎》九:"喪敗之餘,乞粗存活,便足慰吾餘年。"皆用"活"不用"在"。

proached."

此君處世

《汰侈》—劉孝標注引《王丞相德音記》:"王君夫問王敦:'聞君從弟佳人,又解音律,欲一作妓,可與共來。'遂往。吹笛人有小忘,君夫聞,使黄門階下打殺之,顏色不變。丞相還,曰:'恐此君處世,當有如此事。'""恐此君處世,當有如此事"意思是:"恐怕這個人爲人處世,也會有類似的事情吧。""處世"指爲人處世,與人交往。王敦說這話的言外之意是,王君夫既然能殘忍地殺死吹笛人而臉色不變,那他爲人處世也定然十分殘忍,毫無憐憫之心。馬瑞志譯此句作:"I'm afraid as long as this gentleman remains in the world, we're bound to have this kind of incident."此譯可回譯爲:"恐怕只要這個人活在世上,我們就註定會碰到這樣的事情。"马氏將"處世"譯作"remains in the world",不確。此句可以譯作:"I'm afraid when this gentleman deals with people, it's bound to have this kind of incident."

手戟於庭

《假譎》—劉孝標注引孫盛《雜語》:"武王少好俠,放蕩不修行業。嘗私入常侍張讓宅中,讓乃手戟於庭,踰垣而出,有絶人力,故莫之能害也。""讓乃手戟於庭"費解。"手戟"是古代的一種兵器。《釋名・釋兵》:"手戟,手所持擿之戟也。"擿即投擲。可見手戟是一種可供手持投擲的戟。孫盛《雜語》已佚,所幸該段文字並非僅見於劉注。《三國志・魏志・武帝紀》裴松之注引孫盛《雜語》云:"太祖嘗私入中常侍張讓室,讓覺之,乃舞手戟於庭,踰垣而出。才武絶人,莫之能害。"這兩段文字大同小異,但裴注"讓"後多"覺之"二字,"手戟於庭"之前多"舞"字。比之劉注所引,裴注所引更爲通順。應是劉注誤奪"覺之"和"舞"三字,遂使文義不暢。"嘗私入常侍張讓宅中,讓覺之,乃舞手戟於庭,踰垣而出"是說曹操私入張讓宅中,被張讓發現,於是(曹操)在庭院中揮舞手戟,然後翻墻而出逃跑了①。

由於劉注所引《雜語》有脱誤,馬瑞志在翻譯時未能詳考,致使譯文産生了錯誤。馬譯"讓乃手戟於庭,踰垣而出"爲:"When Chang pointed him out with his hand in the courtyard, Ts'ao vaulted over the wall and left."回譯爲:"當張讓在庭院中指认他時,曹操翻墻逃跑了。"馬氏以"pointed out"對譯"戟",不確②。這個誤釋究其原因一是不明"戟"前有脱誤。二是不知"手戟"實爲古代兵器之一種,因其形似戟而小,適於手擲,故稱"手戟"。"手戟"可

① 徐震堮《校箋》:"《魏志・武帝紀》注引《雜語》作'讓覺之,乃舞手戟於庭。'當據補。舞戟於庭者,乃操非張讓也。"

② 文獻中有"戟手""戟其手"之類的説法。是指"伸出食指和中指來指點。形容憤怒或威武的形狀。一説屈肘如戟形。"(《漢語大字典》"戈"部"戟"字條)例如:《左傳・哀公二十五年》:"褚師出,公戟其手,曰:'必斷而足。'"杜預注:"抵徒手屈肘如戟形。"《文選・張衡〈西京賦〉》:"袒裼戟手。"李周翰注:"戟手,手如戟。"馬氏似將《世説》之"手戟"理解成了"戟手"。

直譯作“hand halberd”。“讓(覺之),乃(舞)手戟於庭,踰垣而出”可譯作:“When Chang found him,he threw a hand halberd in the courtyard,Ts'ao vaulted over the wall and left.”

醜言聲,拙視瞻

《輕詆》一四:“劉尹、江虨、王叔虎、孫興公同坐,江、王有相輕色。虨以手歙叔虎云:‘酷吏!’詞色甚彊。劉尹顧謂:‘此是嗔邪? 非特是醜言聲,拙視瞻。’”馬譯劉尹之語爲:“Is this real anger,and not just the sound of ugly words or the sight of boorish looks?”此譯有可商之處。

一是譯文搞錯了“醜言聲”和“拙視瞻”的内部結構。所謂“醜言聲”指言辭粗俗難聽,所謂“拙視瞻”指神情拙劣醜陋。“醜言聲”和“拙視瞻”的内部結構應當是“醜/言聲”和“拙/視瞻”。馬譯“醜言聲”爲“the sound of ugly words”,意謂醜言之聲,將“醜言聲”的内部結構理解成了“醜言/聲”;又將“拙視瞻”譯作“the sight of boorish looks”,意謂拙視之瞻,將“拙視瞻”的内部結構理解成了“拙視/瞻”。這種理解不符合漢語的句法。因爲“醜言聲”尚且可以理解爲“醜言”修飾“聲”,但“拙視瞻”却絶不可以理解爲“拙視”修飾“瞻”。“瞻”不能用作名詞受“拙視”的修飾,不能理解爲“sight”。此外,“醜言”尚且成詞,“拙視”却不成詞。“言聲”與“視瞻”都是同義複合詞,用兩個同義詞表達一個概念,無煩逐字拆開翻譯。“言聲”直以“sounds”譯之即可,“視瞻”直以“looks”譯之即可。“醜言聲”可以譯作“ugly in sounds”,“拙視瞻”可以譯作“boorish in looks”。“非特是醜言聲,拙視瞻”可以譯作“you are not only ugly in sounds and boorish in looks”。

二是譯文搞錯了疑問語氣的終止點。在“此是嗔邪/非特是醜言聲/拙視瞻”中,疑問語氣只到疑問語氣詞“邪”爲止,其後的“非特是醜言聲、拙視瞻”是對事實的陳述。整句意思是説:你這是嗔怒吧? 你這已經不僅僅是難聽言辭、醜惡的神態了。但在馬氏的譯文中,疑問語氣却一直管到了“拙視瞻”爲止。譯文意思是:你這是嗔怒嗎? 你這已經不僅僅是難聽言辭的聲音和醜陋神態的樣子了嗎? 這樣的處理不符合原文的意思。

劉尹之語似可改譯作:“Is this real anger? You are not only ugly in sounds and boorish in looks.”

參考文獻

[1]Richard B. Mather. A New Account of Tales of the World[M]. Second edition. Ann Arbor: The university of Michigan press,2002.

[2]徐震堮. 世説新語校箋[M]. 北京:中華書局,1984.

[3]楊勇. 世説新語校箋[M]. 修訂本. 北京:中華書局,2006.

[4]張萬起,劉尚慈. 世説新語譯注[M]. 北京:中華書局,1998.

[5]張永言. 世説新語辭典[M]. 成都:四川人民出版社,1992.

[6]朱德熙. 自指和轉指:漢語名詞化標記“的、者、所、之”的語法功能和語義功能[J]. 方言,1983(1):16-31.

A Textual Research on *A New Account of Tales of the World* Translated by Richard B. Mather(Ⅲ)

Gong Bo

Abstract: This dissertation is a sequel to *A Textual Research on A New Account of Tales of the World Translated by Richard B. Mather* and *A Textual Research on A New Account of Tales of the World Translated by Richard B. Mather*(Ⅱ). This sequel discussed nine words.

Key words: *A New Account of Tales of the World*, Richard B. Mather, words, translation

通信地址:廣東省廣州市番禺區大學城外環西路230號廣州大學人文學院
郵　　編:510006
E-mail:gongbo543210@126.com

日本古代漢文書儀的漢語史研究價值

姚　堯

内容提要　日本古代漢文書儀匯集了衆多有特色的漢語表現形式，包括書儀套語、委婉語、典故詞、唐宋時期新興口語詞等，可與敦煌出土的唐五代書儀相互印證，是近代漢語詞彙研究的寶貴語料。

關鍵詞　書儀　古往來　口語詞　典故詞　書儀套語

書儀是供人模仿和套用的寫信的程式和範本（周一良 1984）。① 雖然《隋書・經籍志》著録的魏晉以降的多部書儀久已亡佚，但敦煌出土的諸多唐五代書儀爲今人了解和研究這類文獻提供了豐富材料。尺牘規範在唐五代社會廣泛流行，也很快跨海東傳到積極汲取大陸文明的日本，成爲奈良平安時代日本知識層學習書札體式用語的重要教科書②。從 11 世纪後期起，日本人也開始以唐書儀爲藍本編撰自己的書儀，直至近代仍有新作，這類文獻在日本被稱爲"往來物"，其中近代以前成書的被稱爲"古往來"，保留至今的有數十部。它們皆用漢文寫成，既有對唐五代書儀的忠實模仿，也有獨闢蹊徑的原創特色，是古代書儀、禮制、中日文化關係史研究的重要對象。

從語言學角度來看，日本古代漢文書儀也有不可小覷的價值，雖然不同程度地摻雜着和化成分，仍匯集了大量有特色的漢語表現形式，與同時代的中國文獻相映成趣，是近代漢語詞彙研究的寶貴語料。

日本學者的古往來語言研究發端於 1980 年代，佐藤武義（1981、1986）概論性地描寫過日本古往來的語言現象；山田俊雄（1964）、小林芳規（1972）、峰岸明（1972）、來田隆（1973）、三保忠夫（1997）等對《明衡往來》《高山寺本古往來》《和泉往來》等書儀的詞彙面貌作過數據統計和個案研究；丸山裕美子（1996）、西一夫（2013）等分析過正倉院文書、入唐僧空海、最澄等人的書札對中國書儀尺牘表現的吸收。但與史籍、詩文、文書、日記等材料相比，書儀語言研究的規模和深度尚有不足；況且日本學者是站在日語史的角度觀察日本文獻中的漢語，與漢語史角度的研究有重要差别。

而中國方面，周一良（1984）列舉過《明衡往來》的"謹空、寒暄"等二三語、趙和平（1993）、張小豔（2007）在討論敦煌書儀時偶爾援引日本材料，王曉平（2014）比較分析過《明衡往來》

① 這是狹義的"書儀"定義，廣義的書儀兼指關於書札體式、典禮儀注的著作，是在書札體式的基礎上加注一些有關禮儀制度的規定或説明（張小豔 2007：11）。

② 奈良時代中国書儀已傳入日本。正倉院文書天平勝寶八年六月廿一日《東大寺獻物帳》著録："《杜家立成》一卷……皇太后御書。"《杜家立成》是隋代杜正藏所作的朋友書儀，由奈良朝遣唐使帶回日本，並通過光明皇后的御筆流傳至今（王三慶 2000）。9 世紀末成書的《日本國見在書目録》"儀注家"中收録書儀 11 種，包括《大唐書儀》《宋儀注》《文儀注》《新儀》《月儀》《十二月儀》《新修書儀》《九族書儀》《鮑照書儀》《書筆儀》等，足見當時這類書籍的流行程度。

與敦煌書儀中的敬語詞,除此之外,管見所及尚未有其他學者關注過這類文獻的語言學研究價值。基於這樣的現狀,本文擬以《明衡往來》等7部日本古代漢文書儀爲語料,分析它們的文體、語言特徵,並對部分口語詞、典故詞、書儀套語詞作個案分析,挖掘這類文獻的漢語詞彙史研究價值,以期它們能得到更多研究者的關注。

一 日本古代漢文書儀概況

日本現存最早也是最著名的書儀是11世紀中期藤原明衡(989～1066)編撰的《明衡往來》。① 它分三卷,每卷以正月到十二月爲序,每月收集若干通往來書簡。書簡内容涉及男性官人日常社交生活的各個方面,包括"年賀狀、招待狀、祝賀狀、弔慰狀、誘引狀、贈物狀、依賴狀、照會狀、致歉狀"等等(服部嘉香1969),成爲後世各種往來物的濫觴與範例。

此後這類書簡文例集層出不窮,逐漸突破了尺牘範文的範疇,成爲解説語言文化、名物事爲、風俗習慣的書信形式的教科書。如僧定深(? ～1119)編撰的《東山往來》,以僧人和俗人的往返通信闡釋佛教義理、法會儀式、年節習俗、民間信仰等,作爲教育讀本的意義已經超越了書札範文的意義。又如《和泉往來》雖然形式類似按月排比的朋友書儀,但内容常與節令無關,其中大半是"獻物狀",羅列大量名物詞,有名物教科書的意味。這些書儀不再僅爲貴族、官人服務,也被武士、庶民廣泛傳習,甚至成爲兒童啓蒙讀物,在日本文化史、教育史上占有重要地位。

中國古代書儀一般被分爲朋友書儀、吉凶書儀、表狀箋啓類書儀三類(趙和平1991)。日本古往來雖然積極模仿中國書儀體制,但在形式分類上與中國書儀有差異。周一良(1984)提出《明衡往來》繼承了西晉《月儀》、唐《杜家立成》和敦煌書儀的傳統,王曉平(2014)直言它與敦煌書儀中的朋友書儀最爲相近。從形式上看,它按月編排,以節候用語開場,具有朋友書儀的性質,但從内容上看,一部分贈物、起居、慶賀、弔慰的書信具有吉凶書儀的特色,而另一部分官場應酬書信則更接近表狀箋啓書儀。日本古往來中,除了《菅丞相往來》《十二月往來》是較典型的朋友書儀外,大部分是三類書儀形式的雜糅。基於日本古往來的特性,石川謙(1968:58)將它們分爲三種類型:明衡往來型、十二月往來型、釋氏往來型。其中十二月往來型近於朋友書儀,明衡往來型是三種書儀形式雜糅,而釋氏往來型則是各種專門領域的書儀,教科書作用大於書札範本作用。

出於語料多樣性和典型性的考慮,本文以早期的7種日本古往來爲研究對象,如下表所示:

---

① 也被稱爲《明衡消息》《雲州往來》《雲州消息》等。石川謙(1968:86-88)、三保忠夫(1997:12)認爲"雲州往來"是較早的名稱,但"明衡往來"一名自室町時代以來更加普及,現在日本學界使用也更爲普遍,故而本文也隨慣例稱"明衡往來"。

文獻	編撰者	成書時代	類型	本文使用版本	語料規模
明衡往來	藤原明衡	11 世紀中	明衡往來型	《日本教科書大系・往來編 第一卷古往來(一)》	213 通
東山往來	定深	11 世紀末			86 通
菅丞相往來	未詳	12 世紀初	十二月往來型		24 通
十二月往來	未詳	13 世紀初			24 通
釋氏往來	未詳	12 世紀末	釋氏往來型	《日本教科書大系・往來編 第二卷古往來(二)》	38 通
和泉往來	西室	12 世紀末			24 通
高山寺本古往來	未詳	12 世紀末	明衡往來型	《高山寺本古往來・表白集》	56 通

二　日本古代漢文書儀的文體、語言特點

書儀本質上是一種受限於格式套語的應用文,却爲體現作者的身份學養,極力追求用語的駢儷典雅,但另一方面又因爲與現實生活息息相關,日常口語亦頻繁出現。正如張小豔(2007:258)所説,書儀用語在構成上表現出豐富、複雜的特色。而日本漢文書儀又混雜了各種日語成分,其複雜性更勝一籌。也正是這種獨具特色的語言面貌,使得日本古往來成爲漢語史研究的寶貴語料。

日本古代漢文書儀的文體和語言特點可總結爲以下 4 點:

(一)駢散兼行

張小豔(2007:248)總結敦煌書儀的文體特色之一是"駢散兼行,以駢爲主",深受中國書儀影響的日本古往來自然也具有這樣的風格。儘管與中國華麗工整的駢文體書翰相比不無稚拙生硬之處,但無疑是各種漢文文章中富有文采的類型,如:

亞將之職,慮外之恩也。無才無藝,非勳非戚,只以奉公之積,爲立身之計。一思李老止足之誡,一尋松子養生之術。而未及懸車之年齡,欲專畫馬之謹信。須輸忠格,偏致夙苦。聊抽素懷,上啓如件。(《明衡往來》167①)

古樸簡潔的四言體在古往來,尤其是十二月往來型中普遍出現,如:

鳳章忽來,鴈牒既過。鬱結之意,競春冰解;歡喜之餘,争節霞開。萎葉沾露,枯骨得膏;萬物茂生,千花初萌。伏惟恩下,風流之操,逐日而新,興宴之意,隨月發歟。(《菅丞相往來》4)

這亦是中國書儀的餘緒。索靖《月儀帖》等早期書儀就是四言體,敦煌朋友書儀、吉凶書儀中也有類似文體(吴麗娱 2002:16)。四言體同樣可以文辭優美、對仗工整,與四六駢文體

① 日本古往來的標號各種研究著作中體例不一,有按書札順序依次標號者,有將往返書札合爲一對標作"X 號往狀""X 號返狀"者,有按月份順序標作"X 月往狀""X 月返狀"者。由於並非所有書信都往返成對,本文採用最簡單的依次標號方式,以《日本教科書大系・古往來》和《高山寺本古往來》中的標注順序爲準。

相映成趣。

和化程度較高的書儀，儘管漢語並不純熟，也在盡力追求駢儷典雅，如：

某出自三代槐門之家，早住四明荊溪之洞。鑽仰功少，雖暗於一乘圓頓之教；年戒勞闌，漸近於四旬强仕之齡。（《十二月往來》9）

以斗筲之器，當棟梁之仁，幸奉真言院之秘法，兼勤御齋會之聽衆。得繼天延之玄跡，雖叶地慮之素懷。顯密共拙，乾惕最多。如居高而臨深，似荷重而履薄。（《釋氏往來》2）

古往來兼具教育讀本的作用，大量使用有典故來源的詞語也有漢文教育的目的在其中。以上 4 例中，“止足、懸車、槐門、鑽仰、强仕、當仁、乾惕、臨深、履薄”等都是吸收自中國文獻的典故詞。這類文章爲古語詞、典故詞研究提供了豐富材料。

（二）套語豐富

書儀是指導公私往來書信的應用型文章，行文固然具有一套程式規範，這正是書儀最初的價值所在，也是書儀語言區別於其他文體語言的最典型特徵。一封書信一般以自稱開頭，後接寒暄問候起居語，再是祝願自敘，最後爲結語（吴麗娛 2002：239）。每部分均有與貴賤親疏、等級尊卑密切相關的格式套語。與敦煌書儀參閲可見，日本古往來既有承襲自中國的套語，也有自成一格的表達。

書札開頭的套語如：

鬱念之處，幸投芳札，數日積思，一時解散。（《明衡往來》84）

送夜繼日，朝暮望君，時節每替，歎念彌倍。然恩使忽來，忝投花札，奉披之處，悉慰結心，感悦之甚，宛如對面。（《菅丞相往來》8）

暖光之節，温和之比，適染尊毫，幸降恩問，披見一字，如得千金。（《和泉往來》10）

跪承貴命之旨，恐悦兼深，具以承了。（《高山寺本古往來》35）

寒暄問候套語如：

年花始換之後，起居萬福歟。（《明衡往來》57）

伏惟足下萬事自在，一物無闕，珍重珍重。弊身如意，只戀恩儀，寤寐之間，敢不忘却。（《菅丞相往來》7）

抑秋盡冬始，風氣如刀，寒來暑往，凍絹如鏡。如此之比，動静如何？（《高山寺本古往來》49）

結尾套語如：

言不羅縷，可在後信，春暖加攝理者。以狀。（《明衡往來》197）

委曲千萬，不能一二。以狀。（《釋氏往來》2）

以前條條，且垂賢察，可令申達給之狀，跪以上啓如件。（《釋氏往來》14）

只今參入，執申心事，暫賜高察，幸甚幸甚，不宣謹言。（《高山寺本古往來》37）

從總體上看，日本古往來的程式化程度不如敦煌書儀高。以開頭套語爲例，敦煌書儀中表達思慕懸想的套語有高度固定的格式（表達别離時間的四字＋表達思念之情的四字），如“執别已久，思渴每深”“禮謁未由，益增戀結”等。相形之下，日本書儀中儘管也有“鬱念、鬱悒、悚鬱、恐悦、馳戀、馳思、戀慕、鶴望、勞望”等成批構詞的語彙，但形式更爲多樣。另外敦煌書儀中寒暄起居套語尤爲豐富，而日本古往來中這類表達較少。如敦煌書儀中常見的“伏惟動止勝常”“不審尊體起居何如”等在日本古往來中也有出現，但格式固定化程度不高，運用亦不普遍。

另一方面，日本人對中國書儀並非亦步亦趨地模仿。如中國書儀中隨着寫信、收信人身份地位關係的不同，結尾套語會有差異，“不備”用於極尊，“不宣”施於稍尊或平輩，“不具”施於稍卑，“不多、不悉”施於卑幼（張小豔 2007：381）。而在日本書儀中這類規定並不嚴密。佐藤武義（1981）分析過《明衡往來》等三種古往來的結尾套語，“不備”可用於稍尊的場合，“不宣、不具”既可用於尊者，亦可用於卑者，區別尊卑的更多是“謹言、謹白”之前的“頓首、恐惶、誠恐”等，這是日本人在模仿之外的原創發揮。

（三）雅俗並重

書信的最主要功能是傳遞信息，只有古語、套語不足以應對各種現實交際需要。況且日本古往來不僅是書狀信札的匯集，也是社會文化教學課本，内容涵蓋社會生活的方方面面，語言面貌也打上了鮮明的時代烙印，有大量反映時代特徵的口語詞。口語詞還可分爲兩種情況，一是當時日本的口頭語言，這以和語爲主，日本學者從日語史角度作過很多研究（小林芳規 1972，佐藤武義 1986）。但對漢語史研究而言，更值得注意的是其中出現的漢語口語詞。如：

表示事物名稱的名物詞：

<u>裲襠</u>新可調歟？女工不知案内，可給本樣也。（《明衡往來》40）

仍午時許參入，堂童子不足，請僧又有辭狀，然而及<u>晚頭</u>，無事始畢。（《明衡往來》94）

早可令棹船給也，遊君之<u>纏頭</u>何物乎？扇一兩枚插腰，可參會侍。（《明衡往來》118）

“裲襠”是類似背心的衣物，“晚頭”即夜晚，“纏頭”指贈送給伎樂伶人的禮物。

表示動作行爲的事爲詞：

官爵之事，只依<u>吹噓</u>，世路之支，莫不眷顧，每憶舊恩，落淚千行。（《明衡往來》36）

只今從大内有召，仍不能<u>委曲</u>，不具謹言。（《明衡往來》69）

予雖忝仙郎之名，不習人丸之詞，第二三之餘物，可浴恩波，獨詠之篇，空招<u>胡盧</u>歟。（《明衡往來》158）

來月某日<u>首途</u>，可宿河陽館，雍州供給，其儲疏薄歟。（《明衡往來》195）

每月晦日，奉崛貴房一人，縱不嚴佛前，只以師聽許爲事耳。今日當<u>起首</u>之期，早被來坐。（《東山往來》7）

小野晴雅爲故老親從者，久服仕者也，而頃年相就因緣<u>經迴</u>外土，適還京都。（《高山寺本古往來》7）

“吹噓”指推舉、汲引，“委曲”指詳細説明，“胡盧”指嘲笑，“首途”指出發、上路，“起首”指開始，“經迴”指來往、滯留。

描摹動作容狀的情貌詞：

御作文事，學生某，<u>只今</u>有來告，感申無極。（《明衡往來》36）

三寶冥助，二世無疑，慇勤致誠，福不唐捐。至心稽顙，敬白。(《明衡往來》49)

白地罷出之間，忝枉花軒，不謁青眼，遺恨多端。(《明衡往來》92)

日暮時，不可遊門前、水邊、橋下、屠處、祭處等，是則鬼臨之時處也，若遊此者，非分得病。(《東山往來》38)

“只今”指現在、如今，“唐”指白白、徒然，“白地”指忽然，“非分”指異常。

山田俊雄(1964)、峰岸明(1972)、來田隆(1973)等考察過日本古往來中的漢字漢語用法，但多是語詞羅列，未深入分析過它們的來源、意義與演變。目前關於古往來中漢語口語詞的研究尚十分薄弱，若對這部分詞語加以考察，並與中國唐宋時代口語詞作比較，能爲近代漢語研究提供豐富語料。

(四)和漢摻雜

古往來是日本人積極學習漢語漢文和書儀模範的成果，但行文用語仍不時透露出“和臭”。作者漢文修養尚不精深是一部分原因，但更重要的原因是書信是日常交流工具，相對於追求漢語的純熟，更須追求語言的通行性。自平安後期以來，日本大部分公卿日記、公私文書使用“變體漢文”(或稱“和化漢文”)文體。這種文體的語言以漢語文言爲基礎，又多含有漢語所無的日語詞彙和語法成分。變體漢文語言是以平安、鎌倉時代日常口語爲基礎、摻有漢語訓讀語的漢日混合語言(後藤英次 2015)，是當時男性官人語的主流。古往來都可被歸入變體漢文範疇，但和化程度有差異。《明衡往來》《菅丞相往來》《和泉往來》漢文水平比較高，而《十二月往來》《釋氏往來》《高山寺本古往來》等中和化成分就觸處可見，如：

爲鬱之際，適賜恩章，捧於弊頂，敬以拜見。方今以先日約束之手本丁寧，依無其召，山階別當君御弟子等讓渡已畢，而今在此仰，甚以恐慄，定處違約歟?(《高山寺本古往來》2)

遷任分憂，其來尚矣，不敢毛舉。或弱冠值恩，或成立蒙賞，拜任一國，榮樂且千。(《和泉往來》2)

面謁久隔，心事多積，鬱念無極候者也。抑春日祭使，本領狀人，俄故障之際，可懃仕之由，蒙催候。楚忽出立，周章無術候。(《十二月往來》3)

一日依大切，偷閑雖出花京，有急用忽罷歸之間，不達高聞，自然之懈怠也。(《釋氏往來》12)

“約束”指約定，“丁寧”指囑咐，“且千”是程度補語，“自然”指並非故意，無可奈何，這些是和化漢語詞。“爲鬱”指鬱悶，“故障”指妨礙工作的疾病或事故，“大切”指迫不得已的事情，這些是和製漢語詞。“甚以”這類“副詞+以”結構、表示原因的“依”、表間接引語的“由”，助動詞“候”，都是變體漢文的語法特徵。和化成分是日本人真實口語的反映，口語程度越高的文獻和化程度越高。

以上簡述了日本古代漢文書儀在文體、語言上的四點特徵：駢散兼行、套語豐富、雅俗並重、和漢摻雜，以此可看出這類文獻語言面貌的複雜性和多樣性。基於如上宏觀性的觀察，以下擬從口語詞、典故詞、書儀套語詞三個角度對日本古代書儀中的詞語作個案探討，以進一步揭示這類文獻在漢語史研究上的價值。

三 日本古代漢文書儀中的口語詞

古代日本人在接觸中國唐詩、筆記、小説、傳奇、書儀等的過程中，潛移默化地習得了許多漢語新興口語詞，這些詞語也自然而然地體現在他們的筆端。以下選擇4詞作分析。

【報賽】

欲報賽之處，忽無其物，唯綴和語，聊可答謝。(《明衡往來》23)

這封信寫於五月五日端午節候，寫信人收到對方送來的辟邪香囊，爲表感激之情回贈和歌一首。"欲報賽之處，忽無其物"指想要報答却一時找不到合適的物品。

"賽"與"報"同義，皆指祭祀酬神。《玉篇・貝部》："賽，報也。"《玄應音義》卷十九"報賽"注："賽，謂相酬報也。"該詞本寫作"塞"，由填塞義引申出填償、充實、酬報義。因爲酬報多用資財，故而出現了從"貝"的分化字"賽"。《史記・封禪書》"冬塞禱祠"司馬貞《索隱》："塞，與'賽'同。賽，今報神福也。"

"報賽"本指爲答謝保佑而祭祀神靈，唐代以降語義擴大指一般的感謝、酬答。敦煌變文中的用例如：

論苦惱兮多般，説恩憐兮幾度。今既成人，還須報賽。(《父母恩重經講經文(一)》)

望兒孫，行孝義，保塞我一生錯使意。饒你保塞總無騫，也不如聞健先祇備。(《無常經講經文》)

這兩例"報賽"的對象不是神靈，而是父母這樣的普通人，蔣禮鴻(1997：207)解釋爲"報答、填償"，這是"報賽"的引申義。唐詩中該詞有一個著名用例：

毛詩三百篇後得，文選六十卷中無。一麋麗龜絶報賽，五鹿連柱難支梧。(白居易《白氏長慶集》卷六十三《偶以拙詩數首寄呈裴少尹侍郎……》)

白居易詩對日本古代文人有着莫大的影響力，他們可能就是從這首詩中習得了"報賽"的這個引申用法並推而廣之的。

【披露】

雖無益之事，密密所啓也，莫及披露。(《明衡往來》11)

近來夜月，欲加練習，但恥不似馬融之舊曲，更相同牧童之新聲，敢勿披露。(《高山寺本古往來》18)

以上"披露"指公開、公布、發表，"莫及披露"是請求對方不要洩露書信内容，"敢勿披露"指自己的音樂演奏尚不熟練，不敢在公開場合表演。這個意義的"披露"一直沿用至現代日語中。《日本國語大辭典》"披露"條的第一個義項就是"広く人に知らせること。世間一般に発表すること。(廣爲人知、向世人公布)"

"披"與"露"都有顯露義，根據所帶賓語的語義不同，可引申爲陳述、表白、暴露等。若賓語表示個人意見、作品或技能、才藝時，"披露"就有公布、發表之義。《漢語大詞典》中"披露"收録了"陳述、表白""宣布、發表""暴露"三個義項，但"宣布、發表"義的書證爲郁達夫和茅盾等的現代漢語作品，爲時過晚。

【窮屈】

而頃年相就因緣經廻外土，適還京都，貧遺爲宗，每見窮屈之愁，彌增哀憐之思。

(《高山寺古往來》7)

連夜参所所修正,窮屈無術。(《釋氏往來》4)

"窮、屈"皆有盡、竭義,能構成同義複合詞。如《吕氏春秋·安死》"智巧窮屈"高誘注:"窮,極;屈,盡。"施於人身,則指身心受到束縛、陷入困境。"窮屈"是日本漢文的常用詞,指身心困厄。《色葉字類抄·疊字部》:"窮屈,貧賤分。"阿部猛(2012:173):"疲れや貧乏で苦しいこと。(爲疲憊貧窮所苦)"也點明了該詞的抽象意義。

中國文獻中類似的用例如:

居斯二者,雖有窮屈之患,則君子不患矣。(柳宗元《柳河東集》卷二十三《送元秀才下第東歸序》)

故攜其孤孩與之適人,上使祖宗無曠祀之闕,下令弱嗣無窮屈之難,故曰貴終也。(《通典·禮典》)

唐代文獻中表示陷入困境的"窮屈"用例不少,日本人恐怕也是憑此汲取該詞的。《漢語大詞典》"窮屈"條"困厄"義項的文例爲清代劉大櫆和吴定的書信,爲時過晚。

【支度】

番僧浄衣,可令染何色乎?壇供等支度,早可注給也。(《明衡往來》51)

番僧浄衣色,並壇供等支度,追可注進也,但於日時者,可注給之狀如件。(《明衡往來》52)

這兩例是關於同一事件的往狀與返狀:即將舉行佛教法事,一方請求早日告知置備佛壇供品的支出,另一方表示屆時一定告知。

"支度"在與財務問題相關的文書中尤爲常見,有計算、預算、準備等義,用作名詞時有支出、費用義。很多文書以"支度賬"爲題,内容通常是修理寺廟房舍、興辦祭祀節會的支出賬目。

"支"有丈量、計算義,故而可與"度"並列構成同義複合詞,指計算、估算。《廣韻·支韻》:"支,支度也。"也可逆序作"度支"。唐代設立了"支度使"制度,《舊唐書·職官志二》:"凡天下邊軍,有支度使,以計軍資糧仗之用。"由此"支度"一詞成爲唐代律令文獻和歷史記録中的高頻詞,而積極吸收模仿唐律的古代日本人不會不熟悉這個詞,沿用日久後,它不僅出現在關乎國家財政的律令文書中,也進入日常生活,普通生活開支也能被稱爲"支度"。

《漢語大詞典》"支度"的"支出"義項下的書證爲《宋史·食貨志下一》:"乾德三年,始詔諸州支度經費外,凡金帛悉送闕下,毋或占留。"且不説《宋史》的時代略晚,該句"支度經費"仍可理解爲"計算經費",並非"支出"的確切用例。

四 日本古代漢文書儀中的典故詞

漢文書札多出自飽讀詩書、追求風雅的貴族官人之手,最能體現深厚學養和典雅氣質的莫過於典故詞語。特别值得矚目的是一些在中國文獻中並不常見的典故詞,憑藉書儀的影響力在日本漢文中發揚光大。以下選擇4組作分析。

【半漢】【陸梁】

然而素無據鞍之勇,不便騎馬之事,就中半漢逸足,不能控御歟?(《明衡往來》13)

常陸二黑，頗以陸梁，於彳路頭，可爲壯觀，以彼可令騎給耳。（《明衡往來》14）

"半漢、陸梁"是馬的代名詞。《明衡往來》夾注："半漢者，駿馬也。""陸梁者，駿馬也。"①

"陸梁"的這個意義源自《文選》。卷二張衡《西京賦》："怪獸陸梁，大雀踆踆。"李善注："陸梁，東西倡佯也。"卷七揚雄《甘泉賦》："蚩尤之倫帶干將而秉玉戚兮，飛蒙茸而走陸梁。"吕延濟注："陸梁，亂走貌。""陸梁"是形容人或動物輕快勇猛馳騁的聯綿詞，並不專用於馬。但馬是善於奔騰的動物，"陸梁"自然也可用來形容馬匹，如：

（馬）十日一放，令其陸梁舒展，令馬硬實也。（《齊民要術·養牛馬驢騾》）

只是該例"陸梁"仍是描摹性的謂詞，並不用來指代馬。

《文選》對日本文人有巨大影響力，他們熟悉《西京賦》和《甘泉賦》中的"陸梁"一詞亦在情理之中，而後來日本人又對它作了改造，專與馬聯繫起來，成爲馬的代名詞，這是中國文獻中不曾出現的現象。

"半漢"一詞同樣出自《文選》。卷三張衡《東京賦》："龍雀蟠蜿，天馬半漢。"薛綜注："天馬，銅馬也。蟠蜿、半漢，皆形容也。""半漢"也是聯綿詞，形容駿馬縱横奔馳的樣子。在中國文獻中它僅有這一個語義，但日本人同樣具有創造性地將它用作名詞，成爲馬的代稱。

【波臣】

水靈所獻之波臣，宛然于丙穴之味。（《明衡往來》117）

"波臣"是魚的代名詞。《明衡往來》的夾注也明言："波臣者，鮒也。"《色葉字類抄·疊字部》："波臣，魚名。"

這個詞來源於《莊子·外物》："周顧視車轍中，有鮒魚焉。周問之曰：'鮒魚來，子何爲者邪？'對曰：'我，東海之波臣也。君豈有斗升之水而活我哉？'"日本文獻中以"波臣"指魚的情況較多，而中國文獻中的"波臣"大多隱喻隨波逐流、不由自主的小臣，如：

不悟滄溟未運，波臣自蕩；渤澥方春，旅翮先謝。（《文選》卷四十謝朓《拜中軍記室辭隋王牋》）

揶揄慚路鬼，憔悴切波臣，元草終疲漢，烏裘幾滯秦。（駱賓王《駱丞集》卷二《春日離長安客中言懷》）

《漢語大詞典》對該詞的解釋是："指水族。古人設想江海的水族也有君臣，其被統治的臣隸稱爲'波臣'。後亦稱被水淹死者爲'波臣'。"但下列數個書證中，葉紹翁《四朝聞見録》的"御鷁至沈於波臣"指船沉没於水中，其餘李漁《蜃中樓》及清代以降的"波臣"指的都是投水而亡的人，未列出能被理解作"水族"的用例，日本文獻爲此提供了很好的旁證。

【山梁】

只今或人所持來也，山梁味，何以如之？（《明衡往來》5）

上舉書札是送物狀，寫信人將雉雞作爲禮物贈與收信人。《明衡往來》夾注："山梁者，雉也。"這是源於《論語》的典故詞。《論語·鄉黨》："山梁雌雉，時哉時哉！"出於藏詞的修辭手段，"山梁"被用來指代雉雞，如：

---

① 《明衡往來》尊經閣版和寬永版一系的版本中，正文内帶有小字夾注，主要是詞語訓釋、典故講解。作爲書儀和啓蒙讀本的《明衡往來》逐漸從上層階級流傳至民間，隨着傳習者增多，越來越需要對其中稍有難度的語句作講解，於是帶有夾注的版本流行開來。目前所見最早的有注版本是15世紀的尊經閣本。（石川謙 1968：64）

山梁之餐，豢豹之胎，小飯大歠，如湯沃雪，此亦天下之至美也。（《文選》卷三十四枚乘《七發》）

中國文獻中這種用法僅出現在詩賦等文學性較强的作品中，但在日本，“山梁”普遍出現在日記、文書、書札中，不是出於文學修辭目的，而是作爲一個普通詞語被使用，説明它滲透入了日常生活語言。

【魚網】【雞距】

非蔡倫之孫，不蓄魚網；非蒙恬之裔，無遺雞距。（《高山寺本古往來》56）

赤鯉踴江波，黄狗携魚網，適得芳書，積憂雲散。（《菅丞相往來》12）

鴈書飛來，魚網潛見，所命之旨，且以奉之。（《和泉往來》16）

右以此雞距之資，訪其鷲頭之風，物雖輕，志已重。（《明衡往來》151）

“魚網”和“雞距”分别是紙和筆的代名詞，二詞在書儀中使用頻率很高，而且經常對仗出現。《色葉字類抄・疊字部》：“魚網，紙名。”“雞距，筆名。”

日本人接受“雞距”這一典故，很有可能是緣於白居易《雞距筆賦》：“足之健兮有雞足，毛之勁兮有兔毛。……故不得兔毫，無以成起草之用；不名雞距，無以表入木之功。”該文將剛勁有力的筆鋒比喻作雞距，於是此後“雞距”被用作了筆的代名詞，如：

蒙氏藝傳黄氏子，獨聞相繼得名高。鋒鋩妙奪金雞距，纖利精分玉兔毫。（《全唐詩》卷八百四十四齊己《寄黄暉處士》）

舊來雞距説宣城，近來墨池説毘陵。不知阿誰喜柔懦，毛穎只今泥樣軟。（楊萬里《誠齋集》卷十二《試毘陵周壽墨池樣筆》）

將“魚網”用作紙義，源自蔡倫造紙的故實。《後漢書・宦者傳・蔡倫》：“倫乃造意，用樹膚、麻頭及敝布、魚網以爲紙。”中國文獻中的用例如：

若乃綜述性靈，敷寫器象，鏤心鳥跡之中，織辭魚網之上，其爲彪炳縟采名矣。（《文心雕龍・情采》）

緬螢囊之已久，撫魚網而多慙。敢避時者之譏，固受不知之罪云爾。（《唐文粹》卷五盧肇《海潮賦後序》）

但從上述用例可見，在日本書儀中“魚網”不僅指一般的紙，更進一步發展出“書信”義，這是中國文獻中所不具備的。

五　日本古代漢文書儀中的套語語彙

第二節中列舉了日本古代書儀中的各類套句，其中具有書儀特色的詞彙，可被稱爲“書儀套語語彙”，以下選擇 4 組作分析。

【不審】

季冬永去，孟春初來，澗冰碎鏡，殘雪花散。近來不審尊躰如何。伏惟足下任意逍遥，隨身平善歟。（《菅丞相往來》1）

今爲不審，捧專輙之狀，諸事雖繁多，只表一行。（《菅丞相往來》19）

久不申案内之間，不審尤多。（《明衡往來》149）

“不審”是沿襲自中國書儀的詞語，本義爲不知，作爲問候對方身體狀況的習用套語，在敦煌書儀中有大量用例。如：

孟春猶寒，不審翁婆尊體起居何如？（伯3442《吉凶書儀》）

不審所苦痊復否？心之憂矣，若已有之。（伯3637《新定書儀鏡》）

此後該詞又發展爲作問候義的動詞和口頭問候語，張小豔（2007：351）將它與"起居、萬福、勝常"等類比，總結其發展路徑爲"書札問候語＞口頭問候語＞問候的具體動作"。

日本古往來中，"不審"最初的用法與中國書儀一致，出現在"不知您身體好不好""不知您近況如何"類語境中，如上舉第一例。其次也引申指問候，如第二例。"不審"本來並無發展出問候義的語義基礎，但陳述"不知您近況如何"是爲了表達對對方的惦念，也是一種問候語。由於經常出現在這樣的寒暄問候語境中，"不審"吸收了語境意義，發生了詞彙化，不能再被理解爲[否定詞＋動詞]偏正結構，而是一個語素邊界完全融合了的複音詞。

而另一條發展路徑與此不同。如第三例中"不審"應該被看作名詞。在這裏它發生了另一種語境吸收：在"不知您身體好不好"語境中，"不審"吸收了整句話的意義，發展出"對您近況的不了解之處"的意義。第三例指較長時間不聯繫，對對方的不了解之處非常多。書札中，提及對對方近況不了解，目的都是爲了與對方取得聯繫而獲得、增進了解，於是"不審"又發展出想與對方取得聯繫義，而這也就是"問候"的一種委婉的表達。"不審尤多"既可理解爲"對您的不了解非常多"，也可理解爲"想要問候的地方非常多"。故而阿部猛（2012：62）將該詞釋作："不明な点をはっきりさせたい気持ちをあらわす。（表明想要把不明之處弄清楚的心情）"這樣，"不審"一詞有了殊途同歸的語義引申。

【恩下】【芳下】【貴下】【尊下】【貴殿】【貴房】

萬物茂生，千花初萌，伏惟恩下，風流之操，逐日而新，興宴之意，隨月發歟。（《菅丞相往來》4）

御座平安之由承悦侍。桑弧蓬矢，有其驗乎？身體髮膚，稟於芳下給歟？潘岳、玉山不可及歟？（《明衡往來》81）

非蒙貴下之恩顧，何慰頑愚之心情。（《高山寺本古往來》39）

抑尊下雖掌虎旅之陣，實富鳳文之才，所謂席上之珍也，何陳卑下之詞乎？（《明衡往來》8）

列見已近，内内可練習儀範侍。其間事，可從貴殿之教喻也。（《明衡往來》165）

今依賤童之勸，忝驚貴房之聽，夫賢者不嫌愚言，龍王不輕少水，仍言上。（《東山往來》9）

稱謂語是書儀套語的必備要素，而其中台座稱謂又獨具特色，往往具有迂曲的語義來源。如"閣下、足下、門下、座下"等，是爲了表尊敬，不敢直斥對方姓名，而以其下屬轉指對方。日本書儀也大量因襲了這些詞語，例不煩舉。但在這些詞的影響下日本人還創造了另一些中國文獻中不見的稱謂語，如"恩下、芳下、貴下、尊下、貴殿、貴房"等。

"貴殿、貴房"與"閣下、門下"等一樣是基於轉喻機制形成的稱謂語，但同爲轉喻，其源範疇不同。前者是以處所轉喻居住於處所中的人，而後者是以處所之下的侍從、僕人轉喻居於處所中的尊貴者。

如果說"貴殿"等的構詞仍是有理可循的，那麼"恩下"等不得不說是來源於錯誤的類推。"閣下"等詞的結構爲[處所名詞＋方位名詞]，語義爲某處所之下。日本人或許没有正確地認識這類處所名詞發展爲台座敬稱的機制，誤以爲"下"本身可以指人，於是又在之前加上

“恩、芳、貴、尊”等常見的表尊敬、美稱的語素，形成“恩下”等詞。“恩下”等從構詞理據上看是站不住脚的，但這並不妨礙這些詞語廣泛傳播成爲常用書儀稱謂語。

【拾謁】

鳳闕鸞臺共致其勤之間，不見家園之月，偏侍蓬萊之雲，拾謁相隔，一鬱尤深。（《明衡往來》109）

理趣三昧，晩陰御結願，仍不致拾謁，鬱憤尤多。（《釋氏往來》10）

“拾謁”一詞在日本文書中出現頻繁，阿部猛（2012：300）：“拝顔、面会、対面、謁見する。”《日本國語大辭典》：“名刺をとりかわすこと。転じて、親しく交わること。（交換名片，引申表示親密交往）”以上兩個用例都表示因爲長時間未能拜訪對方而抑鬱。

該詞來源於《史記》記載的故實。《史記・酈生陸賈列傳》：“酈生瞋目案劍叱使者曰：‘走！復入言沛公，吾高陽酒徒也，非儒人也。’使者懼而失謁，跪拾謁，還走，復入報曰……”“謁”本義爲言告，引申爲拜見、請見，請求拜見時須持名刺通名，因此“謁”又引申出名詞性的名片義。《酈生陸賈列傳》中，酈食其的大聲呵斥令使者驚惶而掉落手中的名刺，使者下跪拾起名刺又再次去通報。

儘管中國人也熟悉這個典故，但並没有將“拾謁”當作複音詞來使用，這是《史記》典故傳入日本後發生的新的語義演變。“拾謁”在字面上僅是拾起落在地上的名刺之義，但讀者能通過它激活《史記》中酈食其請求謁見漢高祖的典故，於是就將它當作請求拜見義來使用。在此基礎上，它的語義又不再囿於“請求”，而是直接表示拜會、見面，成爲書札常用語。鎌倉時代以後，在家中與人會面也能被稱爲“拾謁”，該詞從典故詞語變爲書札習語，又進入日常生活語言，經歷了語義的不斷泛化。

【憖】

下僕雖居虎賁之職，猶拙猿臂之射，今有招引，似恩如罰，事是難遁，憖企追從而已。（《明衡往來》9）

憖欲奉仕，殊垂推察。（《高山寺本古往來》20）

聊雖夷猶，憖隨誘引，參向彼寺，歷覽其場。（《釋氏往來》39）

雖慚愚頑之質，憖企至公之誠。（《和泉往來》1）

包括書儀在内的日本漢文中“憖”一詞十分常見，字形變化很多，以從“牙攵心”爲常，還可作“慭、憗、慗、憖”等。正字當爲“憖”。《説文・心部》：“憖，問也，謹敬也。从心、猌聲。一曰説也，一曰甘也，春秋傳曰：‘昊天不憖。’又曰：‘兩君之士皆未憖。’”上古漢語中“憖”有“願意”義，《詩經・小雅・十月之交》“不憖遺一老”，陸德明《經典釋文》引《爾雅》：“憖，願也。”“願”常用來表示説話人將採取某行動的主觀意願，因此會發展爲謙辭，同義的“憖”具有這種用法也是很自然的事，故而《説文》會有“謹敬”之訓。

“憖”作謙辭的用例在中國文獻中不常見，却在日本漢文中發揚光大，以上諸例中“憖”表示誠惶誠恐地實施某行爲，用法與“謹、伏、忝”等類似。

六　結語

以上以點面結合的方式，考察了日本古代漢文書儀中的口語詞、典故詞和書儀套語語彙。中國的古代書儀研究基本都圍繞着敦煌書儀進行，很少有學者利用到東瀛的文獻。日本古往來與敦煌書儀時代相近，文體語言風格類似，在很多方面能互相證成，具有很高的研究價值。正如周一良(1984)所説："我們既從日本古代文化中發現中國影響，也考察到日本吸取中國文化以後的創造和發展。同時，我們還可以借重日本文化來解决中國文化史研究中的某些問題。"若對日本古代書儀作更深入的調查研究，一定能爲書儀語言研究和近代漢語研究帶來更多的新材料和新視角。

參考文獻

[1]蔣禮鴻. 敦煌變文字義通釋(增補定本)[M]. 上海:上海古籍出版社,1997.

[2]王三慶.《杜家立成雜書要略》及其相關問題研究[J]. 新國學,2000(2).

[3]王曉平. 敦煌書儀與日本《雲州消息》敬語的比較研究[J]. 敦煌研究,2014(2).

[4]吴麗娱. 唐禮摭遺:中古書儀研究[M]. 北京:商務印書館,2002.

[5]張相. 詩詞曲語辭匯釋[M]. 北京:中華書局,1955.

[6]張小豔. 敦煌書儀語言研究[M]. 北京:商務印書館,2007.

[7]趙和平. 敦煌寫本書儀略論[C]//中國敦煌吐魯番學會. 敦煌吐魯番學研究論文集. 上海:漢語大詞典出版社,1991.

[8]周一良. 唐代的書儀與中日文化關係[J]. 歷史研究,1984(1).

[9]阿部猛. 古文書古記録語辞典[M]. 東京:東京堂,2012.

[10]峰岸明. 高山寺本古往来における漢字の用法について[C]//高山寺典籍文書綜合調査団. 高山寺本古往来・表白集. 東京:東京大学出版会,1972.

[11]服部嘉香.『明衡往来』の撰者・書名・内容・文体について[J]. 国文学研究,1969,5.

[12]高山寺典籍文書綜合調査団. 高山寺本古往来・表白集[M]. 東京:東京大学出版会,1972.

[13]後藤英次. 平安時代の記録体の言語の基盤に日常口頭語があるとはどういうことか[J]. 中京大学文学会論叢,2015,1(1).

[14]来田隆. 和泉往来の漢字の用法について[J]. 広島大学文学部紀要,1973,32(1).

[15]三保忠夫、三保サト子. 雲州往来研究と総索引[M]. 大阪:和泉書院,1997.

[16]山田俊雄. 高山寺本古往来に見える漢語[J]. 成城文芸,1964,37.

[17]石川謙. 日本教科書大系・往来編(第一巻、第二巻)[M]. 東京:講談社,1968.

[18]丸山裕美子. 書儀の受容について——正倉院文書にみる「書儀の世界」[J]. 正倉院文書研究,1996,4.

[19]西一夫. 書儀・尺牘の受容——平安初期漢文書簡の表現を中心に[J]. 信大国語教育,2013,22.

[20]小林芳規. 国語史料としての高山寺本古往来[C]//高山寺典籍文書綜合調査団. 高山寺本古往来・表白集. 東京:東京大学出版会,1972.

[21]佐藤武義. 往来物の語彙——敬語語彙を中心に[C]//佐藤喜代治. 中世の語彙. 東京:明治書院,1981.

[22]佐藤武義. 明衡往来の国語史学的研究[C]//山田忠雄. 国語史学の為に. 東京:笠間書院,1986.

[23]日本国語大辞典第二版編集委員会・小学館国語辞典編集部. 日本国語大辞典(第二版)[M]. 東京:小学館,2002.

The Value of Japanese KO-ŌRAI in the Study of Ancient Chinese

Yao Yao

Abstract: The corpus value of Japanese KO-ŌRAI should be highly estimated. Newly-born words of Early Mandarin Chinese, exquisite words and Shuyi words in Japanese KO-ŌRAI can be compared and mutual confirmed with those used in Dunhuang Shuyi, providing abundant lingual data for the study of ancient Chinese.

Key words: Shuyi, Japanese KO-ŌRAI, colloquial word, exquisite word, Shuyi word

通信地址：日本宫城縣仙臺市東北大學大學院文學研究科
郵　　編：980－8576
E-mail：yaoyao_shcn@163. com

今文《尚書》和《史記》異文同義替換詞舉隅*

王硯文

内容提要 《史記》引用今文《尚書》諸多篇目，並對其中某些字詞進行了改换，其中有一種詞與詞之間的替换，兩詞之間是同義的關係。本文以《史記》引用今文《尚書》形成的幾組異文同義替换詞“作—爲”“祗、欽、寅—敬”“績—功、繼”爲例，檢索原詞和替换詞在部分先秦、兩漢至魏晉南北朝的歷史文獻中的用法，分析它們的更替演變過程。異文同義替换詞研究可爲探索詞彙歷時演變、確立古書版本年代提供一定的幫助。

關鍵詞 今文《尚書》 《史記》 異文 同義替换詞

一 引言

近年來，關於《史記》引古書的異文研究成果逐年增加，研究向深入對比、總結分類異文類型發展。關於異文中有同義關係的替换詞的研究，特别是以今文《尚書》和《史記》異文爲語料的同義替换研究目前比較少見。郭在貽在《訓詁學》第五章“訓詁的方法”中提到了“考異文”一類，以《漢書》和《史記》中“墮心肝”和“輸心肝”的異文爲例，指出利用異文可確定詞義。黄金貴在著作《古漢語同義詞辨釋論》中提到，古漢語典籍中的異文現象可以用來比較同義詞之異，其學生池昌海(2002)在《〈史記〉同義詞研究》中又進一步指出，“大量的古代文獻中的異文現象可以爲同義詞的確立提供條件，如《尚書》《周易》《春秋》三傳，以及《戰國策》《國語》等與《史記》在内容上有明顯的傳承關係”，李娟(2011)、錢玉蓉(2010)等對古籍中的異文同義詞的本義與引申義的關係做出了研究，簡要分析了形成因素。筆者從今文《尚書》和《史記》異文同義詞替换詞中選取了三組做具體演變分析。研究同義替换現象可以揭示西周至西漢時期的辭彙使用差異，爲漢語史研究提供翔實的語言材料，成爲研究辭彙歷時替换現象的有力佐證。

二 異文替换詞情況簡述

筆者對《史記》和今文《尚書》進行了全文對比(使用的語料版本：今文《尚書》文本使用2005年中華書局出版的顧頡剛、劉起釪編著的《尚書校釋譯論》，《史記》文本使用2013年中華書局出版的韓兆琦注釋的《史記》全注全譯本)。對比後發現，《史記》中含有詞語替换現象

---

* 拙文承蒙導師唐子恒教授的悉心指導，《漢語史學報》的匿名評審專家也提出了寶貴的修改意見，在此一併致謝！文中疏漏，概由作者本人負責。

的篇目共有15篇,今文《尚書》有16篇被《史記》稱引。全部異文字詞替换共455組,同義替换詞共計246組,超過總體數量的一半。筆者整理了246組同義替换詞,去掉重複出現的、合併有對應關係的替换組之後,共得到91組今文《尚書》和《史記》的同義替换詞。

在一組發生同義替换關係的構組中,今文《尚書》中使用的詞爲"原詞",《史記》中替换原詞的詞爲"替换詞"。本文選取"作—爲""祗、欽、寅—敬""績—功、繼"三组替换詞,將先秦至魏晉南北朝時期具有代表性的文獻《詩經》《楚辭》《左傳》《戰國策》《論衡》《世説新語》作爲語料庫,檢索含有原詞和替换詞的語句,通過總結其意義和語法功能的變化,探索辭彙更替演變情況。

三 "作—爲"替换分析

"作—爲"的替换在今文《尚書》和《史記》異文中共10見,主要集中在《堯典》和《五帝本紀》,《禹貢》和《夏本紀》的異文中。替换句如下:

(1)僉曰:"伯禹作司空。"(《堯典》)

皆曰:"伯禹爲司空,可美帝功。"(《五帝本紀》)

(2)帝曰:"契,百姓不親,五品不遜,汝作司徒,敬敷五教在寬。"(《堯典》)

舜曰:"契,百姓不親,五品不馴,汝爲司徒,而敬敷五教,在寬。"(《五帝本紀》)

(3)咨伯:"汝作秩宗,夙夜惟寅,直哉惟清。"(《堯典》)

舜曰:"嗟,伯夷,以汝爲秩宗,夙夜維敬,直哉維静絜。"(《五帝本紀》)

(4)帝曰:"龍,朕堲讒説殄行,震驚朕師,命汝作納言,夙夜出納朕命,惟允。"(《堯典》)

舜曰:"龍,朕畏忌讒説殄僞,振驚朕衆,命汝爲納言,夙夜出入朕命,惟信。"(《五帝本紀》)

(5)恒衛既從,大陸既作。(《禹貢》)

常衛既從,大陸既爲。(《夏本紀》)

(6)厥貢:鹽、絺、海物、維錯,岱畎絲、枲、鉛、松、怪石、萊夷作牧,其篚畬絲。(《禹貢》)

厥貢:鹽、絺、海物、惟錯,岱畎絲、枲、鉛、松、怪石、萊夷爲牧,厥篚壓絲。(《夏本紀》)

(7)江漢朝宗于海,九江孔殷,沱潛既道,雲土夢作乂。(《禹貢》)

江漢朝宗于海,九江甚中,沱涔已道,雲土夢爲治。(《夏本紀》)

(8)立時人作卜筮。(《洪範》)

立時人爲卜筮。(《宋微子世家》)

(9)暨稷播奏庶艱食、鮮食,懋遷有無化居,烝民乃粒,萬邦作乂。(《皋陶謨》)

與稷予衆庶難得之食,食少,調有餘補不足,徙居。衆民乃定,萬國爲治。(《夏本紀》)

(10)皋陶拜手稽首颺言曰:"念哉!率作興事。"(《皋陶謨》)

皋陶拜手稽首揚言曰:"念哉!率爲興事。"(《五帝本紀》)

《説文·人部》:“作,起也。”《爾雅·釋詁》:“作,爲也。”皆一義相生。可見“作”在較早時期表示“開始、興起”。“作”在以上替换例句中表示三個義項:①作爲、擔任。搭配對象一般爲堯舜時期設置的職位、職務,如“司空”“司徒”“秩宗”“卜筮”等;②耕作。如“大陸既作”,意思是“大陸澤(湖泊名)周圍的土地可以耕作了”;③得到、獲得。如“萬邦作乂”“雲夢土作乂”意思是“國家/雲夢水域得到治理”。

“作”在今文《尚書》全篇中出現95次,除上文提到的“作爲、擔任”“耕作”和“獲得、得到”義,還有4個義項。

①始也

(11)殷降大虐,先王不懷厥攸作,視民利用遷。(《盤庚》)

②興起

(12)厥既命殷庶,庶殷丕作。(《召誥》)

③通“則”,作承接連詞,與“即”“就”意義相近。

(13)潤下作鹹,炎上作苦,曲直作酸,從革作辛,稼穡作甘。(《洪範》)

④使也

(14)公曰:“前人敷乃心,乃悉命汝,作汝民極。”(《君奭》)

表示這四個義項的詞,在《史記》稱引今文《尚書》的異文中没有發生替换。

“爲”在今文《尚書》中共29見,共有五個義項。一般做謂語或賓語。

①作爲

(15)帝曰:“臣作朕股肱耳目。予欲左右有民,汝翼;予欲宣力四方,汝爲。”(《皋陶謨》)

(16)人之有能有爲,使羞其行,而邦其昌。(《洪範》)

②耕作

(17)申命羲叔宅南交,平秩南爲,敬致。(《堯典》)

③作爲、擔任

(18)商今其有災,我興受其敗;商其淪喪,我罔爲臣僕。(《微子》)

④稱作

(19)嶓冢導漾,東流爲漢,又東爲滄浪之水。(《禹貢》)

⑤行爲

(20)乃胥惟虐于民,至于百爲,大不克開。(《多方》)

與“作”相比,“爲”在今文《尚書》中的使用頻率較低,表示“作爲”的有9處,而“作”的使用次數較多,表示“作爲”義的有16處。下表統計了“作”“爲”表示“作爲、擔任”義時在各時期文獻中的使用情況。

“作”“爲”的“擔任、作爲”義在各時期代表文獻中的使用比例

同義詞 / 數據 / 書名	作			爲		
	總數	擔任、作爲	比例	總數	擔任、作爲	比例
書	95	16	22%	29	6	20%
易	20	0	0%	47	0	0%
詩	48	0	0%	107	0	0%

同義詞 數據 書名	作			爲		
	總數	擔任、作爲	比例	總數	擔任、作爲	比例
左	99	9	9%	801	160	21%
史	443	10	2%	2760	1502	52%
衡	152	0	0%	804	395	49%
世	200	70	35%	401	288	53%

"作"在《詩經》和《周易》中常用義項是"興起",如《周易·乾》中的"聖人作",《詩經·小雅·瞻彼洛矣》中的"以作六師"等,但使用次數僅是"爲"的一半。由此看來,在此時期,"作""爲"還沒有完成替換。然而在戰國至西漢時期的文獻中,"爲"的使用頻率已經遠遠超過"作",尤其在"作爲、擔任"這個義項方面,"作"已經有明顯降低使用頻率的趨勢,"爲"成爲表達此義項的常用詞,平均使用比例占據語料總數的 50%。可以推斷,"爲"替代"作"表示"擔任""作爲"義不會晚於春秋時期。因此,司馬遷撰寫《史記》在引用今文《尚書》原句時,用"爲"替換了"作"。二者對應關係見下圖:

概念	名稱
作爲、擔任	作 —同義關係→ 爲

四 "祇、欽、寅—敬"替换分析

今文《尚書》中"欽""寅""祇"在《史記》中被"敬"替换,它們表示的義項是"尊敬"。

"欽—敬"的替换有 6 處,包含兩個義項——動詞"尊敬"和形容詞"尊敬的、敬畏的"。被尊敬的對象有"昊天""民時""輔臣"等。

(21)乃命羲和,欽若昊天,曆象日月星辰,敬授民時。(《堯典》)

乃命羲和,敬順昊天,數法日月星辰,敬授民時。(《五帝本紀》)

(22)帝曰:"咨汝二十有二人,欽哉! 惟時亮天功。"(《堯典》)

舜曰:"嗟! 女二十有二人,敬哉! 惟時相天事。"(《五帝本紀》)

(23)皋陶拜手稽首颺言曰:"念哉! 率作興事。慎乃憲,欽哉! 屢省乃成,欽哉!"(《皋陶謨》)

皋陶拜手稽首揚言曰:"念哉! 率爲興事。慎乃憲,敬哉!"(《夏本紀》)

(24)汝無面從,退有後言。欽四鄰。(《皋陶謨》)

女無面諛,退而謗予。敬四輔臣。(《夏本紀》)

"欽"在今文《尚書》中共 18 見,兩例出現在形容帝堯的句子中,其餘都出現在帝堯、帝舜對臣民的訓誡中。在《詩經》中,出現兩處疊音詞"欽欽"。其中一例表示"憂懼",一例爲擬聲詞。如下:

(25)未見君子,憂心欽欽。如何如何! 忘我實多。(《詩經·召南·草蟲》)

(26)鼓鐘欽欽,鼓瑟鼓琴,笙磬同音。以雅以南,以龠不僭。(《詩經·小雅·鼓鐘》)

"欽"在《左傳》《楚辭》《戰國策》中均未出現。筆者推測,從這一時期開始,"欽"已不再常用。《史記》中除了有兩處引自今文《尚書》,其餘兩處表示形容詞義"恭敬的"。

(27)欽哉,符瑞臻兹,猶以爲薄,不敢道封禪。(《司馬相如列傳》)

(28)"……至於余乎,欽念哉!欽念哉!"罔羅天下放失舊聞,王迹所興,原始察終,見盛觀衰……(《太史公自序》)

《論衡》中出現一處,也是引用今文《尚書》。

(29)褒頌紀載,鴻德乃彰,萬世乃聞。問説《書》者:"'欽明文思'以下,誰所言也?"(《論衡》)

《世説新語》中僅出現4處,兩處爲人名,另外兩處表示動詞"尊敬"義。

(30)王戎目山巨源:"如璞玉渾金,人皆欽其寶,莫知名其器。"(《世説新語·賞譽》)

(31)聞皇京多才,欽羡彌至。(《世説新語·賞譽》)

"欽"的義項在各時期代表文獻中使用次數對比表

例字	義項	書	詩	楚	左	戰	史	衡	世
欽	尊敬(動)	6	0	0	0	0	0	0	2
	恭敬的(形)	10	0	0	0	0	4	1	0
	欽欽	1	2	0	0	0	0	0	0

根據以上語料分析可知,"欽"在西周時期與"敬"是同義詞,共同用於表示"恭敬的、敬畏的",固定組合"欽哉"出現較多,有强調語氣的作用。然而,"敬"的使用頻率相對更高,用法和搭配組合也更加豐富。春秋、戰國乃至西漢、六朝時期,"欽"僅在引文中零星出現,説明在當時的語言中已逐漸隱退。

"寅—敬"的替换有三處,表示"恭敬的"。

(32)分命羲仲宅嵎夷曰暘谷,寅賓出日,平秩東作。(《堯典》)

分命羲仲,居鬱夷,曰暘谷。敬道日出,便程東作。(《五帝本紀》)

(33)帝曰:"俞!"咨伯:"汝作秩宗,夙夜惟寅,直哉惟清。"(《堯典》)

舜曰:"嗟,伯夷,以汝爲秩宗,夙夜惟敬,直哉維静絜。"(《五帝本紀》)

(34)分命和仲宅西曰昧谷,寅餞納日,平秩西成。(《皋陶謨》)

命和仲居西土曰昧谷。敬道日入,便程西成。(《夏本紀》)

"寅"在今文《尚書》中不常用,除上面3見外还有4見。1處表示時間,其餘3處均表示"恭敬的"。

(35)天秩有禮,自我五禮有庸哉!同寅協恭和衷哉!(《皋陶謨》)

(36)越三日庚戌,太保乃以庶殷攻位于洛汭。越五日甲寅,位成。(《召誥》)

(37)周公曰:"嗚呼!我聞曰:'昔在殷王中宗,嚴恭寅畏,天命自度,治民祗懼,不敢荒寧。'"(《無逸》)

(38)洪惟圖天之命,弗永寅念于祀,惟帝降格于夏。(《多方》)

《説文解字集注》:"寅,髕也。正月,陽氣動,去黄泉,欲上出,陰尚强。《徐箋》:《易·艮》九三,裂其夤;虞翻云,夤,脊肉,釋文引馬融云,夾脊肉也。蓋寅即古夤字,借爲辰名。《通訓定聲》:按即夤字之古文,因寅爲借義所專,又制寅字。"《爾雅》:"寅,敬也。""寅"最初有"正月陽氣上升萬物復蘇的樣子"義,之後也用來表示地支、時辰。根據筆者考察的語料,其"恭敬"

義僅在今文《尚書》中出現，春秋至魏晉時期的文獻中此義項消失，不再使用，其保留下來的常用義項爲表示干支、時辰或者五行的義項。

"寅"的義項在各時期代表文獻中的使用頻率如下表：

例字	義項	書	詩	楚	左	戰	史	衡	世
寅	恭敬的(形)	3	0	0	0	0	0	0	0
	干支、時辰	1	0	1	44	0	18	13	0

"祇—敬"的替换發生了 2 處。表示的義項是動詞义"尊敬"。

(39)帝曰："迪朕德，時乃功惟敘。"皋陶方祇厥敘，方施象刑惟明。"(《皋陶謨》)

皋陶於是敬禹之德，令民皆則禹。(《夏本紀》)

(40)乃命于帝庭，敷佑四方，用能定爾子孫于下地，四方之民罔不祇畏。(《金縢》)

乃命於帝庭，敷佑四方，用能定汝子孫於下地，四方之民罔不敬畏。(《魯周公世家》)

"祇"在今文《尚書》中共 16 見。除 3 例是通假字，一例通"振"、兩例通"哉"外，其餘包含 3 個義項，以①②最爲常用。可以與"敬"連用，如"日嚴祇敬六德，亮采有邦"，也可以對舉，如"祇若兹，往敬用治"。

①尊敬(動詞)

(41)爰制百姓于刑之中，以教祇德。(《吕刑》)

②恭敬地(副詞)

(42)馬牛其風，臣妾逋逃，勿敢越逐，祇復之，我商賚汝。(《費誓》)

③謹慎地(副詞)

(43)公曰："嗚呼！君！惟乃知民德亦罔不能厥初，惟其終。祇若兹，往敬用治。"(《君奭》)

"祇"的義項在各時期代表文獻中的使用頻率如下表：

例字	義項	書	詩	楚	左	戰	史	衡	世
祇	尊敬(動)	7	0	0	1	0	0	0	0
	恭敬地(副)	5	0	0	0	0	3	0	0
	謹慎地(副詞)	1	0	0	0	0	0	0	0

"祇"在今文《尚書》中表示動詞"尊敬"的義項比較常用，與"敬"構成此時期的同義詞，但其意偏重於敬天、敬神。它在我們考察的西周之後的文獻中没有出現，在《史記》中有 3 處單用，表示副詞義"恭敬地"，用於描寫祭祀活動，如"祇誦功德""祇誦聖烈"，其餘 4 見則出現在"肅祇"一詞中，同義連用，表示"恭敬"，含有服從性較强的感情色彩。

"敬"在今文《尚書》中共 51 見，在數量上已經遠遠多於"欽""寅"和"祇"。可以做賓語、謂語，有"敬德""敬刑""敬天""敬天威""敬上帝"等，僅"敬德"就出現了 6 處。並且可以組成"敬哉""敬之哉"，表示語氣的强調。其中較爲常用的義項如下。

①恭敬的

(44)爾乃尚有爾土，爾用尚寧幹止，爾克敬，天惟畀矜爾；爾不克敬，爾不啻不有爾

土，予亦致天之罰于爾躬！（《多士》）

（45）朕及篤敬，恭承民命，用永地于新邑。（《盤庚》）

②謹慎地

（46）今王敬之哉！（《顧命》）

（47）王曰："嗚呼！敬之哉！官伯族姓，朕言多懼。朕敬于刑，有德惟刑。"（《吕刑》）

③重視、注意

（48）嗚呼！今予告汝不易！永敬大恤，無胥絶遠！（《盤庚》）

（49）嗚呼！天亦哀于四方民，其眷命用懋。王其疾敬德！（《召誥》）

⑥尊敬

（50）哀敬折獄，明啟刑書胥占，咸庶中正。（《吕刑》）

（51）周公若曰："太史、司寇蘇公，式敬爾由獄，以長我王國，兹式有慎，以列用中罰。"（《立政》）

"敬"在各時期代表文獻中使用頻率對比表

例字	義項	書	詩	楚	左	戰	史	衡	世
敬	尊敬（動）	4	6	1	15	4	33	8	2
	恭敬的（形）	20	8	1	36	15	61	10	8
	謹慎地（副）	12	4	0	5	0	0	1	0
	重視（動）	8	0	0	3	0	0	0	0
	通"警"	1	1	0	0	0	0	0	0

總體看來，"敬"在今文《尚書》中使用範圍廣、使用頻率高。"敬"在《詩經》中共 19 見，比"欽""寅""祗"更常用，其搭配對象有"威儀""天之渝""天之怒""德""刑"等，體現了當時社會敬畏上天、自然和德行的意識形態。《左傳》中，有"敬爾君事""敬服王命""敬主""敬奉德義""敬其使""敬共父命"等搭配，《戰國策》中，"敬諾"出現較多，用作對話之間的應答詞，如《觸龍説趙太后》中觸龍提到其子"願令得補黑衣之數，以衛王宫，没死以聞"，太后回答"敬諾。年幾何矣"等，這些用例凸顯了春秋時期重視君臣、父子關係的社會觀念。在此時期，"敬"前還可以加否定副詞組成"不敬"，《左傳》中就有 16 見。《史記》中，"敬"的搭配對象更爲廣泛，有"敬士""敬吊先生""敬父兄""敬勞將軍""敬老""敬民"等，施事對象也不僅限於帝王。從春秋時期起，其"重視、注意"和"敬忌"的義項漸漸消失，副詞"恭敬地"和動詞"尊敬"的義項作爲高頻率常用義項保留了下來，替代了"寅""祗"和"欽"。下表更加清晰地展示了"敬"對"欽""寅""祗"的替换。

“欽”“寅”“祇”“敬”在各時期文獻中使用情況對比

義項 / 例詞數據 / 文獻	尊敬(動詞)				恭敬的(副詞)			
	欽	寅	祇	敬	欽	寅	祇	敬
書	6	0	7	4	10	3	5	20
詩	0	0	0	6	0	0	0	8
楚	0	0	0	1	0	0	0	1
左	0	0	1	15	0	0	0	36
戰	0	0	0	4	0	0	0	15
史	0	0	0	33	4	0	3	61
衡	0	0	0	8	1	0	0	10
世	3	0	0	2	0	0	0	8

“欽”“祇”“寅”的對應關係可用下圖表示：

概念	名稱
尊敬(動詞)	欽、祇(西周) —同義關係→ 敬(西漢)
恭敬的(副詞、形容詞)	欽、寅(西周) —同義關係→ 敬(西漢)

五 “績—功、繼”替換分析

“績—功”的替換共4見。除1處雙音節詞“厎績”表示“取得功績”外，其餘3處皆表示“國家的政事、事業”。

(52)允釐百工，庶績咸熙。(《堯典》)

信敕百官，衆功皆興。(《五帝本紀》)

(53)九載，績用弗成。(《堯典》)

九歲，功用不成。(《五帝本紀》)

(54)三載考績，三考，黜陟幽明，庶績咸熙。(《堯典》)

三歲一考功，三考黜陟，遠近衆功咸興。(《五帝本紀》)

(55)覃懷厎績，至于衡漳。(《禹貢》)

覃懷致功，至於衡漳。(《夏本紀》)

“績”在今文《尚書》中共出現11處，其中3處爲雙音節詞“厎績”。其餘8處共含有兩個義項。

①國家的政事、事業

(56)百僚、師師、百工惟時，撫于五長，庶績其凝。(《皋陶謨》)

(57)用降我兇，德嘉績于朕邦。(《盤庚》)

②功績

(58)萬邦咸休，惟王有成績。(《洛誥》)

以上語料表明,"績"在今文《尚書》中對應的施事主語一般爲"舜""禹""皋陶""百工""王"等統治階級的人員。筆者推測,"績"在西周時期,其描寫對象似限於指貴族,有特定的使用對象,"衆""庶"等被統治階級所完成的事情不稱"績"。下表展示了"績"在各時期代表文獻中的使用情況。

"績"的義項在各時期代表文獻中的使用情況表

例字	義項	書	詩	楚	左	戰	史	衡	世
績	織麻	0	2	0	0	0	4	2	0
	政事	5	0	0	0	0	0	0	0
	功績	1	2	0	5	0	3	0	0
	"敗績"	0	0	1	20	0	4	3	1

從語料統計我們可推斷,"績"的"功績""政事"的義項從戰國時期就已經逐漸不再常用,《史記》中的3處也是今文《尚書》中曾出現的"厎績"一詞的變體形式。常用的義項爲其本義"織麻"。在《左傳》中,"敗績"有20見,表示"事業失敗",引申爲"軍隊失利"。

"績—繼"在今文《尚書》和《史記》的異文中僅出現了一處。表示的義項爲"功績"。

(59)曰惟祖惟父,其伊恤朕躬!嗚呼!有績予一人永綏在位。(《文侯之命》)

恤朕身,繼予一人永其在位。(《晉世家》)

《説文解字》:"繼,續也。""繼"本義爲"連續、接續"。"繼"在今文《尚書》中出現了6處。另外5處皆表示"相接、承接"的意思。

(60)今爾惟時宅爾邑,繼爾居;爾厥有幹有年于兹洛。(《多士》)

(61)周公曰:"嗚呼!繼自今嗣王,則其無淫于觀、于逸、于遊、于田,以萬民惟正之供。"(《無逸》)

(62)嗚呼!孺子王矣。繼自今我其立政:立事、準人、牧夫。(《立政》)

(63)嗚呼!予旦已受人之徽言,咸告孺子王矣,繼自今文子文孫,其勿誤于庶獄庶慎,惟正是乂之。(《立政》)

(64)嗚呼!繼自今後王立政,其惟克用常人。(《立政》)

"績"的本義是"把麻綫撚起來","積短爲長,積少爲多",因此有"動作不停"的隱含意義,因此也引申爲"繼續、繼承"。在此原句的意思是"有了功績,寡人我將永遠在位",司馬遷在此改换"繼",以爲是"繼續"或"继承"之"績",應該是對文意理解有誤。

"功"在今文《尚書》共32見。共表示3個義項。

① 功績

(65)驩兜曰:"都!共工方鳩僝功。"(《堯典》)

(66)我咸成文王功于不怠,丕冒海隅出日,罔不率俾。(《君奭》)

② 事業

(67)義爾邦君越爾多士、尹氏、御事綏予曰:"無毖于恤,不可不成乃文考圖功!"(《大誥》)

(68)帝曰:"咨汝二十有二人,欽哉!惟時亮天功。"(《堯典》)

③抵押

(69)公乃自以爲功:爲三壇,同墠。(《金縢》)

(70)王與大夫盡弁,以啓金縢之書,乃得周公所自以爲功代武王之説。(《金縢》)

"功"在各時期代表文獻中的使用情况

例字	義項	書	詩	楚	左	戰	史	衡	世
功	功績	14	7	8	43	20	398	20	5
	事業	13	3	3	3	6	6	8	0
	抵押	2	0	0	1	0	1	1	0

"功"在今文《尚書》中已比"績"使用得更爲廣泛,"績"在《左傳》中常出現在"敗績"一詞當中,表示"軍隊失利",如"狐毛、狐偃以上軍夾攻子西,楚左師潰,楚師敗績""馬逸不能止,師從之,齊師敗績"等。《史記》中,"功"的使用次數已經是"績"的28倍,並且其使用對象十分廣泛,除表示君王和貴族的功績之外,還可以描述將軍、士兵的軍功,謀士、鬼神、天地之功。相比於西周時期,社會的發展進步,新生事物的出現,人的思想内容的極大豐富,使"功"的使用範圍擴大化。

"績""繼"和"功"的對應關係如下:

概念	名稱
功績	績(西周) —同義關係→ 功(西漢)
	績(西周) —同義關係→ 繼(西漢)

六　結語

今文《尚書》和《史記》的異文中的同義替换現象雖爲作者司馬遷主觀造成,但絶大部分符合語言歷史的發展規律。同義替换詞的存在表明兩點:一,司馬遷的寫作風格嚴謹性、客觀性較强,詞語替换符合漢代通語的使用習慣;二,它們從側面爲詞語替换的考察提供了有力的佐證。總體來説,異文中的同義替换現象值得我們深入挖掘和研究。

異文同義替换現象的成因包括社會發展和詞彙内部調整兩個方面。本文通過對"作—爲""祗、欽、寅—敬"和"績—功、繼"的詳細分析發現,引起同義替换現象産生的因素呈現出相互交織的狀態,隨着社會的發展,一個詞所承擔的義項增多,有的義項擴大或者轉移,有的分化出部分義項由另一個同義詞承擔,有的則是承擔了生僻詞的義項。社會形態的變化,風俗習慣的推移也促使詞彙發生替换,如同樣表示"尊敬"義的"欽""祗"和"寅"有搭配對象的區分,三者被替换爲"敬"後,其搭配對象的範圍更加廣泛了。又如"功"和"績",西周時期表示"帝王""貴族"和"大臣"的功勞,而發展到戰國乃至西漢時期被"績"替换後,指稱范围扩大了,增加了"將軍""士兵""謀事""天地"等。社會發展推動語言内部的變化,語言變化體現了時代的更迭。

異文中的同義替换現象對古漢語詞彙研究有一定的現實意義,爲發現詞彙更替演變的脈絡提供了思路。王力曾在《漢語詞彙史》中提出一種詞彙發展變化的形式,即"概念换了名稱"。然而,我們想要研究這種變化,却没有一種囊括所有替换詞現象的詞典或詞表供我們參考,王鳳陽的《古辭辨》將4000多個常用詞按意義的共性類聚爲1400餘組,並分析了各組詞的意義差異和色彩變化，爲詞義變化、詞語替换方面的研究提供了很大的幫助，然而此書有一定疏漏，也不能窮盡全部的概念更换名稱的變化現象。異文中的替换詞可以爲研究者提供更多的思路和實例。同樣，不僅僅是異文，通過後世文獻中對古書的内容進行稱引的語句、標題，我們甚至可以推測表達某個概念的名稱從古至今的變化軌跡。

除研究詞彙的歷時演變，本文的研究對確立古書版本及寫作年代有一定的幫助。汪維輝（2009）曾指出"從詞彙的時代差異可以論證古籍的成書年代，在漢語史學界已成爲共識，而且有了不少成功的研究"，對於今文《尚書》各篇的成書年代，各位專家學者觀點不一，比如蔣善國（1988）在《尚書綜述》中提出，虞夏書中的《堯典》《禹貢》等篇目都是春秋甚至戰國時期整編和追記的。根據我們對同義替换詞的檢索，發現某些在周書中出現並被司馬遷替换的古語詞，在虞夏書的篇目中却没有使用，我們認爲，這些綫索可從側面爲推測寫作的大致時期提供一些佐證，而這種研究方法也同樣適用於判定其他古書版本的年代問題。

文中語料簡稱（劃綫部分）

今文尚書 詩經 楚辭 左傳 戰國策 史記 論衡 世説新語

徵引書目

西漢・司馬遷《史記》，韓兆琦譯注，中華書局，2013。

東漢・王充《論衡》，黄暉校釋，中華書局，1990。

劉宋・劉義慶《世説新語》，梁劉孝標注，徐震堮校箋，中華書局，2001。

清・阮元校刻《十三經注疏》，中華書局，1980。

參考文獻

[1]池昌海.《史記》同義詞研究[M].上海:上海古籍出版社,2002.

[2]顧頡剛,劉起釪. 尚書校釋譯論[M].北京:中華書局,2005.

[3]郭在貽. 訓詁學[M].北京:中華書局,2005.

[4]蔣善國. 尚書綜述[M].上海:上海古籍出版社,1988.

[5]錢玉蓉.《史記》引《書》同義語料研究[D]. 揚州:揚州大學,2010.

[6]錢宗武. 今文尚書詞彙研究[M].鄭州:河南大學出版社,2012.

[7]李娟.《史記》《漢書》異文中的同義詞研究[J]. 語文學刊,2011(15):31-32.

[8]羅竹風. 漢語大詞典[M].上海:漢語大詞典出版社,1993.

[9]汪維輝. "遐－邇"與"遠－近"[J]. 語言研究,2009(2):61-69.

[10]王鳳陽. 古辭辨[M].長春:吉林文史出版社,1993.

[11]王力. 漢語詞彙史[M].北京:中華書局,2013.

Study of the Synonyms in Different Versions of Shiji and Shangshu

Wang Yanwen

Abstract: Shiji quotes many articles in Shangshu, and changes some of them. Among them, there is a substitution between words and words, and the two words are synonymous. By searching the representative historical documents of the pre-Qin and Han Dynasty to the Wei, Jin, Southern and Northern Dynasties the synonymous substitution words "作—爲" "祇、欽、寅—敬" "績—功、繼" in the different texts of Shang Shu and Shi Ji are analyzed. The evolution process indicares that the study of synonymous substitution in diflerent versions can provide some helps for exploring the diachronic evolution of common words and determining the age of ancient books.

Key words: Shangshu, Shiji, different versions, synonym

通信地址：山東省濟南市歷城區山大南路27號山東大學中心校區文學院
郵　　編：250100
E-mail：yan.wen.wang@163.com

漢字字符斷代論略*

何余華

内容提要　漢字字符斷代是梳理漢字發展史的基礎工作，也是漢語字詞關係研究的關鍵性問題。文獻古籍受多種因素的影響，用字情況呈現鮮明的層累性，同時文本、後時文本、泛時性釋字材料都可用於字符斷代，但它們的價值和效用不同。在文本材料真實有效的前提下，還需利用典型主證法、字料剥離法、分布統計法、綜合佐證法、異文比勘法、同詞類證法等多種手段對文本用字進行綜合分析，才能保證斷代結論的準確可靠。

關鍵詞　字詞關係　漢字職用學　斷代　材料和方法

漢字作爲記録漢語的符號系統，它的根本屬性應該在於它的使用功能，即漢字如何以它的形體記録漢語的"音義"、某"音義"又是如何用漢字來記録的。近年來漢字和漢語關係的研究逐漸被重視，對漢字使用現象進行個體的、類别的、局部的考察成果不斷涌現，角度也日益多樣，包括字符職能考察、語符用字考察、文本用字考察、個人用字考察、集團用字考察、斷代用字考察、用字比較考察等，以上研究均屬漢字職用研究的範疇。① 我們認爲無論是字符職能或語符用字的梳理，關鍵問題或許都在於字符的斷代，弄清字符形體及其記録職能的産生和使用時代。要對字符進行斷代，所依據的"字料"必須真實有效。字料跟語料不同，語料反映的是話語，只要話語的結構和意義不變，用字可以不同；字料反映的是文字現象，要求記録語言的文字保持原形原貌。文獻流傳過程中語詞的用字不斷被改作整理時代的用字，只要不改變詞語的音義，仍不失爲語言研究的理想材料。但對於字符斷代而言，成書與刊抄時代一致或相去不遠的文本才能有效反映相應時代的用字面貌，距離著作時代越遠的版本改字現象越發嚴重，需要甄别離析的成分越多，利用的難度極大。所以張涌泉（2016）指出："研究漢字的古今演變，要注意利用碑刻、寫本等出土文獻資料。宋以後的刻本文獻經過後人的傳抄翻刻，文字不斷規範化和當代化，通常只能反映刊刻時代的用字面貌，而難以代表古書撰作時代的用字實際。"但是不少學者對文本用字的層累性認識不清，進行用字斷代時不加甄别、籠統地採取一鍋煮的辦法，勢必影響結論的準確性和可靠性。本文擬就文本用字的層累性、字符斷代的材料和方法、字符斷代的價值和意義等問題作進一步探討以求教於方家。

---

* 基金項目：2018 年河南省高等學校哲學社會科學創新團隊"漢字理論與漢字史"（編號：2018-CXTD-03）支持計劃；2019 年度河南省博士後科研項目一等資助"基於出土文獻的漢語詞義新證研究"（編號：1901001）；2020 年度河南省教育廳人文社會科學研究一般項目（編號：2020-ZZJH-446）。論文寫作過程中蒙李運富先生和汪維輝先生指正，謹致謝忱。

① 參見何余華（2016）、李運富（2016）。

一　文本用字的層累性

中國的古籍原封不動保留原形流傳下來的十分罕見，今人面對的文本用字呈現出明顯的層累性，它是多個維度用字習慣的累積，尤其是輾轉傳抄的傳世文獻猶如"沉積岩"般，這是因爲：

首先，漢字字符具有時代性。它一方面指漢字的記録職能具有時代性，由於詞義引申、同形、假借、異體分工、同義换讀等原因使得相同字形記録的詞項隨時代變化出現明顯差異，如"段"字現主要記録量詞{段}，但在魏晉南北朝以前"段"主要用於記録詞語{鍛}；另一方面指相同詞語在不同時代使用不同的字形記録，即裘錫圭(1998：170)指出的："我們所説的用字方法，指人們記録語言時用哪一個字來表示哪一個詞的習慣。用字習慣從古到今有不少變化。"如表"種植"的{樹}在殷墟甲骨文記作从木从又的"权"，春秋至秦統一前追加聲符記作"尌"，楚文字或作"梪"等，秦統一後追加義符記作"樹"，中華人民共和國建立後則簡化記作"树"。

其次，文本用字存在"當代化"的現象。創作於前代的文獻流傳至後代，古字不爲人所識，爲破除理解障礙，以整理時代的社會通用字替换古字，已然成爲古籍整理的慣例，這種現象稱之爲用字"當代化"。李榮(2012：80)指出："傳世古籍屢經抄刊，屢經'當代化'。某字某種演變始於何時往往無法查考，始見於何書也難於查考。我們只能一面採用前人的説法，一面根據文獻來驗證補充。"太田辰夫(1987：375)也説："看來把文字改成時髦的，這一點，從古到今所有的校訂者無一例外地一直在做。"如北魏賈思勰《齊民要術》卷一《種穀第三》："率多人者，田日三十畝；少者十三畝。以故田多墾辟。"同是記録地積單位{畝}，南宋紹興龍舒本作"晦"，明汲古閣津逮秘書本作"畝"。明刊本作"畝"疑是改字應是有道理的，明代著作明代刊刻的同時文本普遍作"畝"，宋元以前習用"晦"或"畆"字。

再次，文本的特殊形成過程使文獻用字呈現滯後性，記録某詞棄相應時代習用字不用而以古字記録。文本輾轉傳抄或改編均有所本，傳抄刊刻或改編過程中有意無意都會受到底本用字習慣的影響。因此改編自前代的文本往往會保留前代的用字習慣，轉抄轉刻形成的古籍雖然經歷了用字"當代化"的過程，前代的用字習慣常會有改之未盡的情況。如周朋升(2010)研究發現今本《墨子》雖經歷代改寫，某些詞語却保留了戰國時期的用字習慣，可與出土文獻相互印證。又如馬楠(2013)發現敦煌写本 P. 3315《尚書釋文》所據作音義者爲梅賾所獻《古文尚書傳》，從中可見梅本"古文"多與正始石經古文或《説文》正篆、古文相合，並存在根據《説文》古文偏旁更造隸古奇字的現象，也往往與戰國文字相合，密合程度甚至超過正始石經和《説文》古文。

同時，文獻用字具有地域性。國家分裂、政權林立，地域間缺少交流溝通，缺乏中央政權對用字的規範，不同地域的用字往往各行其是，從而形成鮮明的地域特色，春秋戰國、魏晉南北朝、五代十國表現尤其明顯。如戰國秦文字用"祟"表示{祟}，楚文字用"敚、祱、祭、祟"記録；秦文字用"禁"記録{禁}、楚文字用"欽"記録，齊文字用"坖"記録等。即使是和平年代，歷代字書筆記常見著録地域用字，如《字彙補・戈部》："戣：子乃切，音宰。楚人有以此命名者，如范元戣、熊八戣是也，此係湖廣俗字。"周去非《嶺外代答》卷四《風土門・俗字》："廣西俗字甚多，如㚔，音矮，言矮則不長也；坴，音穩，言大坐則穩也；奀，音勒，言瘦弱也。”又如據辛德勇(2012)考察發現清代版刻方體字的字形差異呈現出蘇州、南京爲核心的江蘇地區，以杭州爲核心的浙江地區，以廣州爲核心的廣東地區以及京師北京四種地域風格等。

此外，文獻用字帶有集團或個人的用字特徵，武周新字、新莽和太平天國的特殊用字俱是其例。文字的使用者是“人”，用字者的主觀偏好時刻影響着文本的用字呈現。作爲國家的統治者，他們對文字構形理據的特殊認識以及個人喜好都會對文本用字產生直接影響。如王觀國《學林》：“明皇不好隸古，天寶三載，詔集賢學士衛包改《古文尚書》從今文，故有《今文尚書》，今世所傳《尚書》，乃《今文尚書》也。《今文尚書》多用俗字，如改説爲悦，改景爲影之類，皆用後世俗書，良因明皇不好隸古，故有司亦隨俗鹵莽而改定也。”崇尚典雅古樸的社會文化心理普遍存在於各個時期，文人雅士重視傳統繼承和文字構形理據，或是出於炫耀學識的需要，用字偏好古字，已被文獻的實際用字面貌所檢驗。《清稗類鈔・文學類》：“且我國文人好用古字，故每爲文，常搜羅古書中之僻字而用之，以爲矜奇。而其所用之字，自皆有本原，人於是皆以爲博，曾未敢有以杜撰之字爲文者也。”又如王鳴盛《十七史商榷》卷二十八：“今就毛版《史》《漢》考之，《史記》多俗字，《漢書》多古字。”《漢書》成書時代晚於《史記》，用字却更趨古雅，與作者班固的個人用字“崇古”的習慣是分不開的。

可見，文獻的用字面貌是非常複雜的，並非一時一地的產物，呈現出明顯的層累性，它是多個維度用字習慣的累積，尤其是輾轉傳抄的傳世文獻猶如“沉積岩”般，既不能簡單看作是成書時代的用字面貌，也不能單純看作抄寫時代的用字面貌。因此對漢字字符進行斷代，首先應該弄清楚測查字料的性質，對材料的時效性有準確的把握。

二　漢字字符斷代的材料及其分類

太田辰夫《中國語歷史文法・跋》根據成書與刊抄時代的前後提出“同時資料”和“後時資料”，這對字符斷代材料的劃分具有借鑒意義。但太田先生的劃分主要針對語言研究的需要，我們認爲文獻語言的時代性不等於文字使用的時代性，原始文本形成後即使傳抄改動，語言成分和文本用字的改動並不一致，二者是同體異軌發展的。後時資料多數反映成書時代的語言面貌，用字保留部分前代習慣的同時，多數反映的却是抄刻時代的面貌。可見對字符斷代來説，真正有價值的是抄刻時代清楚的文本，而後時文本受底本用字的影響不完全反映抄刻時代的用字面貌，字符斷代最有效的當是那些未經轉寫的原始文本。此外，字符斷代的材料不應限於語篇材料，歷代字典辭書、古今訓注材料、字詞關係的考證劄記等都可作爲旁證材料。據此我們將字符斷代的材料分爲同時文本、後時文本、泛時性釋字材料。

(一)同時文本

“同時文本”也可以稱爲“原始文本”，是指文獻形成時代寫就或刊就的文本，這些文本的用字保留文獻形成之初的原始面貌，未經後世改動。包括成書與抄寫時代一致的出土文獻①、宋元以後抄刻時代與成書時代一致的傳世文獻。前者如甲骨卜辭、金文、簡帛文獻、碑刻墓誌文獻、吐魯番敦煌寫本文獻、黑水城文獻等，它們多數都能反映刻、鑄、抄寫時代的用字面貌。後者主要指宋元雕版印刷推廣以後，成書與抄刻時代一致的刊本文獻、民間形成的寫本文獻，如宋著宋刊本、元著元刊本、徽州契約文書等。

但並非所有的出土文獻都是同時文本，尤其是成書時代早於抄寫或下葬時期的古書，簡牘文獻、敦煌文書、石經往往見之，以往研究不加細審利用它們研究抄寫或下葬時代的用字習慣，無疑影響結論的準確性。這是因爲古書抄寫很容易受前代底本用字的影響，同時又被"當代化"整理。另外，同時性出土文獻的整理本反映的用字面貌也未必可靠，因爲出土文獻字形隸定標准有寬嚴之分，寬式釋文只求將原形轉寫成功能相當的字(多用後出字形或通用字形替换)，嚴式釋文要求盡可能地按照構件對應轉寫、筆劃對應摹寫等，無疑寬式釋文容易掩蓋用字的真實面貌，這就要求我們利用出土文獻需盡可能地覆核原形。出土文字的附著環境有時很複雜，整理本很難還原出土環境，如有人指出《走馬樓吴簡·嘉禾吏民田家莂》已出現簡化字"亩"，如(4.6)、(4.7)，覆核原簡發現"亩"字右邊磨損嚴重，是當時習用字"畂"字的構件"人"磨損後造成的，"亩"的產生遠没有這麽早。

(二)後時文本

"後時文本"也可叫"後出文本"，是指抄刻時代晚於原始文本形成時代的文本，這批文本是對原始文本的輾轉傳抄或重新翻刻的，經過後世的加工改造，累積了不同時代、地域、抄刻者的用字習慣。它包括成書時代早於抄寫或下葬時代的出土古書，根據文本載體的不同，可以分爲碑誌類、簡牘帛書類、紙質類三種後時性出土字料，碑誌類主要是自漢代熹平石經開始雕刻的各類儒家經典；簡牘帛書類，如郭店楚簡、上博簡、馬王堆帛書、北大藏西漢簡、銀雀山漢簡、阜陽雙古堆漢簡、定州漢簡、武威漢簡等中的古代典籍；紙質類主要集中於敦煌吐魯番文書中的典籍寫本。它們因有多個文本可以對照，既可用於校讀傳世古書、研究古書流傳過程，也可用於研究詞語用字的嬗變，歷來被學界所重視。

後時文本更多的是抄刻時代晚於成書時代的傳世文獻，如先秦兩漢典籍至宋元的寫本或刻本，宋元著明清刊刻的文本都算是後時性的傳世文獻。這批文本的用字屢經删改，直接用於古籍用字斷代是不可靠的，容易將字符或其詞項的始見時代提前得過早。它們的價值在於可以從中離析出部分同時字料，文本用字比較研究可以借助；通過考證文本改字的結果，也可以輔助證明社會用字的更替。

(三)泛時性釋字材料

"泛時性釋字材料"是指存在於歷代字典辭書、古今訓注、學術札記中對用字時代進行説明的材料，可以作爲用字斷代的旁證材料使用。歷代字典辭書類釋字材料包括：自隋唐起涌

① 我們所指的"出土文獻"是廣義的概念，相對傳世文獻而言，包括甲骨文、金文、戰國盟書、璽印、簡牘、帛書、敦煌文獻、吐魯番文書、碑刻、墓誌等。

現的辨析字形正俗的字様書,如《干禄字書》《正名要録》等編纂時根據用字範圍、用字時間長短、有無理據定正俗通三體,對於認識當時語詞的實際用字、判定用字的時代性是極富價值的;而《五經文字》《新加九經字樣》《復古編》《六書正訛》往往是在批駁當時俗字異體的基礎上明確規範的"正字",側面説明了當時實際用字面貌;比照前代字書歸納出的新收字有不少都是成書時代的用字,隋唐以前同時字料有限,字書同時字料的佐證顯得尤爲重要,有的在判定時甚至起决定作用,《説文解字》《原本玉篇》殘卷、《篆隸萬象名義》等,又如魏初張揖《古今字詁》《埤蒼》、西晉吕忱《字林》、葛洪《要用字苑》、北魏楊承慶《字統》、唐初張戩《古今正字》《考聲》等書的輯佚材料均可有助斷代。

距離文本著作年代較近的不少訓注材料因時代相去不遠,作注者得以見到原著的早期版本,與今人相比具有得天獨厚的知見條件,如《舊唐書・顔師古傳》:"太宗以經籍去聖久遠,文字訛謬,令師古於秘書省考定《五經》,師古多所釐正。既成,奏之。太宗復遣諸儒重加詳議,於時諸儒傳習已久,皆共非之。師古輒引晉宋已來古今本,隨言曉答,援據詳明,皆出其意表,諸儒莫不嘆服。"可見顔師古校訂《五經》精審絶倫,與他熟悉經典的古今版本是分不開的,顔注指明用字古今差異的訓釋材料可爲用字斷代提供證據。而歷代訓詁學家指認的訓注"古今字"材料,溝通了歷時同詞異字現象,也可作用字斷代的綫索和旁證材料,宋人周煇《清波别志》:"班史多用古字,以西漢去古未遠也,東漢書則皆不用。顔師古注班,遇古字則注云:某讀曰某、某古某字,蓋亦恐學者之未詳。"文獻用字經訓注後猶如加上"保鮮膜",通常能保留作注者所見的用字原貌,相同文獻未經訓注者則多被當代化。

此外,古人對古今用字差異進行歸納考證形成的札記,這批考證材料對於説明用字時代性也有着重要價值,如《顔氏家訓》《歸田録》《宋景文公筆記》《學林》《夢溪筆談》《野客叢書》《容齋隨筆》《靖康緗素雜記》《十七史商榷》等。

三　漢字字符斷代的基本方法

漢字字符斷代除材料的選擇外,更重要的是材料的分析,只有方法科學才能保證結論可信,而各種方法歸根到底都是建立在比較的基礎上,將同時性和後時性的、不同時代的、不同地域的、不同文體的、同文獻的不同文本、同文本内部的各種材料進行綜合比較,爬梳漢字字符何時産生、何時消亡,如何被其他用字取代。

(一)典型主證法

用於字符斷代的字料可靠程度是不一樣的,同時文本因當代著作當代書寫能够準確反映相應時代的用字面貌,後時文本的可靠性因改字而大打折扣,顯然應該將同時文本作爲用字斷代的典型材料,後時文本作爲非典型材料。"典型主證法"是指用字斷代應以同時文本作爲典型主證材料,當同時文本能够説明某一用字事實時,對於後時文本提供的反面證據,可以不予取信。

例如:船隻單位{艘}産生於秦漢之際,里耶秦簡、江陵鳳凰山西漢簡牘、走馬樓三國吴簡均作"椶",《漢書・溝洫志》"謁者二人發河南以東漕船五百椶",顔師古注:"一船爲一椶,音先勞反,其字從木。”足證顔師古所見《漢書》仍以“棲”字記録,由此我們認爲漢魏的習用字是“棲”。但在明雙柏堂本《越絶書》卷八“死士八千人,戈船三百艘”、明錫山蘭雪堂本《蔡中郎集》“操吴榜其萬艘兮,充王府而納最”中發現船隻單位作“艘”,我們認爲以上文本中的“艘”應是唐以後改字的結果。若兩漢“艘”已産生,何以《説文》未收,漢魏簡牘帛書、碑刻等同時文本也未見用例?另據慧琳《一切經音義》卷第九十《前高僧傳》:“十艘:下桑刀反,正體艘字也,或從木作棲,用同。楊承慶《字統》云:‘其形謂之船,其頭數謂之艘。’《考聲》云:‘艘亦船槽也,從舟变聲,变正叟字。’”北魏《字統》、唐初《考聲》始收“艘”字,同時文本至唐代始見“艘”字,説明“艘”是南北朝才産生的用字。若對材料不加甄别,將後時文本也納入測查範圍,勢必誤將“艘”的始見時代提前,結論難以令人信服。

(二)字料剥離法

“字料剥離法”是指將文本中的“同時字料”和“後時字料”剥離開來,離析文獻字料的不同歷史層次,以資利用。運用字料剥離法主要是以下兩類情況:部分當代著作當代抄刻的文本係改編前代文獻而成,底本用字會對改編者産生影響,從而使得改編後的文本保留前代用字習慣,這類現象在史書文獻中表現最爲突出,剥離出前代同時字料可作爲前代社會用字習慣的證明。如《資治通鑒・漢紀二十二》:“發河南以東船五百棲。”《通鑒釋文》:“棲,先勞切,其字從木,一船爲一棲也。”兩宋{艘}的習用字是“艘”,“棲”是南北朝以前的用字。《通鑒》的用字極有可能是編著者在改寫史書時受《漢書・溝洫志》“漕船五百棲”用字的影響。另一類是因後時性傳世文獻幾經輾轉抄刻,文本用字雖然很多被改作當時的社會習用字,但也有不少用字習慣被保留下來,使後時文本藴含前代的同時字料,這些都可以剥離出來以資利用。以清武英殿本《漢書》地積單位{畝}的用字爲例,類似《漢書・郊祀志下》:“《禮記》曰:‘天子籍田千晦以事天墜。’”師古曰:“晦,古畝字。”經顔師古以今字訓明的原文均保留古字“晦”,未經訓明的原文用字均被改换作“畝”或“畞”。原文以古字記録的材料可視作近於漢代的同時字料,以明清習用字改動過的材料可視作明清的同時字料。

(三)分布統計法

電腦技術的進步爲漢語量化研究創造了條件,“分布統計法”是指選取若干同時文本,統計多個研究對象的出現次數和分布頻率,比較各自文獻覆蓋域的大小,進而得出相關結論。該方法主要運用於判斷某時代的社會習用字是哪個,通過比較多字位的分布次數,出現頻次最高者基本可以斷定爲社會習用字。如地積單位{畝},宋元同時文本顯示,字位“畒”出現次數遠高於其他字位;明清同時文本顯示,字位“畝”的頻率要遠高於其他字位,據此斷定宋元習用字是“畒”,明清是“畝”。

表 1　宋元明清時期地積單位{畝}記録字位分布表

時代	文獻	版本	畆	畝	畂	畒	晦	畞
宋元時期	太平御覽	影宋	64	3				8
	夷堅志	影宋	5	1	3			
	誠齋集	影宋	19	1			2	
	容齋隨筆	影宋	9				1	
	元典章	元刻本	66					
	皇元風雅	元刻本	9					
	南村輟耕録	元刻本	4		2			
	梨園按試樂府新聲	元刻本	4					
明清時期	皇明詔令	明刻增修本		4	1			
	御制大誥、續編、三編	洪武内府刻	5	12				
	農政全書	明崇禎平露堂本		356			2	
	實政録	明萬曆刻本		49				
	蚓竅集	影明永樂刻本		6				
	農桑易知録	清乾隆刻本		28				
	教稼書	清光緒刻本		41				

(四)綜合佐證法

“綜合佐證法”是指離析古籍用字層累性,需綜合利用歷代字書、距著作時代較近的訓注材料、雜著筆記等進行綜合輔證。這些材料是用字斷代的綫索,也是明晰用字時代的重要標杆。如重量單位{鎰}魏晉以前的同時文本多用“益、溢、泏”等字,文獻何時才真正開始出現“鎰”字記録呢?梁顧野王《原本玉篇殘卷》(黎本玉篇):“泏,余質反。《毛詩》:‘鍜以溢我。’……《埤蒼》以廿四兩爲鎰,字在金部。”據此可知魏初《埤蒼》已收録“鎰”,《原本玉篇》亦應收有“鎰”。《篆隸萬象名義》“鎰,余資、余質反,廿兩金”也可旁證“鎰”的産生不晚於六朝。古代訓詁學家在溝通語詞古今用字差異時,對字形結構進行辨析的材料也是漢字斷代的確鑿證據。如唐徐堅《初學記》:“魏人河間張揖上《古今字詁》,其巾部云:‘紙,今帋’,則其字從巾之謂也。”據此可知曹魏已見“紙”字。《顔氏家訓·書證》:“凡陰景者,因光而生,故即謂爲景。《淮南子》呼爲景柱,《廣雅》云:‘晷柱掛景。’並是也。至晉世葛洪《字苑》,傍始加彡,音於景反。”該條筆記對於文本中語詞{影}的用字何時開始增加“彡”作“影”就是力證。雜著筆記除對用字差異有考證外,對用字演變的原因也常有精闢論述。如宋王觀國《學林》:“琥珀又爲虎魄,字蓋假借用之。唐高祖之祖名虎,唐人諱虎字,故唐人文字,皆改虎爲武,而諱虎珀爲武魄也。”王觀國從文字假借、避諱的角度解釋文本中語詞{琥珀}的用字爲何會作“武魄”。

（五）異文比勘法

我國歷代典籍浩如煙海，或因文本來源不同，或因傳抄、刊刻、引用過程中出現改動或訛誤，以致同一文獻的不同文本或不同文獻相關内容的字、詞、句等方面出現差異，即“異文”現象。由果溯因，通過同詞異文結果的比勘也能反映出語詞用字演變的脈絡。如今本《詩經·召南·摽有梅》“摽有梅”之“梅”，阜陽漢簡作“某”（S016），敦煌本作“梅”（伯 2529），陸德明《經典釋文》“梅，韓詩作楳”，艸、木義近通用，“某”即“楳”字異體，足證魏晉以後早期用字已被借字“梅”替换。又如地積單位{畝}西周金文俱作“畮”，戰國秦簡俱作“畂”，楚簡作“畱”，三晉璽印作“畈”，魏晉“畝”字開始出現，隋唐宋元占據習用地位，巴黎斯坦因藏敦煌《詩經·豳風·七月》殘卷 134：“饁彼南畝”；法 Pel. chin. 2529《毛詩詁訓傳》：“十畝之間……十畝之外”，足見敦煌本《詩經》“畝”是唐人傳抄改字的結果，這從側面説明唐代地積單位{畝}的習用字是“畝”字。再如定州漢簡 085《論語》：“宰予晝寢。子曰：‘歽木不可雕也，糞土之牆不可杇’”，今本“歽”作“朽”。《説文》“歽，腐也”，段玉裁注：“今字用朽，而歽廢矣。”簡本與今本的異文正反映古今用字習慣的變化。

存在引用與被引用、改編與被改編關係的不同文獻，它們很多的異文也體現出語詞古今用字的變化。衆所周知，《漢書》成書過程對《史記》多有借鑒，甚至直接引用《史記》文句，仔細比勘發現存在不少同詞異文，有的便體現出用字習慣的變化。如景祐本《史記·封禪書》“縱遠方奇異蜚禽及白雉諸物，頗以加禮”，景祐本《漢書·郊祀志上》轉引原文“蜚禽”作“飛禽”，西漢簡牘習以“蜚”記録語詞{飛}，東漢碑刻則習用“飛”，顔師古《漢書注》也屢次溝通“蜚，古飛字”，此處異文正是語詞{飛}古今用字演變的結果。

（六）同詞類證法

“同詞類證法”是指利用相關聯的詞項用字推論所考詞項用字。宋元以前的出土文獻是判斷用字時代性的主證材料，但出土文獻數量畢竟有限，某詞語在文獻的時代分布上出現缺環，未必能查檢到所考詞項的用字，而與所考詞項存在引申派生關係的其他詞項的用字能够查到，若文字系統尚未另造新字或借他字分擔相關記録職能，完全可以利用相關詞項的用字推論所考詞項的用字。如量詞{劑}秦漢之際産生後，兩漢簡帛文獻習用“齊”字，北齊《都邑師道興造像記並治疾方》有“不過三劑”的用例，而通過北魏《慈慶墓誌》“親監藥劑”的用例足以確證南北朝量詞{劑}已逐漸借用“劑”字記録。

宋元以後的同時性傳世文獻數量浩繁，在保證測查文本真實性的前提下，還應該兼顧文本的代表性和全面性。如由底層官吏或普通民衆創作的民間書寫文本，如話本小説、俚俗唱本、契約文書、帳簿書信等用字俗訛較多，往往反映底層民間社會的實際用字面貌。而官府正式文告、典籍鈔本、碩學鴻儒的詩文集等往往代表社會用字規範，用字容易呈現保守傾向等。楊慎《升庵集》卷六二也曾説：“官府文移通用今字，吏胥下流市井米鹽帳簿則用省訛俗字。”離析古籍用字的層累性選材需要兼顧不同屬性的文本，才能保證結論的準確可靠，完整呈現漢字的實際使用狀態。

漢字的形體、結構、職能屬性隨着使用在不斷變化發展，要想梳理漢字的動態發展過程必須對漢字所記録的文獻的複雜性有充分的認識,在保證材料真實有效的前提下,借助科學的分析方法,才能保證結論的準確可靠。漢字字符的斷代研究是一項基礎性工作,它的開展對於重新梳理漢字發展史、字典辭書的編纂、校讀古籍、文獻斷代、研究古書的流傳過程等都有非常重要的價值和意義,它更是漢字職用學需要解決的關鍵性問題,對於漢語字詞關係的測查和描寫、相關理論的完善都有着建設作用。

徵引書目

東漢・班固《漢書》,顔師古注,中華書局,2011。

北魏・賈思勰《齊民要術》,繆啓愉校釋,農業出版社,1982。

北齊・顔之推《顔氏家訓》,王利器集解(增補本),中華書局,1993。

南朝梁・顧野王《原本玉篇殘卷》,中华书局,1985。

唐・徐堅等《初學記》,中華書局,2004。

唐・慧琳等《一切經音義三種校本合刊》,徐時儀校注,上海古籍出版社,2012。

後晉・劉昫等《舊唐書》,中華書局,1975。

南宋・王觀國《學林》,上海古籍出版社,1992。

南宋・周去非《嶺外代答》,楊武泉校注,中華書局,1999。

明・楊慎《升庵集》,上海古籍出版社,1993。

清・王鳴盛《十七史商榷》,鳳凰出版社,2008。

清・徐珂《清稗類鈔》,中華書局,2003。

[日]釋空海《篆隸萬象名義》,吕浩校釋,學林出版社,2007。

參考文獻

[1]何余華. 漢字“形構用”三平面研究的回顧與展望[J]. 語文研究,2016(2):24-28.

[2]何余華. 漢語量詞用字特點論析[M]//勵耘語言學刊(第 23 輯). 北京:學苑出版社,2016:225-235.

[3]何余華. 殷商已見通今詞的用字歷史研究[D/OL]. 北京:北京師範大學博士學位論文,2018[2018-5-27].

[4]李國英,周曉文. 字料庫建設的必要性與可行性[J]. 北京師範大學學報(社會科學版),2009(5):48-53.

[5]李榮. 文字問題(修訂版)[M]. 北京:商務印書館,2012:80.

[6]李運富主編. 漢字職用研究・使用現象考察[M]. 北京:中國社會科學出版社,2016.

[7]李運富. “漢字學三平面理論”申論[J]. 北京師範大學學報(社會科學版),2016(3):52-62.

[8]李運富. 論漢字職用的考察與描寫[J]. 上海師範大學學報(哲學社會科學版),2017(1): 5-12.

[9]馬楠. 敦煌寫本 P. 3315 所見古文考[J]. 敦煌研究,2013(2): 111-118.

[10]裘錫圭. 簡帛古籍的用字方法是校讀傳世先秦秦漢古籍的重要依據[C]//曹亦冰主編. 兩岸古籍整理學術研討會論文集. 南京:江蘇古籍出版社,1998:170.

[11]辛德勇. 簡論清代中期刻本中“方體字”字形的地域差異[J]. 中國典籍與文化,2012(1):122-133.

[12]張涌泉. 説“爺”道“娘[J]. 中國語文,2016(1):93-102.

[13]周朋升.《墨子》用字習慣考察[J]. 大慶師範學院學報,2010(4):84-88.

[14]太田辰夫. 中國語歷史文法[M]. 蔣紹愚、徐昌華譯. 北京:北京大學出版社,1987:375.

Brief Discussion on the Dynastic Survey of Chinese characters

He Yuhua

Abstract: The dynastic survey of Chinese characters is the foundation of research on the development process of Chinese characters, and it is the critical issue on study the relationship between Chinese characters and words. Affected by many factors, these using words in the document are extremely complicated. Different materials could be used to make dynastic survey, but they have different theoretic values and investigative functions. For one thing, we need to provide a real written materials, much more than this, all the methods should be used to analyze the material, and which will guarantee the accuracy and reliability of the investigative results.

Key words: the relationship of Chinese characters and words, the study of function and usage of Chinese character, the dynastic survey, the material and method.

通信地址:河南省鄭州市高新區科學大道 100 號鄭州大學文學院
郵　　編:450001
E-mail:yuhuahe0702@126. com

關於《世説新語》中“伊”的兩個問題

許峻瑋

内容提要 “伊”在先秦多爲指示詞或助詞，在魏晉之際的《世説新語》中，“伊”的第三人稱代詞用法集中出現。本文認爲“伊”在《世説新語》中主要作第三人稱代詞，唐以前没有第二人稱代詞的用例；另有1例助詞用法，功能上與“唯”類似。相關辭書、著作對這兩個問題多有誤解，本文進行了考辨。

關鍵詞 世説新語　伊　人稱代詞　助詞

一

《世説新語·賞譽》第139則：“堪，烈之子，阮千里姨兄弟，潘安仁中外。安仁詩所謂‘子親伊姑，我父唯舅’。”黄沚青(2013)指出：“對‘外’‘表’‘中’的泛指義和特指義進行辨析，可知中古時期‘中外’與‘中表’特指與姑、舅之子女的親戚關係。”因此，這段話的意思是：王堪，是王烈的兒子，阮千里(即阮瞻)的姨表兄弟，潘安仁(即潘岳)的姑表兄弟；而潘岳的這兩句詩，就是寫他和王堪的關係。張萬起、劉尚慈《世説新語譯注》將這兩句詩翻譯爲“你的母親是我的姑姑，我的父親是你的舅舅”，這種理解是正確的。唯(或惟、維)的助詞用法很常見，通常用於句首或句中。在“我父唯舅”這句詩裏，“唯”充當語氣助詞，湊足了詩歌常用的四字音節；與之相對的“子親伊姑”，是否也應該按照這種結構進行分析、將“伊”理解成助詞呢？

“伊”的助詞用法有很多例證，可以用在句首，也可以用在句中。王引之《經傳釋詞》“伊緊”條：“伊，維也；常語也。”其用例如：

(1)《詩·小雅·正月》：“有皇上帝，伊誰云憎。”唐劉知幾《史通·浮詞》：“伊、惟、夫、蓋，發語之端也；焉、哉、矣、兮，斷句之助也。去之則言語不足，加之則章句獲全。”

(2)《儀禮·士冠禮》：“旨酒既湑，嘉薦伊脯。”鄭玄注：“伊，惟也。”

(3)《楚辭·天問》：“反成乃亡，其罪伊何？”王逸注：“其罪惟何乎？”

具體到這兩句詩，“子親”與“我父”相對，“姑”與“舅”相對，“伊”和“唯”分别在句子裏突出語氣、湊足音節；這類助詞所起的作用，有時候甚至與判斷係詞“是”類似。如果硬要將“伊”看作第三人稱代詞，那麽“子親伊姑”與“我父唯舅”就自相矛盾、乃至於無法理解了。

張永言《世説新語辭典》(以下簡稱“《辭典》”)和張萬起《世説新語詞典》(以下簡稱“《詞典》”)對此例有分歧。

《辭典》：

1. 第三身代詞(14)。

2. 句中助詞。加强肯定語氣(1)。

3. 指伊尹。①

《詞典》:第三人稱代詞。相當於"他"。"伊"是中古漢語新産生的語言形式,現代漢語吴方言仍在使用。(15 次)

《詞典》統計了"伊"的 15 個用例,認爲它們都是第三人稱代詞,而且給出了"伊"各種語法功能的次數:主語 8,賓語 4,定語 2,兼語 1;而《辭典》認爲這 15 個用例中,"子親伊姑"是特别的一個,"伊"不應當被理解成代詞,而應是"句中助詞",用來加强肯定語氣。《辭典》的看法是對的。因此,在《世説新語》中,"伊"作爲第三人稱代詞有 14 例,《詞典》的 15 例應改作 14 例,"定語 2"應改作"定語 1",郭錫良(1980/2005:12)及馮春田(2000:55 脚注①)均沿其誤,很有糾正的必要;另有 1 例是作爲語助詞,在功能上與"唯"類似。

至於爲什麽作爲助詞的"伊"只在《世説新語》裏出現一次,筆者猜測,可能與《世説新語》的文體有關。《世説新語》作爲一部筆記小説,主要記録的是魏晉劉宋時期士子們的言行,口語性較强;而"伊"作爲語助詞,通常出現在詩歌、騈賦等文雅而莊重的文體裏。這也從側面反映出,"伊"作爲人稱代詞已經廣泛進入當時口語,就如吕叔湘在《近代漢語指代詞》中所説的那樣:"伊字在先秦是個指示詞,如'所謂伊人,在水一方'(《秦風·蒹葭》)。在魏晉之際,正當他字開始向三身代詞方面發展的時候,伊字已經是個盛行的代詞。"而語助詞"伊"則只是作爲一個書面語詞有時出現在高文典册中。

二

值得注意的是,"伊"還能當作第二人稱代詞"你"來使用,張相《詩詞曲語辭匯釋》對此有詳細考釋:"伊,第二人稱之辭,猶云君或你,與普通用如他字者異。"吕叔湘在《近代漢語指代詞》中也謹慎地表示:"在金元人的曲文裏,伊字常作你字講。"而《漢語大詞典》犯了錯誤,它爲了説明"伊"的第二人稱代詞用法,將《世説新語·品藻》第 64 則的"勿學汝兄,汝兄自不如伊"作爲例證。董志翹《近代漢語指代詞札記》和蔣冀騁《近代漢語代詞"伊""與麽"考源》也持此觀點,認爲此例的"伊"是第二人稱代詞,並因此將"伊"的第二人稱代詞用法上推到六朝。這種理解是錯誤的,唐以前没有"伊"作"你"解的確切例證。

考察《世説新語·品藻》第 64 則原文:"王僧恩輕林公,藍田曰:'勿學汝兄,汝兄自不如伊。'"這裏涉及四個人物:王禕之(王僧恩)、王坦之(王禕之之兄)、王述(藍田,禕之、坦之之父)和支道林(人稱林公)。這四個人的事跡不僅見於《世説新語》這樣的筆記小説,還見諸《晉書》這樣的官方文獻。其中,對王坦之的記述,篇幅甚長;而對王禕之的記載則只有一處,並未單獨立傳。如:

(4)《晉書·王湛傳附王坦之傳》:"禕之字文邵。少知名,尚尋陽公主,歷中書侍郎。年未三十而卒,贈散騎常侍。"

(5)《晉書·王湛傳附王坦之傳》:"坦之字文度。弱冠與郗超俱有重名,時人爲之語曰:'盛德絶倫郗嘉賓,江東獨步王文度。'"

(6)《晉書·王湛傳附王坦之傳》:"潁川庾龢名重一時,少所推服,常稱伯及王坦之

① 《辭典》對"伊"的第三條釋義,在《詞典》見之於"伊霍"條,這只是編書時採用的體例不同。

曰:'思理倫和,我敬韓康伯;志力强正,吾愧王文度。'"

(7)《晉書·王湛傳附王坦之傳》:"坦之有風格,尤非時俗放蕩,不敦儒教,頗尚刑名學。"

由此可以推斷,王坦之不論在才氣、名聲等諸多方面,都是超過弟弟王禕之的。如果將"伊"看做第二人稱代詞,那麽王述對兒子王禕之説的話就成了"你哥哥王坦之本來不如你",這與史實矛盾。此外,王禕之之所以"輕視"支道林,很可能是受哥哥王坦之的影響。如:

(8)《世説新語·文學》第35則:"支道林造《即色論》,論成,示王中郎,中郎都無言。支曰:'默而識之乎?'王曰:'既無文殊,誰能見賞?'"

(9)《世説新語·排調》第52則:"王文度在西州,與林法師講,韓、孫諸人並在坐,林公理每欲小屈。"

(10)《世説新語·輕詆》第21則:"王中郎與林公絶不相得。王謂林公詭辯。"

(11)《世説新語·輕詆》第25則:"王北中郎不爲林公所知,乃著論《沙門不得爲高士論》,大略云:'高士必在於縱心調暢。沙門雖云俗外,反更束於教,非情性自得之謂也。'"

以上四例中的王中郎、王北中郎、王文度都是王坦之。從中可以看出,王坦之和支道林雖然同屬當時名士,但常常機鋒相對,互相辯駁。王禕之作爲王坦之的弟弟,對支道林的態度很可能與哥哥保持一致,即"輕林公"。王述對王坦之的態度也耐人尋味,如:

(12)《世説新語·方正》第47則:"王述轉尚書令,事行便拜。文度曰:'故應讓杜、許。'藍田云:'汝謂我堪此不?'文度曰:'何爲不堪?但克讓自是美事,恐不可闕。'藍田慨然曰:'既云堪,何爲復讓?人言汝勝我,定不如我。'"

王坦之與其父王述有意見分歧,王述很失望:"人家都説你超過我,但到底還是不如我啊!"如此看來,王述對王坦之期望很高,要求也嚴格。因此,當聽説王禕之和哥哥一樣輕視支道林,就勸導:"你可别學你哥哥。你哥哥本來比不上他(支道林)"。這裏的"伊"只能理解成第三人稱代詞"他",指代"支道林"。《漢語大詞典》和董志翹(1997)、蔣冀騁(2015)引《世説新語·品藻》第64則的"勿學汝兄,汝兄自不如伊",來作爲"伊"的第二人稱用法的早期用例,實有不妥,應予澄清。

參考文獻

[1]董志翹. 近代漢語指代詞札記[J]. 中國語文,1997(5):373.

[2]馮春田. 近代漢語語法研究[M]. 濟南:山東教育出版社,2000:55.

[3]郭錫良. 漢語第三人稱代詞的起源和發展[M]//語言學論叢(第6辑). 北京:商務印書館,1980:74.

[4]黄沚青. 親屬稱謂詞"中外""中表"考[J]. 西南交通大學學報(社會科學版),2013,14(5):12.

[5]蔣冀騁. 近代漢語代詞"伊""與麽"考源[J]. 語文研究,2015(2):44.

[6]吕叔湘著,江藍生補. 近代漢語指代詞[M]. 上海:學林出版社,1985:17-18.

[7]王引之. 經傳釋詞[M]. 長沙:嶽麓書社,1985:73.

[8]張萬起. 世説新語詞典[M]. 北京:商務印書館,1993:191-192.

[9]張萬起,劉尚慈. 世説新語譯注[M]. 北京:中華書局,1998:457.

[10]張相. 詩詞曲語辭匯釋[M]. 北京:中華書局,1953:758.

[11]張永言,駱曉平,田懋勤,蔣宗許. 世説新語辭典[M]. 成都:四川人民出版社,1992:533.

Two Questions about *yi*(伊) in *Shishuoxinyu*

Xu Junwei

Abstract: In the pre-qin period, yi(伊)mostly acts as deictic word or auxiliary word in the sentence. While in *Shishuoxinyu* written in Wei, Jin and the Southern and Northern Dynasties, the usage of third person pronoun of yi(伊) began to appear. This text thinks that yi(伊)is mainly used as third person pronoun in *Shishuoxinyu*, which can't be considerd as second person pronoun before Tang Dynasty. Yi(伊)also has the usage of auxiliary word, undertaking the similar function of wei(唯). Related works and papers have a misunderstanding on these two problems, so this text corrects the mistake.

Key words: Shishuoxinyu, yi(伊), personal pronoun, auxiliary word

通信地址:浙江省杭州市天目山路 148 號浙江大學西溪校區中文系
郵　　编:310028
E-mail:767211611@qq. com.

論近代漢語四組詞的地域流變及其成因*

湯傳揚

内容提要 揭示詞的地域流變是漢語詞彙史需要研究的一個重要問題。玆以"事體""肚皮"以及表"活兒""用品"義的"生活"、表"拋撇"義的"閃"爲例，對其産生、發展以及在現代漢語中的沿用流變做考察，勾勒其嬗變之軌迹。研究表明：同義詞的競争、表義不明晰、詞義負擔過重是影響詞語地域流變的因素；部分現代漢語方言詞是由近代漢語通語詞發展、演變而來，它們在方言中既有承傳，又有創新。

關鍵詞 近代漢語　語詞　地域流變　成因

一個詞①的通行地域隨時代的不同而不同，詞的地域流變是漢語詞彙史需要研究的一個重要問題。汪維輝(2006)認爲："詞的地域性比時代性更難以論證，因爲詞的通行地域隨時在變。有些詞，前代是通語詞，後代降格爲方言詞，或者相反；有些詞，前代和後代都是方言詞，但是通行地域有大小，或是從甲方言詞變成了乙方言詞。"本文以"事體""肚皮"以及表"活兒""用品"義的"生活"、表"拋撇"義的"閃"爲例，對其産生、發展以及在現代漢語中的沿用流變做考察，勾勒其嬗變之軌迹。

1　事體

"事體"一詞，普通話少見。《現代漢語詞典》(第6版)"事體"條後標有〈方〉，這表明"事體"是一個方言詞。② 在這一詞條下列有兩個義項，這兩個義項與"事情"一詞的義項有重合，分别相當於"事情②"(人類生活中的一切活動和所遇到的一切社會現象)和"事情③"(職業；工作)。"事體"在漢語史上的情况如何？發展到現代漢語階段，其在方言中的分布情况又是怎樣的？背後的成因有哪些？本節擬對這些問題進行分析。

---

* 本文的部分内容曾在"古代漢語方言和通語學術研討會"上宣讀。論文寫作、修改過程中，承蒙汪維輝、張美蘭先生提供中肯的意見。匿名審稿專家給本文提出了中肯的修改意見，在此一併致謝！文中謬誤，概由本人負責。

① 本文所説的"詞"有的是指詞的"義位"，這裏籠統稱之爲詞只是爲了稱述上的方便。

② 蘇新春(2013:126)認爲標方詞是被普通話詞彙系統關注和逐步吸收，尚未完全同化的方言詞。我們認爲這一觀點值得商榷。《現漢》中的標方詞除此種類型的方言詞之外，還有隨着時間的發展，詞語逐漸從通語中退出，僅保留在方言中的。這需要我們做歷時的、動態的、全面的考察。參看蘇新春：《詞典與詞彙的計量研究》，上海：上海辭書出版社，2013年。

1.1 “事體”的成詞及詞義演變

據筆者所調查的語料,“事”“體”組合最早出現在東漢時期,如:

(1)時年八十,而心力克壯,母在堂,朝夕瞻省,旁無几杖,言不稱老,達練事體,明解朝章,雖無謇直之風,屢有補闕之益。(《東觀漢記·胡廣傳》)

上例中的“事體”義爲“事理;道理”。“事”“體”這一雙音結構是偏正短語還是偏正式雙音詞?我們認爲“事體”在這裏已經成詞。具體理由有二:首先,與“事體”相對的“朝章”已經成詞,義爲“朝廷的典章”。其次,語素“體”在這裏有“道理”義。而表“道理”義的“體”在當時未見單用用例,一般用於雙音詞中,如“大體”一詞。例證如《史記·平原君虞卿列傳》:“太史公曰:平原君,翩翩濁世之佳公子也,然未睹大體。鄙語曰:‘利令智昏。’平原君貪馮亭邪説,使趙陷長平兵四十餘萬衆,邯鄲幾亡。”又如《全後漢文》卷三十一张酺《上疏薦太子侍從》:“臣愚淺不識大體,以爲宜選名儒高行,以充師傅,問訊起居之日,太傅時賜宴所,以宣德音,以成聖德也。”

表“事理;道理”義的“事體”在東漢以後亦不乏用例,如:

(2)昔姬公非無友于之愛,而涕泣以滅親;石碏非無天性之慈,而割私以奉公。蓋明見事體,不溺近情,遂爲純臣……(《抱朴子外篇·仁明》)

(3)太守道:“那徒弟可是了事的?”原差道:“也曉得事體的。”太守道:“你悄地對那徒弟説:可速回寺中去取那本《金剛經》來,救你師父,便得無事;若稍遲幾日,就討絶單了。”(《二刻拍案驚奇》卷一)

“事體”又有“體制;體統”義,如:

(4)昔漢祖以神武革命,開建帝業,繼以文帝之賢,纂承洪緒,清虚玄默,擬迹成康。賈誼歎息,以爲天下倒懸,雖言有抑揚,不失事體。(王敦《辭荆州牧疏》,《全晉文》卷十八)

(5)又七日之戲,令制無之,班勞所施,慮違事體。庫府空虚,宜待新調,二三之趣,停之爲便。(张普惠《奏記任城王澄》,《全後魏文》卷四十八)

“事體”該義項的産生當與“體”的詞義發展有關。“體”在東漢時發展出“體統;體制”義,如東漢張衡《西京賦》:“高祖創業,繼體承基。”表“體制;體統”義的“事體”在近代漢語中時見用例,如:

(6)魏、晉有度支尚書,校計軍國之用,國朝但以郎官署領,辦集有餘。時艱之後,方立使額,參佐既衆,簿書轉煩,終無宏益,又失事體。其度支使及關内、河東、山南西道、劍南西川轉運常平鹽鐵等使宜停。(唐·李豫《停度支鹽鐵奉常使敕》)

(7)竊以國家取士,務得實材,今若浮僞之人容其濫進,則使負辛勤藴實學者無以自别。且自來科場,務存事體,所以優加禮遇,用待賢能。(宋·歐陽修《條約舉人懷挾文字札子》)

(8)衆人也並無言語。自然這晚親友來往不絶,幸得幾個内親照應。家下人等見鳳

姐不在，也有偷閑歇力的，亂亂吵吵，已鬧的七顛八倒，不成事體了。①（《紅樓夢》第一百十一回）

近代漢語初期，“事體”一詞又有“事情；情況”義，相當於“事”的語義，如：

（9）其市榜諸縣，見擬移牒請其且收，臣既昧通方，輒陳事體，兢懼戰越，不知所裁。（唐・齊映《河南府論被謗表》）

（10）行營近日事體陛下一一具知。（唐・白居易《請罷兵第三狀》）

“事體”的這一義位在元、明、清漢語中亦常見，如：

（11）今後因公事錯了底，若不問事體輕重，一概罰俸，實爲不便。（《元典章・臺綱二》）

（12）父老每多是有年紀歷過多少事體過的，有什麽不解意處？（《二刻拍案驚奇》卷二）

（13）薛蟠便把湘蓮前後事體説了一遍。（《紅樓夢》第六十七回）

1.2 近代漢語階段“事體”的詞義及方言分布

如前所述，“事體”在近代漢語階段主要有三個義項：（1）事情；情況（2）體制；體統（3）事理；道理。這三個義項在近代文獻中的使用情況如何？是否存在核心義項？以下是我們調查的“事體”的書證、義項及頻次：

表一②：

時代	文獻	使用義項	頻次
宋元	三朝北盟會編	(1)	6
	西廂記諸宫調	(1)	6
	元典章	(1)/(3)	36/1
	琵琶記	(1)	3

① 該例句使用的是“程甲本”。汪維輝（2010）在討論《紅樓夢》前 80 回和後 40 回的詞彙差異時曾舉“事體”一詞，指出“事體”在前 80 回可以用作“事情”義，在後 40 回均爲“不成事體”“成何事體”，指“事理；道理”。的確，“事體”一詞在前 80 回和後 40 回中的意義不同。但筆者認爲將後 40 回中的“事體”理解爲“體制；體統”更符合文意。這涉及如何區分“事體”一詞的三個義項這一問題。通過語料調查，筆者發現依據組合搭配、語法功能可以有效地區分這三個義項。表示“事理；道理”義的“事體”多與心理活動動詞搭配，如“曉得”；表示“體制；體統”義的“事體”多用於否定語境，如“不成事體”。這兩個義項是“事體”的非自由義。相比而言，表“事情”義的“事體”語法功能多樣，使用範圍更廣。

② 本文在調查使用頻次時，運用了“漢籍全文檢索系統（四）”、臺灣“‘中研院’近代漢語標記語料庫”和自制優質語料庫。《三朝北盟會編》使用了《燕雲奉使録》《茅齋自敘》《靖康城下奏使録》《靖康大金山西軍前和議録》《紹興甲寅通和録》《采石戰勝録》6 篇；《水滸傳》使用的是 120 回本；“二拍”指的是《初刻拍案驚奇》《二刻拍案驚奇》，後不一一標示。

時代	文獻	使用義項	頻次
明代	水滸傳	(2)	1
	西遊記	(1)/(3)	5/2
	三寶太監西洋記	(1)	6
	金瓶梅詞話	(1)/(2)/(3)	4/1/3
	三遂平妖傳(20回本)	(1)	1
	二拍	(1)/(2)/(3)	111/3/2
	型世言	(1)/(3)	3/4
清代	醒世姻緣傳	(1)/(2)	59/1
	聊齋俚曲集	(1)	6
	李漁小説	(1)	2
	儒林外史	(1)	5
	歧路燈	(1)/(3)	69/3
	紅樓夢前80回	(1)/(2)	4/1
	紅樓夢後40回	(2)	6
	海上花列傳	(1)	155
	兒女英雄傳	(1)/(2)	3/1
	三俠五義	(1)/(2)	36/1
	官場現形記	(1)/(3)	7/1
	老殘遊記	(1)	2
	躋春臺	(3)	1
	九尾狐	(1)	35
	九尾龜	(1)	166

從表一不難看出，在近代漢語階段，“事體”一詞“事情；情況”義的使用頻次最高，是核心義項。揭示詞的地域性是詞彙史的基本任務之一。“事體”一詞在近代漢語階段的地域分布如何？爲此，我們調查了一些文獻的方言背景：

表二①：

<table>
<tr><td>時段</td><td colspan="7">宋至清初</td></tr>
<tr><td>文獻</td><td>三朝北盟會編</td><td>西廂記諸宮調</td><td>元典章</td><td>琵琶記</td><td>金瓶梅詞話</td><td>二拍</td><td>醒</td></tr>
<tr><td>方言背景</td><td>北方</td><td>北方</td><td>北方</td><td>南方</td><td>山東</td><td>吳語</td><td>山東</td></tr>
<tr><td>時段</td><td colspan="7">清初至清末</td></tr>
<tr><td>文獻</td><td>聊齋俚曲集</td><td>李漁小説</td><td>儒林外史</td><td>歧路燈</td><td>紅樓夢</td><td>海上花列傳</td><td>九尾狐</td></tr>
<tr><td>方言背景</td><td>山東</td><td>吳語</td><td>江淮</td><td>河南</td><td>北京</td><td>吳語</td><td>吳語</td></tr>
</table>

① 《醒》是《醒世姻緣傳》的簡稱。

從表二可以看出“事體”在近代漢語階段的地域分布是比較廣泛的，是個南北通行的通語詞。

1.3 現代漢語中“事體”的共時分布及成因

許寶華、宮田一郎《漢語方言大詞典》：“事體”①（名）事情。徽語、吴語。②（名）工作。吴語。據曹志耘主編的《漢語方言地圖集》（詞彙卷）“120 事情一件～”條，“事體”在現代方言中的分布可以概括成下表：

表三①：

	官話								晉語
	東北	北京	冀魯	膠遼	中原	蘭銀	西南	江淮	
事體	——	——	——	——	——	——	——	——	——
	吴語	徽語	湘語	贛語	客家話	粤語	閩語	平話	
事體	52%	8%	——	——	——	——	——	——	

檢《上海方言詞典》《寧波方言詞典》“做事體”條，兩者均有“幹活”這一義項。將上表與許寶華、宮田一郎主編的《漢語方言大詞典》相結合，不難看出表“事情”義的“事體”僅分布在吴語和徽語中，前代的通語詞在後代降格爲方言詞。

據筆者初步調查，“事體”在近代漢語階段没有“工作”義，這一義項較早出現在現代文學作品中。我們認爲“工作”義的産生是“事體”在方言中詞義引申的結果。之所以這樣説，是因爲經初步調查，現代作家茅盾、劇作家洪深等人的作品中有用例。如：

(14)劉姑丈：“找些事體混混。”王一聲：“姑丈，我自小沒讀書，也沒學過手藝，什麽也不會幹。”（洪深《貧民慘劇》第二幕）

(15)你到上海來托朋友尋事體，剛剛你的朋友自己也没事體，你的運氣也太壞！（茅盾《上海》）

洪深是江蘇武進人、茅盾是浙江嘉興人，均屬吴語區。由以上分析可見，“事體”的“工作”義，近代以來吴語區的作家、民衆經常使用，其方言詞的特點明顯。

根據上文分析，“事情；情況”義是“事體”在近代漢語階段的核心義項。“事體”在近代漢語中是南北通行的通語詞，現代漢語階段只保留在吴語區和徽語區。由此可見，隨着時代的不同，“事體”的通行地域在縮小。是什麽因素導致這一變化的産生？這一問題值得深究。據筆者調查，表示“事情”義的“事”在上古已見，歷代常用，在地域上亦没有限制，是個“泛時空性”詞。“事（兒）”在近代漢語階段仍舊是表“事情”義的主導詞。就雙音詞來説，“事情”的使用對“事體”産生了一定的衝擊②。

董秀芳（2011：90-91）、蔣紹愚（2012）考察了“事情”的成詞過程。董秀芳認爲：“‘事情’

---

① 表中的百分比指的是方言區及次方言區説“事體”的方言點/區域總調查點。

② 在近代漢語中，表示“事情”義，還有“事意”“事濟”“事頭”等。但從檢索結果來看，“事意”“事濟”“事頭”等的使用頻率都不高。因此，對“事體”的衝擊並不大。

本是偏正短語，義爲‘事情的真實情況’……後來‘情’的語義失落了，‘事情’變爲一個名詞，指‘人類生活中的一切活動和所遇到的一切社會現象’，相當於原來短語中‘事’的語義。”蔣紹愚持相同看法，認爲：“‘事情’本是‘事之情(情況、實質)’的意思……到《金瓶梅》《紅樓夢》裏的‘事情’已和現在意思相同。”“事情”在近代漢語中是通語詞。在表示“人類生活中的一切活動和所遇到的一切社會現象”一義上，“事(兒)”“事體”與“事情”在明清時期的使用情況如何？爲此筆者調查了該期的一些文獻，現將使用情況列表如下：

表四(明代)：

	水滸傳	西遊記	金瓶梅詞話	二拍	型世言
事(兒)	1099	611	953	2469	766
事體	0	5	4	111	3
事情	10	14	35	28	4
方言背景	江淮	江淮	山東	吴語	吴語

表五(清代)①：

	醒	聊	李漁小説	紅(前80回)	歧路燈	儒林外史	兒
事(兒)	1154	530	873	1380	1199	739	1447
事體	59	6	2	4	69	5	3
事情	44	20	20	46	13	3	69
方言背景	山東	山東	吴語	北京	河南	江淮	北京
	海	老殘遊記	九尾龜	九尾狐	三俠五義	躋春臺	春阿氏
事(兒)	285	213	1150	310	1408	737	644
事體	155	2	166	35	36	0	0
事情	2	14	871	10	42	2	112
方言背景	吴語	江淮	吴語	吴語	天津	四川	北京

結合以上兩表，我們可以得出以下幾點結論：

第一，無論是在北方文獻還是在南方文獻中，“事(兒)”均是表“事情”義的主導詞。

第二，《金瓶梅詞話》《聊齋俚曲集》《紅樓夢》《兒女英雄傳》《三俠五義》《春阿氏》等幾部北方文獻都呈現出“事情”强、“事體”弱的狀況；明清時期的江淮官話作品《水滸傳》《西遊記》《老殘遊記》等，“事情”的使用也超過了“事體”；在清末四川方言作品《躋春臺》中，情況也是如此。但也應該看到“事體”在清末以前一直是通語詞，并未退出歷史舞台。如在山東方言作品《醒世姻緣傳》、河南方言作品《歧路燈》、江淮官話作品《儒林外史》等中“事體”的使用頻次超過了“事情”。在《三俠五義》中，“事體”與“事情”的使用頻率差别不大。在《醒世姻緣傳》《歧路燈》《儒林外史》《三俠五義》等中，“事體”均既用於人物對話，又用於叙述語。如《歧

① 《醒》《聊》《紅》《兒》《海》分别是《醒世姻緣傳》《聊齋俚曲集》《紅樓夢》《兒女英雄傳》《海上花列傳》的簡稱形式，後不一一標示。

路燈》有 39 例用於對話、30 例用於叙述語;《三俠五義》有 19 例用於對話、17 例用於叙述語。筆者考察了四部作品中"事體"用於人物對話的用例,發現其使用與説話人的身份和文化修養無關。

第三,在"二拍"、《海上花列傳》《九尾狐》等吴語作品①中,"事情"始終未能超過"事體",這説明從明末到清末,"事體"始終是吴語表"人類生活中的一切活動和所遇到的一切社會現象"義的主導詞。雖然在清末小説《九尾龜》中,"事情"反超了"事體",但並不能由此斷言:清末"事情"已替代"事體",成爲吴語該語義場的主導詞。這是因爲《九尾龜》的方言背景雖説是吴語,但小説的叙述部分以及一些人物對話是用通語所寫,部分人物對話方言味道十足,需要加以甄别。試比較下面一些例句:

(16)不覺又過了幾天,邱八把兩月中欠積的事情料理清楚,應酬也漸漸的少了……(第二十四回)

(17)章秋谷始終意不在此,便立起身來對陳海秋道:"我們没有什麽事情,還是約幾個人來碰和罷。"(第九十八回)

(18)黛玉聽秋谷問他,不覺觸起去年的苦境,長歎一聲道:"説起倪格事體來,真真作孽,倪今朝到仔上海,賽過是重投格人身。"(第二十二回)

(19)范彩霞回頭一笑,兩頰生紅,對着秋谷笑道:"倪無啥事體呀,耐二少是難得請過來格客人。"(第九十八回)

例(16)(17)用通語寫就,"事情"分别用於叙述語和人物對話中;例(18)(19)中的人物對話用吴語寫就,用的是"事體"。通過上述分析,我們有理由相信:在清末的吴語中,"事體"是語義場主導詞②。

北京官話《官話指南》(1881,A)、南方官話《官話指南》(1893,B)及其滬語《土話指南》(1889,C)、《滬語指南》(1896,D)、粤語《粤音指南》(1895,E)、《改訂粤音指南》(1930,F)中相關用例如③:

【A】嗐,這孩子實在没出息,整天家遊手好閒,不做點兒正經事。他老子娘也不管他麽?

【B】嗐,這孩子實在没出息,整天的遊手好閒,不做點兒正經事。他老子娘也不管他麽?

【C】啊,箇个小囝正真無志氣,一日到夜閒遊浪蕩,勿做一眼正經事體。伊个爺娘勿管个呢啥?

【D】咳,第个小囝實在無志氣,終日个蕩拉外頭勃相,勿做一顔正經事體。伊个爺娘也勿管伊否?

---

① 在吴語作品《型世言》中,"事情"的用例與"事體"相差不大。但據筆者分析,"事情"有 2 例用於叙述語、1 例用於書信、1 例用於傳口信,均較爲正式。

② 《九尾龜》中"事體"凡 166 例,其中有 162 例用於對話。"事體"一詞在吴語中的活躍程度可見一斑。筆者對《九尾龜》前 30 回中"事情"的使用頻次進行了粗略統計:其中用於叙述體的有 31 例,用於對話體的有 55 例。但仔細分析不難發現,對話中説話者身份的尊貴與否對"事情""事體"的選擇有影響。一般而言,身份較爲尊貴的文人傾向於用"事情",妓女們則用"事體"。如第七十二回:秋谷便向修甫道:"這件事情我雖是已經應允,却還要回去一趟,和家内説明了委曲的情形,方能成就,現在却不能就這般草草的娶他。"且説陳文仙對着辛修甫説道:"……辛大少,倪格事體瞞勿過耐……"

③ 本文《官話指南》系列語料由張美蘭教授提供,謹致謝忱!張美蘭教授的《〈官話指南〉匯校與語言研究》已經由上海教育出版社出版,可參看。

【E】嗤,呢個細蚊仔實在冇出頭,成日遊手好閒,一啲正經事都唔造。佢嘅父母都唔管佢咩?

【F】甲嗤,呢箇細仪仔實在冇用,成日好閒,又嗰時候乜野正經事都唔做。乙佢父母唔打理佢咩?

對比《官話指南》6 個版本,"事體"均出現在滬語《土話指南》《滬語指南》中。北京官話《官話指南》、南方官話《官話指南》與之對應的大多是"事",有時是"事情";粵語《粤音指南》《改訂粤音指南》與之對應的有"事""事幹""事情"等。

李菲(2017)比較了官話《聖諭廣訓直解》和吴語版《聖諭廣訓直解》①表"事情"義詞的使用情況。"事情"在前後兩個版本的使用數量分别是 5∶1;"事體"在兩個版本中的使用數量爲 2∶136。與吴語版《聖諭廣訓直解》中的"事體"相對應,官話《聖諭廣訓直解》基本用"事"。

根據曹志耘主編的《漢語方言地圖集》(詞彙卷)"120 事情一件～"條,表"事情"義詞在現代方言中的分布可以概括成下表:

表六②:

	官話								晉語
	東北	北京	冀魯	膠遼	中原	蘭銀	西南	江淮	
事(兒)	97%	100%	100%	100%	67%	39%	30%	38%	55%
事情	——	——	——	——	25%	56%	44%	52%	38%
事體	——	——	——	——	——	——	——	——	——
事幹	——	——	——	——	——	——	——	——	——
事志	——	——	——	——	——	——	——	——	——
	吴語	徽語	湘語	贛語	客家話	粤語	閩語	平話	
事(兒)	5%	75%	51%	84%	54%	78%	41%	67%	
事情	11%	——	14%	9%	33%	3%	6%	31%	
事體	52%	8%	——	——	——	——	——	——	
事幹	31%	17%	——	——	——	7%	2%	——	
事志	——	——	——	——	——	——	40%	——	

從表六不難看出,"事體"通行範圍的縮小還與"事幹""事志"等詞的使用有關。"事幹"

① 據李菲(2017:2),官話《聖諭廣訓直解》,清同治年間(19 世紀 60 年代),作者不詳;《聖諭廣訓直解》吴語翻譯版,清末鈔本。具體時間、作者不詳。

② 表中的百分比指的是方言區及次方言區説"事(兒)""事情""事體""事幹""事志"的方言點/區域總調查點。

從古至今應該是個方言詞，在歷史上的分布範圍要更廣一些①。在現代方言中，“事體”集中分布在北部吴語；“事幹”集中分布在南部吴語。“事志”在明代閩方言戲文《荔鏡記》中有用例，現僅見於“閩語”中，應該是個方言創新詞。

2 肚皮

《現代漢語詞典》(第6版)“肚皮”條後標有〈方〉，這表明“肚皮”是一個方言詞。義爲“腹部；肚子”。“肚子”是表“腹部”的通語詞。“肚皮”在漢語史上的情況如何？發展到現代漢語階段，其在方言中的分布情況又是怎樣的？“肚皮”與“肚子”又有何關係？本節擬對這些問題進行分析。

2.1 近代漢語中的“肚皮”和“肚子”

據筆者所調查的語料，“肚皮”最早出現在唐代，但用例還不太多。盡數列舉如下：

(1)襆頭巾子露，衫破肚皮開。體上無裈褲，足下復無鞋。(《王梵志詩·貧窮田舍漢》)

(2)兒覓富貴百千般，不道前生惡業牽，蓋得肚皮脊背露，脚根有襪指頭串。(《敦煌變文集新書·不知名變文》)

(3)爭如臣向青山頂頭，白雲堆裏，展開眉頭，解放肚皮，且一覺睡。(陳摶《對御歌》按：陳摶乃唐末五代隱士)

“肚皮”在宋代的用例有所增多，且用法更爲多樣，有的意義變得抽象化了。例如：

(4)這僧依舊黑漫漫地，不分緇素，懷一肚皮疑，真個道雪峰不會。(《碧巖録》第五十一則)

(5)上堂：“結夏時左眼半斤，解夏時右眼八兩。謾云九十日安居，贏得一肚皮妄想。”(《五燈會元》卷二十“薦福休禪師”)

---

① 據陳莉(2006)考察：元明清時期出現“事幹”用作“事情”義的文獻有：《全元曲》(北方官話)、《水滸傳》(江淮官話)、《西遊記》(江淮官話)、《三言二拍》(吴語)、《山歌》(吴語)、《掛枝兒》(藍青官話、吴語)、《俗話傾談》(粵語)、《醒世姻緣傳》(北方官話)、《海上花列傳》(吴語)。除《全元曲》15例外，“事幹”全部出現在南方作品中。陳莉認爲《全元曲》中出現的15例不能作爲“事幹”曾通行於北方的證據。她給出的理由是：1.檢《新校元刊雜劇三十種》裏面並未發現一例“事幹”，表“事情”全部用單音詞“事”。而《全元曲》中的15例全部出現在賓白中，很可能是經過了明人的改動。2.這15例“事幹”結構雷同，除1例外，全部出現在疑問句中，句式都爲“有何/甚事幹”。這些“事幹”在戲曲中已經程式化，不能反映口語的變化。3.從當時的北方文獻來考察，《原本老乞大》《孝經直解》《元朝秘史》《老乞大諺解》《朴通事諺解》中，表“事情”義全部用單音詞“事”，《金瓶梅》有“事”“事體”“事情”三種説法。在這些口語性很强的作品中並未見到“事幹”的用例。陳莉的考察細緻、深入，我們認爲該觀點是成立的。在現代方言中，除銀川外，“事幹”的通行區域集中在南方方言區。關於銀川，陳莉查閱《銀川方言詞典》，引論中提到：“(明洪武)九年(1376)立寧夏衛，遷五方之人實之……志書則稱‘寧夏多江南人，故彬彬然有江左之風’。”那麽，在銀川方言中使用的“事幹”是否也是南方方言的積澱？陳莉的猜測不無道理。參看陳莉(2006)。

(6)天平曾參進山主來，爲他到諸方，參得些蘿蔔頭禪在肚皮裏，到處便輕開大口道，我會禪會道，常云："莫道會佛法，覓個舉話人也無。"(《碧巖録》第九十八則)

(7)上堂："開口是，合口是，眼下無妨更著鼻。開口錯，合口錯，眼與鼻孔都拈却。佛也打，祖也打，真人面前不説假。佛也安，祖也安，衲僧肚皮似海寬。(《五燈會元》卷十六"智海本逸禪師")

例(4)(5)中的"肚皮"臨時充當量詞；例(6)中的"肚皮"猶"心"，例(7)中的"肚皮"猶"心胸"，其意義變得抽象。

宋代，表"腹部；肚子"的"肚皮"略舉幾例如下：

(8)被猴行者化一團大石，在肚内漸漸會大。教虎精吐出，開口吐之不得，只見肚皮裂破，七孔流血。(《大唐三藏取經詩話・過長坑大蛇嶺處》)

(9)遂嘔吐數聲，曰："世間人吃却米粽，教老僧脹破肚皮。"(《古尊宿語録》卷二十七)

(10)祖曰："子之所得，可謂協於心體，布於四肢。既然如是，將三條篾束取肚皮，隨處住山去。"(《五燈會元》卷五"藥山惟儼禪師")

元代，"肚皮"在《元典章・刑部》《元刊雜劇三十種》《全元散曲》《元代法律資料輯存・無冤録所見元代有關法律文書》等中均有使用。舉例如下：

(11)把那廝剜了眼睛豁開肚皮，摘了心肝卸了手足，乞支支拗折那廝腰截骨。(《元刊雜劇三十種・冤報冤趙氏孤兒雜劇》第四折)

(12)或是包饅頭待上賓，或是裹餛飩請伴侣。向磁罐中軟火兒葱椒焐，勝如黄犬能醫冷，賽過胡羊善補虚。添幾盞椒花露，你裝的肚皮飽旺，我的性命何辜。(姚守中【中吕】《粉蝶兒》)

(13)春三月，屍經兩三日變動，口、鼻、肚皮、兩脇、胸前，肉色微青。若經十日以來，則鼻、耳内多有惡汁流出，肚皮胖脹。此即肥大之人。(《無冤録》卷上"寒暑變動")

明代，"肚皮"在《元朝秘史》《水滸傳》《西遊記》《三寶太監西洋記》《三遂平妖傳》《封神演義》、"二拍"、《掛枝兒》《鼓掌絶塵》《歡喜冤家》《朴通事諺解》《型世言》等文獻中均有使用。

清代，"肚皮"在《醒世姻緣傳》《聊齋俚曲集》《歧路燈》《儒林外史》《兒女英雄傳》《二十年目睹之怪現狀》《官場現形記》《海上花列傳》《何典》《九尾龜》《九尾狐》《躋春臺》等中有使用。

據汪維輝(2016)考察："就目前所知，'肚子'始見於敦煌變文：若裹菜蔬三五啖，摩挲肚子飽咳咳。(《妙法蓮華經講經文(四)》)不過唐宋時期用例罕見，下來要到元曲中才見到。"需要補充的是：表"腹部"的"肚子"出現在《元曲選》的"賓白"中，在《元刊雜劇三十種》《元典章》等比較可靠的元代語料中尚未發現。到了明代，"肚子"才在文獻中得以廣泛運用，如在《水滸傳》《西遊記》《三寶太監西洋記》《三遂平妖傳》《金瓶梅詞話》《封神演義》、"二拍"、《山歌》《掛枝兒》等中均有使用。在明代，"肚子"亦有臨時充當量詞的用法，有的意義變得抽象化了。例如：

(14)仁卿一肚子惱怒，正無發泄處，一手揪住頭髮，拖將過來便打道……(《初刻拍案驚奇》卷二十九)("肚子"臨時充當量詞)

(15)李君正鬥着肚子裏事，又合著仙兄之機，吃了一驚，忙問道："此事虚實如何?"(又卷四十)(猶"心")

清代，"肚子"在《醒世姻緣傳》、"李漁小説"(《無聲戲》)、《聊齋俚曲集》《紅樓夢》《歧路燈》《儒林外史》《兒女英雄傳》《三俠五義》《老殘遊記》《孽海花》《春阿氏》《九尾龜》《躋春臺》《何典》等中均有使用。

2.2 "肚皮"與"肚子"的歷時競爭

從上文的調查來看,"肚皮"在清中期以後大有從北方退却而偏於南方之勢。在表"腹部"義上,"肚子"與"肚皮"在明清時期似乎存在競爭替換關係。事實究竟如何?爲此我們展開一番調查。調查結果如下:

表一:

	水滸傳	西遊記	西洋記	新平妖傳	封神演義	二拍
肚子	2	14	26	8	1	1
肚皮	8	11	10	8	3	2
方言背景	江淮	江淮	——	——	——	吴語
	明民歌	型世言	歡喜冤家	金瓶梅詞話	鼓掌絶塵	朴通事諺解
肚子	3	1	0	17	0	0
肚皮	6	4	3	1	1	2
方言背景	吴語	吴語	——	山東	南方	北方

表二①:

	醒	李漁小説	聊	紅(前80回)	歧路燈	儒林外史	兒
肚子	30	2	17	7	11	5	33
肚皮	2	4	5	0	1	2	1
方言背景	山東	吴語	山東	北京	河南	江淮	北京
	海	九尾狐	九尾龜	三俠五義	何典	春阿氏	老殘
肚子	1	0	22	6	1	3	5
肚皮	6	3	12	0	10	2	0
方言背景	吴語	吴語	吴語	天津	吴語	北京	江淮
	官場	孽海花	怪現狀	躋春臺			
肚子	9	1	18	6			
肚皮	16	0	1	2			
方言背景	江淮	江淮	江淮	四川			

結合表一、表二及其他相關語料,我們可以得出以下幾點結論:

第一,在明代早期的會話書《朴通事諺解》中,只見"肚皮",不見"肚子"。明代初年的口

① "明民歌"指《山歌》《掛枝兒》《夾竹桃》;《西洋記》《老殘》《官場》《怪現狀》分別是《三寶太監西洋記》《老殘游記》《官場現形記》《二十年目睹之怪現狀》的簡稱,後不一一標示。

語性語料《元朝秘史》亦同,“肚皮”凡 2 見,未見“肚子”。這表明“肚子”在明初還未得以廣泛運用。明初,“肚皮”占據壓倒性地位。

第二,在明代中後期的語料中,一般都呈現出“肚皮”“肚子”並用的局面。在“二拍”“明民歌”、《型世言》等吴語作品中,“肚皮”的使用頻次高於“肚子”;在山東方言作品《金瓶梅詞話》中,“肚子”的使用頻次高於“肚皮”。“肚皮”“肚子”在南、北方言作品中的使用情況存在一定的差異。可以説,“肚皮”“肚子”的南北差異在明末就已初露端倪。

第三,清代,在山東方言作品《醒世姻緣傳》《聊齋俚曲集》,北京官話作品《紅樓夢》《兒女英雄傳》《春阿氏》,河南方言作品《歧路燈》,江淮官話作品《儒林外史》《老殘遊記》《二十年目睹之怪現狀》,天津方言作品《三俠五義》,四川方言作品《躋春臺》中,均呈現“肚子”强、“肚皮”弱的狀況。這表明:清代,“肚子”是北方方言中表“腹部”的主導詞。

第四,清代,在“李漁小説”、《海上花列傳》《九尾狐》《何典》等吴語作品中,均呈現“肚皮”强、“肚子”弱的狀況。這表明:清代,“肚皮”是吴語表“腹部”的主導詞。

第五,在清末北京官話作品《春阿氏》中,“肚子”凡 3 例,而“肚皮”2 例,兩者似乎差别不大。不過,值得注意的是僅有的 2 例“肚皮”均是沿襲前代俗語“人心隔肚皮”。在江淮官話作品《官場現形記》中,“肚皮”的使用頻次高於“肚子”,原因何在? 我們知道,《官場現形記》雖是通語寫就,但作者李寶嘉是江蘇武進人(其方言係屬爲吴語)。我們認爲,作品中“肚皮”的使用當是受到地域方言的影響。

第六,在吴語作品《九尾龜》中,“肚子”的使用頻次高於“肚皮”,而且“肚子”也用於人物對話,這一現象讓人費解,原因何在? 仔細比較不難發現,同樣是人物對話,不同人物所説的話語、所使用的詞的雅俗不同,有的方言色彩濃重、有的通語色彩明顯。一些人物操方言土語時,多用“肚皮”。比如:阿娟道:“阿呀,章老爺昨日仔啥勒勿來介,阿貢搭仔幾化客人等得來大家格肚皮才要餓殺快,阿是倪間搭小場化,章老爺勿肯過來?”(第八十九回)再如:蘭芬見他要走,知道他向來如此,並不相留,但道:“格末耐吃仔點心去,勿要餓仔肚皮,叫俚篤去叫仔一碗雞絲麵來阿好?”(第三十七回)因此,我們有理由相信:“肚皮”是吴語表“腹部”的主導詞。

第七,在清末四川方言作品《躋春臺》中,“肚子”“肚皮”並用,且“肚皮”也用於人物的對話中。如《啞女配》:文進曰:“這個災雜種會做,老子的肚皮痛。”再如《白玉扇》:大德曰:“十分賢慧,把我當作兒樣。”問:“他家過年吃些啥子?”答:“雞魚羊肉,一半都未吃完,今早雞蛋和麵,幾大斗碗,喊我快吃,肚皮裝滿。”從這點來看,四川方言作品《躋春臺》中“肚子”“肚皮”的使用情況與北方官話作品不盡一致。這表明:清末,“肚子”“肚皮”在四川方言中並用。

揭示詞的地域性是漢語詞彙史的基本任務之一。郭作飛在《〈張協狀元〉詞彙研究》(2008:383-384)中認爲:“肚皮”在南宋是個南方方言詞。他對南宋文獻的調查結果如下:《碧巖録》4 見;《大唐三藏取經詩話》1 見;《古尊宿語録》4 見;《林間録》1 見;韋居安《梅澗詩話》1 見;劉克莊《菩薩蠻·戲林推》詞 1 見;《五燈會元》5 見。郭作飛認爲《禪林僧寶傳》《古尊宿語録》《景德傳燈録》《五燈會元》這四種語録具有很强的南方方言特色。韋居安,今浙江湖州人;劉克莊,莆田(今屬福建)人。據此,認爲“肚皮”在南宋當爲南方方言詞。我們認爲這一看法有失偏頗。根據上文的調查可知,“肚皮”在晚唐的《敦煌變文》、元代的《元典章·刑部》《元刊雜劇三十種》、明代早期的《朴通事諺解》等文獻中均有使用,這些文獻具有北方方言色彩。因此,“肚皮”在南宋時應該是個通語詞,降格爲方言詞是以後的事情。

2.3 “肚皮”“肚子”在現代方言中的分布

根據曹志耘主編的《漢語方言地圖集》(詞彙卷)“69 肚子”條，可以把現代漢語方言中“肚子”“肚皮”的分布概況歸納成下表：

表三①：

	官話								晉語
	東北	北京	冀魯	膠遼	中原	蘭銀	西南	江淮	
肚子	97%	89%	100%	92%	83%	61%	63%	95%	51%
肚皮	——	——	3%	——	——	——	28%	——	——
	吴語	徽語	湘語	贛語	客家話	粵語	閩語	平話	
肚子	9%	——	95%	55%	7%	——	——	3%	
肚皮	60%	——	——	7%	——	——	——	——	

從表三可以看出，“肚子”在現代官話區(尤其是東北官話、北京官話、冀魯官話、膠遼官話、江淮官話)、湘語中占有絶對的統治地位，但尚未波及徽語、粵語、閩語等南方方言區，在吴語、客家話、平話中有零星分布。“肚皮”集中分布在吴語，在西南官話中也有一定的分布。從行政區域來看，“肚皮”有兩大比較集中分布的區域，一個是浙北，一個是西南四川一帶。這一分布與明清時“肚皮”在文獻中的使用情況一脈相承。兩塊比較集中的區域被“肚子”隔開，呈現出“一東一西”的遠隔分布。“肚子”原本應該是個北方方言詞，繼而成爲通語詞。伴隨着“肚子”的不斷擴散，“肚皮”的通行區域在縮減。最終，“肚皮”從通語詞降格爲方言詞。

3 表“活兒”“用品”義的“生活”

《現代漢語詞典》(第 6 版)“生活”條第五個義項“活兒”(主要指工業、農業、手工業方面的)後標有〈方〉，這表明該義項只是在某些方言中通行。“生活”的這一義項在漢語史中的情況如何？發展到現代漢語，是通語用法降格爲方言用法，還是方言用法的保留？本節擬對這些問題進行分析。

據筆者所調查的語料，“生活”一詞的“活兒”義在宋代的文獻中就已出現，但用例還比較少。元代時有所增多。例如：

(1)丈夫語話須豁豁，莫學癡人受摩捋，趁時結裹學擺撥，也學柔和也麤糲。也剃頭，也披褐，也學凡夫作生活。(《景德傳燈録》卷三十“一鉢歌”)

(2)夜久人静，忽聞以行相呼云：“今吾輩有何生活?”或答曰：“明日沈幾兒子過來，赴任杭州也。”(《能改齋漫録》卷十八“中宵牛語”)

---

① 表中的百分比指的是方言區及次方言區説“肚子”“肚皮”的方言點/區域總調查點。“肚子”“肚皮”都説的方言點没有統計，僅統計單説的。

(3)强打疊精神怎過,思量的做不得生活。越思量越間阻越情多。思量的身憔悴,思量的似風魔,思量煞也怎奈何!(無名氏【中吕】《紅綉鞋》)

(4)誰不待舉案齊眉學孟光。怕不待開張,那裏取升合糧?與人家打勤勞做生活有甚妨!怕不待時時的殺個猪,勤勤的宰個羊,覓幾文鄧通錢將我娘侍養。(《元刊雜劇三十種・小張屠焚兒救母雜劇》第一折)

(5)朱五經道:"分明是如賢所教;但是小生自小兀坐書齋,不諳其他生活,只得把這教學糊口度日,爲之奈何?"(《五代史平話・梁史平話》卷上)

通過調查,筆者發現在明清時期的白話作品中,表"活兒"義有"活""生活""活計""活路"等詞。它們的使用情况如下:

表一(明代):

	朴通事諺解	水滸傳	西遊記	二拍	金瓶梅詞話	明民歌
生活	11	17	1	6	18	1
活(兒)	0	0	4	5	12	0
活計	0	0	0	0	0	0
活路	0	0	0	0	0	0
方言背景	北方	江淮	江淮	吴語	山東	吴語

表二(清代)①:

	醒	聊	李漁小説	紅(80回)	歧路燈	儒	兒
生活	13	6	1	1	2	2	0
活(兒)	31	3	0	14	9	0	11
活計	0	0	0	8	0	0	13
活路	1	9	0	0	0	0	0
方言背景	山東	山東	吴語	北京	河南	江淮	北京
	三俠五義	官場	老殘遊記	躋春臺	春阿氏	海	孽海花
生活	1	0	0	0	0	22	0
活(兒)	16	0	0	7	4	0	0
活計	4	0	0	0	8	0	0

① 《儒》是《儒林外史》的簡稱。在"明清官話與方言工作坊"(清華大學,2018年12月1日)上,宋洪民教授告知筆者:表示"活兒"義,山東方言用"營生"。謹致謝忱!受此啟發,筆者調查了表一、表二所列文獻中表"職業;活兒;工作"義之"營生"的使用情況。其中,《西遊記》1例、"二拍"2例、《金瓶梅詞話》4例、《山歌》1例、《醒世姻緣傳》4例、《聊齋俚曲集》2例、《歧路燈》1例、《儒林外史》1例、《三俠五義》4例。檢李榮主編《現代漢語方言大詞典》,"營生"在哈爾濱、牟平、銀川、太原、忻州等方言點有"無公職的人所從事的職業;活兒;工作"義,在"梅縣"有"工作"義。此外,"營生"在表一、表二所列文獻中更多的是表"事情"義。其中,有相當一部分"營生"指不好的事情,與"勾當"相似。還有不少"營生",其搭配詞具有消極語義特點,顯示出消極語義韻。"營生"的"事情""活兒"這兩個義位在明清(尤其是清代)主要分布在北方系語料中。

	醒	聊	李漁小説	紅(80 回)	歧路燈	儒	兒
活路	0	0	0	20	0	0	0
方言背景	天津	江淮	江淮	四川	北京	吴語	江淮

結合表一、表二,不難看出表"活兒"義的"生活"既在"二拍""明民歌"等吴語作品中使用,又在《金瓶梅詞話》《醒世姻緣傳》《聊齋俚曲》《歧路燈》等北方文獻以及《朴通事諺解》《水滸傳》《西遊記》《儒林外史》等官話文獻中使用。因此,"生活"的"活兒"義在清中期以前是通語用法。清中期以後,"生活"表"活兒"義在吴語作品《海上花列傳》中尚有使用,但是在北京官話作品《兒女英雄傳》《春阿氏》,四川方言作品《躋春臺》等中未見使用。"生活"的這一用法大有從通語降格爲方言的趨勢。"活計"出現在京津地區的作品中。"活路"出現在山東、四川方言作品中。

北京官話《官話指南》(1881,A)、南方官話《官話指南》(1893,B)及滬語《土話指南》(1889,C)、《滬語指南》(1896,D)、粵語《粵音指南》(1895,E)、《改訂粵音指南》(1930,F)中相關用例如:

【A】今年打了有一百石糧食。你這回來,應着甚麼活了没有?還没應着活了。

【B】今年打了有一百担粮食。你這回來,做倒甚麼工了没有?還没做倒事呢。

【C】今年打之一百石米。箇回轉來,有生活拉做否?無啥生活。

【D】今年打之一百擔糧食。儂第回來,做之啥个生活?還勿曾做啥。

【E】收得一百石米。你呢回翻嚟,有接到啲乜嘢工夫做冇呢?都唔曾接到工夫做。

【F】乙 有一百石。甲 你呢賬番嚟,有接倒工程嗎?乙 未呀。

表"活"義的"生活"主要用於滬語《土話指南》《滬語指南》,南方官話《官話指南》偶有使用。北京官話《官話指南》与之對應主要用"活";南方官話《官話指南》主要用"工""事";粵語《粵音指南》主要用"工夫";《改訂粵音指南》主要用"工程"。

"生活"的這一義項在現代方言中的分布如何?據許寶華、宮田一郎《漢語方言大詞典》:"生活"②(名)活兒;事兒。晉語、江淮官話、徽語、吴語。檢李榮主編的《現代漢語方言大詞典》,"生活"的這一義項在膠遼官話(牟平)、江淮官話(揚州)、徽語(績溪)、吴語(崇明、丹陽、杭州、金華、寧波、蘇州)等地有分布。

"生活"在近代漢語中還有"用品;器物"義。如:

(6)而有司不知大體,乃欲以承平靡麗之事,而修復於艱難之時,若貫翊所領後苑作准備造作生活工匠是也。(宋·許景衡《乞罷後苑工匠札子》)

(7)令各處鋪户之家,將現在鐵器生活須管立限發賣了畢。(《元典章·户部八》)

(8)那打鐵的看見魯智深腮邊新剃,暴長短須,戧戧地好滲瀨人,先有五分怕他。那待詔住了手道:"師父請坐。要打甚麼生活?"智深道:"洒家要打條禪杖,一口戒刀。不知有上等好鐵麼?"(《水滸傳》第四回)

(9)西門慶有應伯爵早來邀請,常時節先在花園内卷棚下擺飯,看見許多銀匠,在前打造生活,孫寡嘴作東,邀去郊外耍子去了。(《金瓶梅詞話》第二十五回)

(10)染家,你來看生活。這楊州綾子滿七托長,兩頭有記事,染柳黄,碾的光着。(《朴通事諺解·中》)

(11)他原賣的是絲綢綾娟女人生活之類,他央店家一個小的拿了箱籠,引到馬家宅

裏去賣，指望撞着那小姐，得以飽看一回。(《二刻拍案驚奇》卷二十九)

以下是“生活”一詞的“用品；器物”義在明清時期作品中的使用情況：

表三：

	朴通事諺解	水滸傳	二刻拍案驚奇	金瓶梅詞話	醒世姻緣傳	歧路燈
“用品”義(頻次)	2	1	2	20	8	2
方言背景	北方	江淮	吴語	山東	山東	河南

從表三不難看出，“生活”的“用品；器物”義在明清時期是南北通行的用法。

發展到現代漢語，這一義項不見於普通話。檢李榮主編的《現代漢語方言大詞典》，在杭州話中“生活”有“製成品”義：格批～做得蠻好，品質是保證的。

綜上所述，“生活”的“活兒”“用品；器物”義在近代漢語中是通語用法，發展到現代漢語，“生活”的“活兒”義保留在部分方言區；“用品；器物”義保留在個别方言點。

4 表“抛撇”義的“閃”

向熹在《簡明漢語史》中編(2010：671)第三章“近代漢語詞彙的發展”第三節“近代漢語詞義的發展”中指出：“閃，本義是從門内偷看，又爲光亮突然顯現或忽明忽暗。近代産生五個新義：①突然出現。②抛撇。③扭傷，挫傷。④急速躲避。⑤閃失，意外受挫。現代漢語除②義外，其餘四個意義都保存。”《現代漢語詞典》(第6版)“閃”條第七個義項“甩下；丢下”後標有〈方〉，這表明該義項只在某些方言中通行。“閃”的這一義項在漢語史中的情況如何？發展到現代漢語，又保存在哪些方言中？本節擬對這些問題進行分析。

“閃”的“甩下；丢下”義在南宋的文獻中就已出現，但用例還比較少。如：宋杜安世《菊花新》：“坐卧雙眉鎮長斂。繡户初開花滿院。羅幃翠屏空，風微動、玉爐煙颭。兒夫心腸多薄幸，百計思、難爲拘撿。幾回向伊言，交今後、更休抛閃。”再如《張協狀元》第三十二出：“那一日過絲鞭，道十分是好姻緣。前遮後擁一少年，緑袍掩映桃花臉，把奴家只苦成抛閃。”以上兩例中的“閃”與“抛”同義連文。“閃”在元代時用例增多，使用範圍廣泛。例如：

(1)家緣都撇漾，人口盡逃亡，閃的俺一雙子母每無歸向。自從身體上一朝出帝輦，俺這夢魂無夜不遼陽！(《元刊雜劇三十種·閨怨佳人拜月亭雜劇》第二折)

(2)俺孩兒信他言，信他言，裝上船，去了十七年，不能够見。天，閃我在悲田院。(《元刊雜劇三十種·相國寺公孫汗衫記雜劇》第四折)

(3)婆婆，我當初不尋思，教孩兒往皇都。把媳婦閃得苦又孤，把婆婆送入黄泉路，只怨是我相耽誤。我骨頭未知埋在何處所？(《琵琶記》第二十齣)

(4)被父母禁持，投東摸西，將一個表子依隨。走南跳北，典了衣服，賣了馬匹。尖擔兒兩頭脱，閃得我孤身三不歸。(《宦門子弟錯立身》第十二齣)

(5)見希颩胡都茶客微醒，細尋尋思思雙生雙生，你可閃下蘇卿？(鄭光祖【雙調】《蟾宫曲·夢中作》)按：鄭光祖乃山西臨汾人。

(6)望妾身，改家門，見書生可人情意親。夢撒幺分，受盡艱辛，搬丁罵卜兒嗔。閃煞人也短命郎君，盼煞我也遥受夫人。(張可久【越調】《柳營曲·酒邊有訴秀才負心爲作問答》)按：張可久乃浙江寧波人。

從調查來看，在元代，"閃"的"甩下；丢下"義看不出明顯的地域差别，既用於元雜劇，又用於南戲，考察作者的籍貫，南北均有，應該是通行的用法。

明代也是如此。"閃"表"甩下；丢下"義在《西遊記》中1例、《二刻拍案驚奇》中3例、《金瓶梅詞話》中9例。

到了清代，表"甩下；丢下"義的"閃"多用於北方方言文獻，在南方方言文獻中則用的很少，南北有一定的差距。以下是其在幾部清代文獻中的使用情況：

表一①：

	醒世姻緣傳	聊齋俚曲集	歧路燈	兒女英雄傳	三俠五義	九尾龜
"甩下；丢下"義	4	5	11	1	1	1
方言背景	山東	山東	河南	北京	天津	吴語

"閃"在吴語作品《九尾龜》中有1例。但該例用於叙述語，而叙述語多由通語寫就。因此，從調查情況來看，"閃"表"甩下；丢下"義在清代大有偏於北方之勢。

發展到現代漢語，"閃"的"甩下；丢下"義在現代方言中的保留情況如何？據許寶華、宫田一郎《漢語方言大詞典》："閃"①(動)丢下；撇下；剩下。北京官話、冀魯官話、中原官話。檢李榮主編的《現代漢語方言大詞典》，"閃"的這一義項在東北官話(哈爾濱)、冀魯官話(濟南)、中原官話(洛陽、徐州)、蘭銀官話(銀川)等地有分布②。從調查結果不難看出，"閃"的"甩下；丢下"義主要保留在北方方言中。顯然，"閃"在現代方言中的分布是對前代的繼承和發展。

通過上述考察，我們可以得出以下兩點結論：

一、同義詞的競争是制約詞語地域流變的重要因素之一。語言的經濟性原則決定着這些同義詞只能保留一個成員。"事(兒)""事情"等詞與"事體"展開激烈競争，最終"事體"僅在部分吴語、徽語方言點通行。"肚子"的擴散亦對"肚皮"産生不小的衝擊。這些同義詞的産生和興起是造成"事體""肚皮"等詞通行區域變小的原因。

同義詞間的競争同樣是一個詞的義項降格爲方言義項的影響因素。"生活"一詞的"活兒"義在現代漢語中之所以降格爲方言義項，是因爲口語性更强的"活兒"開始廣泛使用。此外，表義不明晰、詞義負擔過重也是通行義項成爲方言義項的影響因素。"生活"一詞的"用品；器物"義和"閃"的"拋撇"義降格爲方言義項即屬於這一類型。總之，一個詞的義項能够通行多長時間，在多大範圍内使用，歸根到底要受詞彙系統的制約。

二、現代漢語部分方言詞對近代漢語語詞既有承傳，又有創新。以"事體"爲例，它在吴語區既有"事情"義，又有"工作"義。如果説"事情"義是承繼近代漢語而來的話，那麽"工作"

---

① 筆者調查了吴語背景作品"李漁小説"、《海上花列傳》《何典》和江淮官話作品《儒林外史》《孽海花》《老殘游記》，均未見表"拋撇"義的"閃"。"閃"的對象是人。當拋棄的對象是人時，"李漁小説"用"拋棄""拋撇""丢""丢撇"；《海上花列傳》用"丢"；《何典》只有"拋妻棄子"一語；《儒林外史》用"丢"；《孽海花》用"扔""丢"；《老殘游記》無相關概念。

② 檢董紹克、張家芝主編的《山東方言詞典》，"閃"在濟南、桓臺、濟寧、曲阜、陽谷、菏澤、牟平、壽光、青州等地表示"親近的人猛然離去，感情上若有所失"。我們認爲這是方言義位的變異。

義便是"事情"這一義項在吴語中的引申。這是因爲"事體"在近代漢語階段没有"工作"義①。

參考文獻

[1]曹志耘. 漢語方言地圖集・詞彙卷[M]. 北京:商務印書館,2008:120.

[2]陳莉.《訓世評話》詞彙研究[D]. 南京:南京大學,2006:41-42.

[3]董秀芳. 詞彙化:漢語雙音詞的衍生和發展(修訂本)[M]. 北京:商務印書館,2011:90-91.

[4]郭作飛. 張協狀元詞彙研究[M]. 成都:巴蜀書社,2008:383-384.

[5]蔣紹愚. 漢語常用詞考源[M]//國學研究(第29卷). 北京:北京大學出版社,2012:19-39.

[6]李菲.《聖諭廣訓直解》吴語翻譯版之詞彙語法研究[D]. 北京:清華大學,2017:2,11.

[7]湯傳揚. "後生"的歷時演變與共時分布——兼論其在官話區消退的原因[J],欽州學院學報,2016(6):52-56.

[8]汪維輝. 論詞的時代性和地域性[J],語言研究,2006(2):85-90.

[9]汪維輝.《紅樓夢》前80回和後40回的詞彙差異[J],古漢語研究,2010(3):35-40.

[10]汪維輝. 漢語"肚子"義詞的歷史與現狀[M]//長安學術(第9輯),北京:高等教育出版社,2016:145-154.

[11]向熹. 簡明漢語史・上(修訂本)[M]. 北京:商務印書館,2010:671.

On the Regional Evolution of Four Words in Pre-modern Chinese and Its Causes

Tang Chuanyang

Abstract: One important question of the lexical history of Chinese is to reveal the regional evolution of words. This paper focus on four groups words, i. e "Shiti", "Dupi", "Shenghuo" with the meaning "work" "articles for use", "Shan" with the meaning "abandon" and chart their evolution by investigating their origination and development in history, and their evolution situation in local dialects. Research shows the competition of synonym、ambiguity of meaning、semantic overload are factors which influnce the regional evolution of words; Some modern Chinese dialect words are developed and evolved from the pre-modern Chinese words. Those words are both inheritance and innovation in local dialects.

Key words: pre-modern Chinese, lexicon, regional evolution, cause

---

① 值得注意的是即便同一詞語,其在各方言中的詞義也不盡相同,表現很複雜。筆者(2016)曾對"後生"在各方言中的承傳、創新情況進行了考察:"後生"在南昌、太原、忻州等3個方言點中保留了"年輕人"義;在杭州、梅縣等2個方言點中保留了"年輕"義;在東莞、福州、績溪、黎川、柳州、南寧平話、寧波、萍鄉等8個方言點中既保留了"年輕人"義,也保留了"年輕"義。以上是承傳情況。創新情況也不盡一致:"後生"在廣州方言中有"大户人家的跟班的""店鋪中學生意的小夥計"等兩個義項;在廈門方言中有"兒子"義;在上海、蘇州方言中有"長相比實際年齡輕"義;在雷州方言中有"體格"義。"後生"在各方言中的引申義有所不同,究其原因則是聯想方式和方向的不同。"後生"在各地域方言中的紛繁表現歸根到底與其所在區域方言的詞彙系統有關。

通信地址:北京市海淀區清華大學紫荊學生公寓 14 號樓 1314B
郵　　編:100084
E-mail:1090014537@qq. com

《西儒耳目資》知莊章組字分派類型的計量研究

鄭　伊

内容提要　本文以《漢語方音字彙》中的知莊章組字爲樣本，利用聚類分析的方法對《西儒耳目資》古知莊章組字的分派類型進行考察。通過計量分析發現，《西儒耳目資》的 ʦ、tʂ 分派類型與南京、合肥兩地官話方言接近，但有一定距離。《耳目資》中 ʦ/tʂ 型、tʂ/tʂʰ 型異讀是造成其與南京型官話有別的原因。

關鍵詞　聚類分析　《西儒耳目資》　知莊章

比利時傳教士金尼閣(1577—1629)修訂改編的《西儒耳目資》(以下行文中簡稱《耳目資》)，是用羅馬字母給漢字注音的一部音書，於 1626 年出版。該書是漢語語音史研究中的一份非常重要的文獻。《耳目資》音系中，古知莊章組字的分派類型，前修時彦進行了深入的探討，但是還未達成定論。本文採用計量的方法，在前人研究的基礎上，进一步探討《耳目資》古知莊章組字的分派類型。

一　前人對《耳目資》古知莊章組分派類型的探討

熊正輝(1990)根據官話方言的 ʦ 組和 tʂ 組字的來源，將官話方言分爲濟南型、昌徐型和南京型。許多學者以此爲基礎對《耳目資》古知莊章組字的分派類型展開了探討，並將其作爲判斷《耳目資》音系基礎的重要證據。近年來，對《耳目資》知莊章分派類型進行深入探討的有張衛東(1991)、桑宇紅(2008)、孫宜志(2010)和麥耘、朱曉農(2012)。他們的觀點可以分成兩類：

1)知莊章的分派大致屬南京型。持這一點觀點的有張衛東(1991)、桑宇紅(2008)和孫宜志(2010)。南京型的特點是，莊組三等韻除止攝合口和宕攝讀 tʂ 組，其他全讀 ʦ 組。《耳目資》中，ç 組和 ch 組①分派的主體類型與南京型相同，同時雜有其他方言，並進一步推測“《耳目資》的基礎方言很可能是明代的南京型的江淮官話”(孫宜志，2010)。

2)知莊章的分派與中原官話更接近。這一觀點從歷史演變著眼，麥耘、朱曉農(2010)注意到《耳目資》莊組字有 tʂ 和 ʦ 兩類讀音，基於張衛東(1991)提出的“由 tʂ 變 ʦ 屬正常”的演變方向，那麽與演變成南京話相比，由《耳目資》演變成昌徐型的洛陽話“需要解釋的就更少”。

---

①　《耳目資》中，舌齒部位的塞擦音分成兩組：ç 組和 ch 組，ç 組聲母有 ç、‘ç 和 s；ch 組有 ch、‘ch 和 x。關於這兩組的具體音值，前輩學者進行了探討。ç 的音值爲[ʦ]，音位上歸納爲/ʦ/，各家均無異議；ch 的音值，學者們尚有争論。關於 ch 音值和音位歸屬的討論，詳見下文 2.5。本文在引述《耳目資》注音時，按照原書拉丁字母拼寫，不轉换成國際音標。

雖然都是基於《耳目資》與現代方言的比較研究，但很明顯各家對《耳目資》知莊章分派的類型遠沒有達成一致。由於《耳目資》是近代的一部非常重要的音書，對其知莊章聲母分派的考定，不僅關係到《耳目資》聲母系統的面貌，而且也牽涉到近代語音的演變和官話方言的形成等一系列漢語語音史中的重大問題。那麼，我們就有必要另闢蹊徑，換一種思路來解決這一問題。

二 《耳目資》知莊章分派的計量分析

2.1“以往的漢語音韻學研究，主要是在‘考古’和‘審音’兩個方面下功夫”(陸致極，1988)。過往學者多是著力於這兩方面，或是考證文獻材料，整理出某個歷史時期的語音系統，追尋出不同歷史時期語音演變蹤跡；或是運用語音學或音系學知識，利用現代方言材料，參合比較，擬定某個歷史時期内發生的音變規則。對《耳目資》的研究，也不例外，上述各家對《耳目資》知莊章分派的研究，可以說，正是“考古”和“審音”相結合的研究結果，從研究方法上來說，屬於定性研究。

2.2 我們另闢蹊徑，運用統計學中聚類分析(Cluster Analysis)來重新審視這一問題。聚類分析是根據事物本身的特性研究個體分類的方法。聚類分析的原則是同一類中的個體有較大的相似性，不同類的個體差異很大。聚類分析根據分類對象的不同，分爲樣品(Q 型)聚類和變量(R 型)聚類。在本次研究中，我們將採用樣品(Q 型)聚類(以下行文中稱爲 Q 型聚類)。Q 型聚類就是對事件(或稱爲樣品或觀測)進行聚類，是根據被觀測對象的各種特徵值，即反映被觀測對象特徵的各項變量數值進行分類。

用計量的方法研究語音史或方言，鄭錦全(1994)和陸致極(1987，1988)做了開創性的貢獻，他們使用計量的方法來研究音韻學或方言學，取得了一系列豐碩的成果。我們的研究是在借鑒和改進兩位前輩學者研究方法的基礎上進行的。

2.3 我們的基本假設是：《耳目資》的語音系統代表了 17 世紀某個地區的語音系統。也就是當時的一種方音。那麼，就古知莊章組字的分派而言，我們可以把《耳目資》的分派與我們已知的當代方言的知莊章分派類型進行比較，以便於觀察《耳目資》的知莊章分派類型。當然，我們的比較不是拿《耳目資》古知莊章組聲母與當代方言數目不等的聲類和音值作比較。“因爲只作那樣的比較，音系中各個聲母依舊在抽象的層面上，它們在系統中的權重地位或功能仍然不十分明確。所以必須把它們跟它們的載體——詞或字聯繫起來，從‘量’的角度去探求它們的‘質’的規定性”(陸致極，1988)。

2.4 首要的工作是要選取一定數量的字組成樣本。我們選取的樣本是《漢語方音字彙》(以下行文簡稱《字彙》)中的知莊章組字。《字彙》中收入了 20 個漢語方言點的字音材料，這些方言點基本上可以代表漢語的各大方言，全書收字以常用字爲主，字音記録準確，是用以比較各個方言的很好的材料。同時，由於諸家争論的焦點涉及南京和洛陽兩地，我們又加入了這兩地的方言材料①。

《字彙》中屬於中古知莊章三組的字目有 508 個，其中有 14 個字目②我們在《耳目資》中沒有找到相應的字，故將這 14 個字目排除出樣本。剩下的 494 個字目是我們比較分析的樣本③。《耳目資》中有 63 個字有異讀④。我們對異讀字的處理辦法是，把每一個讀音作爲一個“字”來處理，我們稱之爲“字音”。那麼，加上異讀，《耳目資》有 574 個字音。同樣，各個方言中，如果一個字目有兩個讀音，我們也處理爲兩個字音。

2.5 下面我們需要確定用於比較的指標，在討論這一問題之前，我們有必要明確《耳目資》中知莊章組字的記音。《耳目資》中，聲母音值的分歧主要是 ch 組聲母的音值⑤，諸家的意見可以分成三類：

1）羅常培、李葆嘉擬爲 ʧ 組；

2）李新魁、曾曉渝、喬全生擬爲 tʂ 組；

3）陸志韋認爲 ch 代表兩類讀音，在 i 之前作 tɕ，在别的元音前作 tʂ。

就第一類構擬來説，根據羅常培（1930），舌齒部位的塞擦音分成兩組，即 ʦ 組和 ʧ 組，ʧ 組的字在官話方言中大多演變成了 tʂ 組。這種處理與第二類構擬在音位上是一致的——在舌齒部位，塞擦音分成兩類。

關於第三種構擬，陸先生解釋説：“（ch 組）正像國語羅馬字的‘j，ch，sh’，我們斷不可以把他的‘chi’擬成 tʂi。”《耳目資》中一些 ch 組字有帶 i 介音的現象。我們推測陸志韋先生可能覺得捲舌音拼讀細音會比較困難。我們不同意陸先生的構擬。原因是《耳目資》中 ch 組拼細音時，很多字有兩讀。例如，氈⑥ chen ：氈 chien，展 chen ：展 chien，首 xeu ：首 xieu。我們認爲，這些異讀反映的是 ch 組聲母後 i 介音逐漸消失的過程。細音前構擬成 tɕ 組於拼合有利，但不利於解釋 i 介音的消失。基於相同的理由，我們認爲《耳目資》ch 組構擬成 tʂ 組更有利於解釋後來的語音演變。

綜上，《耳目資》中，ç 組和 ch 組聲母的音位歸屬見表 1。在下面的語音對應中，《耳目資》的 ch 組字，將對應官話方言中的 tʂ 組字。

---

① 洛陽方言的字音主要參考賀巍《洛陽方言研究》和曾光平、張啟焕、許留森《洛陽方言志》。南京方言的字音主要參考江蘇省和上海市方言調查指導組編《江蘇省和上海市方言概況》、鮑明煒主編《江蘇省志·方言志》和劉丹青編纂《南京方言詞典》，部分字的讀音參考了南京市地方志編纂委員會編《南京方言志》。

② 這 14 個字目是，吵、橱、戳、薯、數（數目）、閂（門閂）、炸（油炸）、炸（炸彈）、站（車站）、站（站立）、找、著（衣著）、著（著手）、蛀。

③ 《耳目資》收字 14000 有餘，其中知莊章組字肯定遠多於 500 個。也許有人會質疑我們選取的這 494 個字目能否代表《耳目資》知莊章組分合的面貌。我們認爲，我們選取的這 494 個字目，基本上是漢語的常用字，相比於非常用字，這些常用字的讀音更能代表一個音系的面貌。

④ 審稿專家指出同一詞的不同異讀的地位是不相同的，應充分考慮這種差異，不能簡單處理爲不同的音。審稿專家所言甚是。我們根據中古音韻地位對不同的異讀有所取捨，如果異讀與《字彙》中給出的音韻地位差異過大（聲母韻母跨類），且根據字書韻書能證明不同異讀實際是同形字關係時，則予以排除。我們在附表 6 中詳細列出了所用字目和相應的字音。

⑤ 這裏的“音值”側重於指音位歸屬，與歷史中的實際語音不同。

⑥ 聲調不影響我們的討論，故略去，下同。

表 1　《耳目資》兩組塞擦音的音位歸屬

ç 組		ch 組	
ç	/ʦ/	ch	/tʂ/
‘ç	/ʦʰ/	‘ch	/tʂʰ/
s	/s/	x	/ʂ/

2.6 分類的指標。知莊章三組聲母根據後面搭配韻母的等第，又可分成知二、知三、莊二、莊三、章(三)。每一類聲母各有其相應的讀音形式。以莊二爲例，中古莊組二等韻字在 22 個方言點中，有以下 18 種讀音形式①：

表 2　莊組二等韻字在 22 個方言點的讀音類別

莊二	pf	pfʰ	f	t	tʰ	ʦ	ʦʰ	s	ʣ	z	tʂ	tʂʰ	ʂ	ʨ	ʨʰ	ɕ	ʥ	ɬ

每種讀音形式下，會統轄一定的字數。不同的方言，其擁有的音類數量不同，某一讀音下統轄的字音數量也不同。我們將這些音類作爲比較的指標，每個音類下統轄的字數，則作爲变量。以莊二爲例，我們得到附表 1。

運用相同的方法，我們可以得到知二、知三、莊三和章組的統計表(見附表 2、3、4、5)。合併這些表格，我們得到一個 24 行 114 列的表格，有了這些表格，我們就可以進行系統聚類分析。通過 spss 做 Q 型聚類分析，我們得到如下結果。

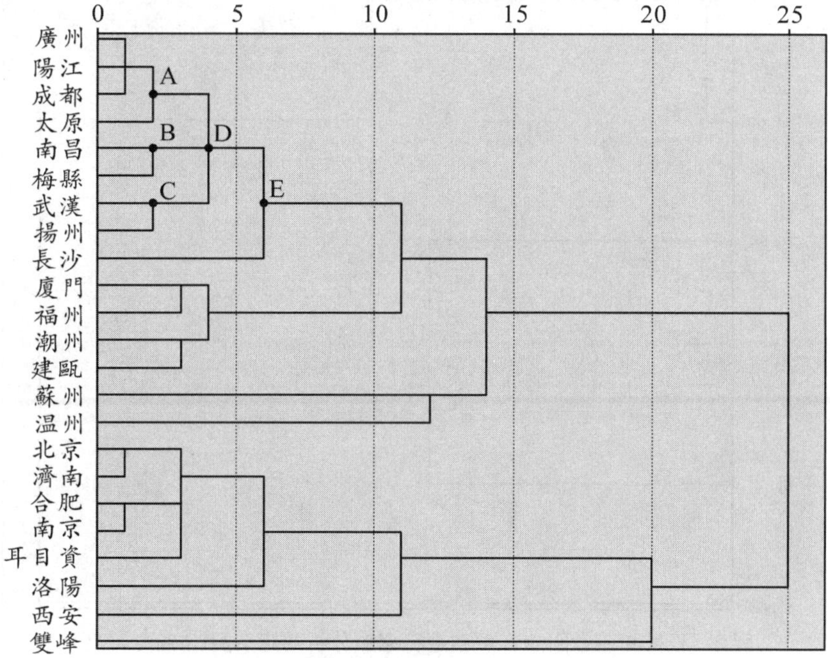

圖 1　根據知莊章組讀音類型進行聚類分析的譜系圖

① 有兩個點的方言需要説明:《字彙》把廣州和陽江方言中舌齒部位塞擦音處理爲 ʧ 組。我爲了減少讀音形式的類別，按照侯精一(2002)把這一組讀音的音位處理爲 ʦ 組。

三　結果分析

下面，我們來分析統計結果。

3.1 先看圖 1。圖 1 反映了聚類的全過程。其中的縱坐標是 22 個方言點和《耳目資》，横坐標表示距離的遠近，可以理解爲刻度數值越大，相似度越低。比如，圖中最上方的“廣州”“陽江”“成都”距離相差很小，先聚合成一小類，這一小類隨後再與有一定距離的“太原”聚合成一類，我們暫稱爲聚類 A。相同的原理，下面的“南昌”和“梅縣”組成聚類 B，“武漢”和“揚州”組成聚類 C，隨後聚類 A、聚類 B 和聚類 C 聚合成聚類 D。隨後，聚類 D 再與“長沙”這個方言點合併成新的聚類 E。注意，當聚類 D 與“長沙”聚合成一類時，它們的節點 E 的横坐標刻度超過了 5。一般認爲，横坐標刻度在 5 以内時，區别不顯著，可以合併爲一類；横坐標超過了 5 説明兩個類别的區别性較爲顯著，可以分成兩類。

3.2 與《耳目資》節點接近的方言有北京、濟南、合肥、南京、洛陽。按照熊正輝(1990)的分類，這五個點正好代表官話分 ʦ、ʈʂ 類型的三種類别：濟南屬於濟南型，洛陽屬於昌徐型，南京和合肥屬於南京型，北京則介於南京型和濟南型之間。我們排除其他方言的資料，只比較《耳目資》和以上 5 個方言點，得到圖 2。

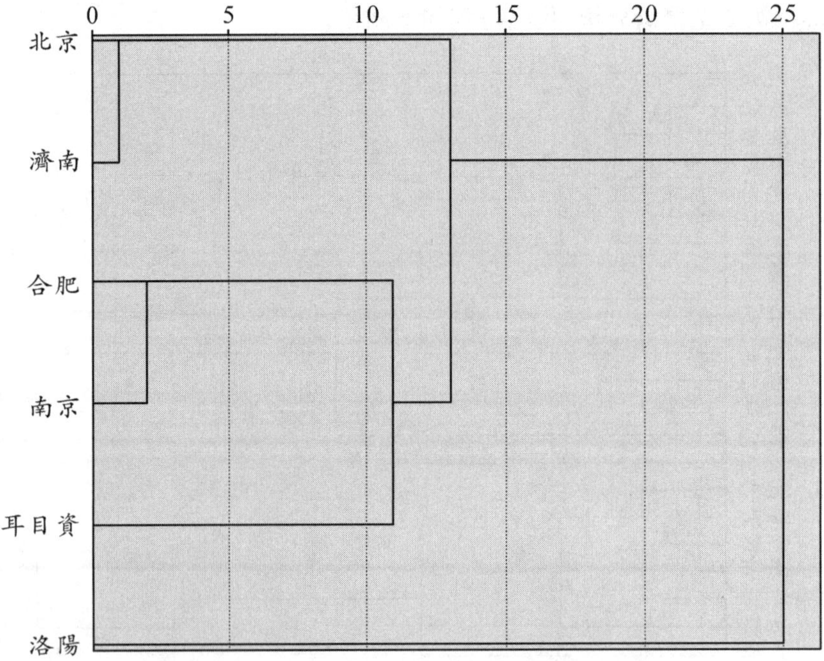

圖 2　根據知莊章組讀音類型進行聚類分析的譜系圖(5 個方言點)

從圖 2 來看，“南京”和“合肥”先聚合成一類，隨後與《耳目資》聚成一類①。我們可以説

---

① 我們發現，圖 2 中《耳目資》與“南京-合肥”的距離要遠大於圖 1。這是由於數據量減少使得這 5 個方言點的差異凸顯。譜系圖的横坐標是按照距離進行重新標定的結果，不是絶對距離，是相對距離。圖 1 和圖 2 所表現的趨勢是相同的。

《耳目資》的知莊章組分派與南京、合肥兩地方言接近,即《耳目資》的知莊章組分派接近南京型的官話。同時我們也注意到,《耳目資》與南京、合肥兩地有一定距離,這説明《耳目資》的分派類型與南京型並不相同。根據圖中横坐標,《耳目資》與南京、合肥的差距,要遠大於濟南和北京之間的差距。

3.3《耳目資》知莊章分派與今南京方言有一定差距,産生這一差距的原因是《耳目資》知莊章組字有大量異讀。

表 3　南京型官話的 ʦ、tʂ 類型①

知二　tʂ	庄二　tʂ	
知三　tʂ	庄三　ʦ	章　tʂ

表 3 表述的是南京型的 ʦ、tʂ 分派情況,《耳目資》的 ʦ、tʂ 分派情況比南京型要複雜(見表 4,表中的斜綫表示存在異讀)。

表 4　《耳目資》的 ʦ、tʂ 類型

知二　tʂ/ʦ	庄二　ʦ/tʂ	
知三　tʂ	庄三　ʦ/tʂ	章　tʂ/t

3.4 就異讀字來説,對我們統計産生影響的有兩種類型:ʦ/tʂ 型、tʂ/tʂ^{h} 型。第一種主要見於莊組,後一種主要見於章組。

3.4.1 先説 ʦ/tʂ 型。根據我們的統計樣本,ʦ/tʂ 異讀多見於莊組字,在我們的樣本中,知組只有一組 ʦ/tʂ 異讀,即撑‘chem ∶ ‘çem。章組有 5 組,承‘chim ∶ çem,申 xin ∶ sin,贖 xo∶ so,術 sui ∶ xu,束 so ∶ xo。而莊組則有 33 組異讀②,遠多於其他兩組聲母:

厠‘chi ∶ ‘cư	争 çem ∶ chem	筝 çem ∶ chem	襯‘çen ∶ ‘chin	産‘çan ∶ ‘chan
鏟‘çan ∶ ‘chan	棧 çien ∶ chan	崇‘çum ∶ ‘chum	初‘çu ∶ ‘chu	衫 san ∶ xan
楚‘çu ∶ ‘chu	礎‘çu ∶ ‘chu	攙‘çan ∶ ‘chan③	饞‘çan ∶ ‘chan	杉 san ∶ xan
斬 çien ∶ chan	釵‘çan ∶ ‘chan	豺‘çai ∶ ‘chai	齋 çie ∶ çư ∶ chai	債‘çe ∶ chai
森 sen ∶ xin	滲 sen ∶ xin	獅 sư ∶ xi	柹 sư ∶ xi ∶ fi	阻 çư ∶ chư
史 sư ∶ xi	使 sư ∶ xi	駛 sư ∶ xi	士 sư ∶ xi	鄒 çeu ∶ cheu

鋤 çu ∶ ‘çu ∶ ‘chu④

創‘çam ∶ ‘cham ∶ ‘chuam⑤

殺 sa ∶ sie ∶ xa ∶ xi ∶ xai ∶ sie⑥

陸志韋(1947)指出中古照二等不全變成 tʂ 等,很有一部分已經變成 ts 等。董建交

---

① 這裏我們只是粗略地羅列每組讀音的類型,表現大的趨勢,實際讀音情況比此複雜。表 4 情況與此相同。

② 在我們的樣本中,知組有 129 個字音,莊組有 159 個字音,章組有 277 字音,因此從比例上看,莊組 ʦ/tʂ 類型的異讀遠高於其他兩組聲母。

③ 《耳目資》中“攙”的‘çan/‘chan 兩讀均有清平和濁平兩讀。

④ “鋤”的 çu 一讀作爲“助”的或體出現。

⑤ 《耳目資》中“創”讀爲‘chuam 時有平去兩讀。

⑥ xi 一讀是“弑”字的或體;sie 一讀是“躃”的或體。

(2007)發現現代普通話很多讀捲舌音聲母的知二、莊組字,在羅明堅、利瑪竇早期所記的音中讀舌尖音聲母。到《西儒耳目資》中,很多知二、莊組字讀捲舌音聲母,或有捲舌音和舌尖音兩讀。這説明羅明堅、利瑪竇等早期傳教士記録的方言知二、莊組部分聲母發生了 tʂ >ts 的音變。而金尼閣則可能記録了兩種官話方言變體的情況,一種變體莊組字聲母讀爲精組,另一種變體莊組字與章組字合流。我們不贊成董文的觀點。因爲就官話方言而言,莊組字與知二組字的演變多保持一致。在《耳目資》中,知二組字的 ʦ/tʂ 型異讀只有一例,即撑ʻchem :ʻçem,這與莊組字有大量 ʦ/tʂ 型異讀的情況不相符合。因此,我們認爲這並不一定是記録的兩種官話方言。結合從《中原音韻》開始出現的莊精合流現象,我們認爲,金尼閣記録的莊組字 ʦ/tʂ 型異讀可能是官話自身演變的反映。

3.4.2 章組字的 $tʂ^h$/ʂ 類型異讀。在我們的統計樣本中,章組異讀字中,$tʂ^h$/ʂ 類型的異讀最多,這些異讀字大部分都是來源於中古的船禪兩母,還有一些書母字:

船母:唇ʻchun : xun　贖 xo : so : ʻcho

禪母:蟬ʻchen : xen : ʻchien : xien　嘗 cham : xam　償 cham : xam　臣 chin: xin

　　成ʻchim : xim　誠ʻchim : xim　承ʻchim : çem : xim

書母:翅ʻchi : xi　舂ʻchum : xum

$tʂ^h$/ʂ 類型的異讀是怎麼産生的?

與《耳目資》大約是同時期的(公元1608年)、上元(今南京)人李登所著的《書文音義便考私編》中,也找到了類似 $tʂ^h$/ʂ 類型的異讀,根據作者自己的注釋,這些異讀不是來源於方言:

	A	B	中古聲母
禪	一先牀開	一先禪開	禪母
蟬	一先牀開	一先禪開	禪母
唇	八諄禪母	八諄牀母	船母
臣	七真牀開	七真禪開	禪母
翅	二寘穿母	二寘審母	書母
啻	二寘穿母	二寘審母	書母

在《書文音義便考私編》中,一般將A欄則稱爲"俗呼",B欄讀音稱爲"舊音"或"正音"。根據寧忌浮(2009)的考察,"俗呼"的讀音絶大多數與今天南京話相同,"舊音"或"正音"是舊韻書的讀音。A欄讀音可能是時音的反映,B欄可能是中古音的反映。我們尚不清楚這兩類讀音在明代是否構成共時平面的異讀,由於B欄注音的聲母與中古音一致,我們推測所謂"舊音"或"正音"保留的是中古韻書中的注音。

四　結論

通過對古今音系的計量分析,我們認爲,《耳目資》古知莊章組字分派類型接近於現代南京、合肥兩地 ʦ、tʂ 的分派類型。由於《耳目資》中有大量的異讀,這些異讀也使得《耳目資》

與當代南京型的官話有一定區別。《耳目資》中的異讀,尤其是莊組字的異讀,對《耳目資》ʦ、tʂ類型的歸屬影響很大。《耳目資》莊組異讀字的性質,還需要結合語音史和方言史的研究進行深入的考索。

參考文獻

[1]賀巍. 洛陽方言研究[M]. 北京:社會科學文獻出版社,1993.
[2]賀巍. 洛陽方言詞典[M]. 南京:江蘇教育出版社,1996.
[3]侯精一. 現代漢語方言概論[M]. 上海:上海教育出版社,2002.
[4]江蘇省地方志編纂委員會. 江蘇省志・方言志[M]. 南京:南京大學出版社,1998.
[5]江蘇省和上海市方言調查指導組編. 江蘇省和上海市方言概況[M]. 南京:江蘇人民出版社,1960.
[6]金尼閣. 西儒耳目資[M]. 北京:文字改革出版社,1957.
[7]李新魁. 記表現山西方音的《西儒耳目資》[J]. 語文研究(1):126-129,1982.
[8]劉丹青. 南京方言詞典[J]. 南京:江蘇教育出版社,1995.
[9]陸志韋. 金尼閣《西儒耳目資》所記的音[M]// 陸志韋. 陸志韋近代漢語音韻論集. 北京:商務印書館,1988:94-108.
[10]陸致極. 漢語方言間親疏關係的計量描寫[J]. 中國社會科學,1987(1):155-166.
[11]陸致極.《中原音韻》聲母系統的數量比較研究[J]. 中國社會科學,1988(5):181-196.
[12]羅常培. 耶穌會士在音韻學上的貢獻[M]// 羅常培. 羅常培語言學論文集,2004:251-262.
[13]麥耘,朱曉農. 南京方言不是明代官話的基礎[J]. 語言科學,2012(4):337-358.
[14]南京市地方志編纂委員會,方言志編纂委員會. 南京方言志[M]. 南京:南京出版社,1993.
[15]寧忌浮. 漢語韻書史・明代卷[M]. 上海:上海人民出版社,2009.
[16]桑宇紅. 從中古知莊章聲母再論《西儒耳目資》的基礎方音[C] //喬全生. 晉方言研究——第三屆晉方言國際學術研討會論文集. 太原:希望出版社,2008:151-156.
[17]孫宜志. 從知莊章的分合看《西儒耳目資》音系的性質[J]. 中國語文,2010(5):438-450.
[18]孫宜志.《西儒耳目資》音系研究的幾個主要問題[J]. 古籍整理研究學刊,2011(4):81-83.
[19]王臨惠. 山西絳縣方言同音字彙[J]. 方言,2008(2):170-179.
[20]熊正輝. 官話區方言分 ʦ tʂ 的類型[J]. 方言,1990(1):1-10.
[21]曾曉渝. 試論《西儒耳目資》的語音基礎及明代官話的標准音[J]. 西南師範大學學報(哲學社會科學版),1991(1):66-74.
[22]張衛東. 論《西儒耳目資》的記音性質[C]//《紀念王力先生九十誕辰文集》編委會. 王力先生九十誕辰紀念文集. 濟南:山東教育出版社,1991:224-242.
[23]鄭錦全. 漢語方言溝通度的計算[J]. 中國語文,1994(1):35-43.

A Quantitative Study on the type of the Initial Groups of Zhi(知)-Zhuang(莊)-Zhang(章)in *A help to Western Scholars*(西儒耳目資)

Zheng Yi

Abstract: We compare pattern of the initial groups of zhi(知)-zhuang(莊)-zhang(章)in A help to Western Scholars with the data from Han Yu Fang Yin Zi Hui. We argue that the coronal type of the phonology of A help to Western Scholars is close to type of Nanjing and Hefei dialects. The difference between A help to Western Scholars and Nanjing dialects is due to a number of variant pronunciation characters in Zhi Group and Zhuang Group.

Key words: Cluster analysis, *A help to Western Scholars*, Zhi group, Zhuang group & Zhang group

通信地址:杭州市天目山路148號浙大西溪校區漢語史研究中心
郵　　編:310028
E-mail:zheng100yi@163.com

附表 1　莊組二等韻字在 22 個方言點和《耳目資》中的讀音類別與所轄字數

	t	tʰ	ʦ	ʦʰ	s	ʣ	z	tʂ	tʂʰ	ʂ	pf	pfʰ	f	ʨ	ʨʰ	ɕ	ʥ	ɬ
耳目資	0	0	8	9	11	0	0	16	17	17	0	0	0	0	0	0	0	0
北京	0	0	1	3	2	0	0	17	19	22	0	0	0	0	0	0	0	0
濟南	0	0	1	3	2	0	0	18	21	22	0	0	0	0	0	0	0	0
西安	0	0	16	19	20	0	0	0	0	1	4	1	3	0	1	0	0	0
太原	0	0	18	23	23	0	0	0	0	0	0	0	0	0	0	0	0	0
武漢	0	0	18	21	24	0	0	0	0	0	0	0	0	0	0	0	0	0
成都	0	0	18	22	24	0	0	0	0	0	0	0	0	0	0	0	0	0
合肥	0	0	4	3	6	0	0	14	18	18	0	0	0	0	0	0	0	0
揚州	0	0	18	21	24	0	0	0	0	0	0	0	0	0	0	0	0	0
蘇州	0	0	14	17	24	0	8	0	0	0	0	0	0	0	0	0	0	0
温州	0	0	13	16	23	3	6	0	0	0	0	0	0	1	1	2	1	0
長沙	0	0	22	15	22	0	0	0	0	0	0	0	0	1	1	3	0	0
雙峰	0	0	16	18	24	5	0	0	0	0	0	0	0	1	0	1	0	0
南昌	0	0	15	24	24	0	0	0	0	0	0	0	0	0	0	0	0	0
梅縣	0	0	16	21	27	0	0	0	0	0	0	0	0	0	0	0	0	0
廣州	0	0	18	22	23	0	0	0	0	0	0	0	0	0	0	0	0	0
陽江	0	0	17	20	24	0	0	0	0	0	0	0	0	0	0	0	0	2
廈門	1	2	16	20	27	0	0	0	0	0	0	0	0	0	0	0	0	0
潮州	0	3	16	22	25	0	0	0	0	0	0	0	0	0	0	0	0	0
福州	2	1	18	19	27	0	0	0	0	0	0	0	0	0	0	0	0	0
建甌	1	2	15	18	27	0	0	0	0	0	0	0	0	0	0	0	0	0
南京	0	0	6	2	5	0	0	12	18	18	0	0	0	0	0	0	0	0
洛陽	0	0	17	18	20	0	0	3	1	3	0	0	0	0	0	0	0	0

附表 2　莊組三等韻字在 22 個方言點和《耳目資》中的讀音類別與所轄字數

	t	tʰ	ʦ	tsʰ	s	z	ʣ	tʂ	tʂʰ	ʂ	pf	pfʰ	f	ʨ	ʨʰ	ɕ	ʥ	j	n	l	ɬ	kʰ
耳目資	0	0	7	10	23	0	0	8	12	13	0	0	0	0	0	0	0	0	0	0	0	0
北京	0	0	3	3	11	0	0	9	12	20	0	0	0	0	0	0	0	0	0	0	0	0
濟南	0	0	1	3	5	0	0	11	14	25	0	0	0	0	0	0	0	0	0	0	0	0
西安	0	0	6	9	24	0	0	1	0	0	5	10	7	0	0	0	0	0	0	0	0	0
太原	0	0	10	15	27	0	0	0	0	0	1	0	0	0	0	0	0	0	0	0	0	0
武漢	0	0	9	18	28	0	0	0	0	0	0	0	0	0	0	0	0	0	0	0	0	0
成都	0	0	10	17	28	0	0	0	0	0	0	0	0	0	0	0	0	0	0	0	0	0
合肥	0	0	6	10	28	0	0	4	5	2	0	0	0	0	0	0	0	0	0	0	0	0
揚州	0	0	10	15	28	0	0	0	0	0	0	0	0	0	0	0	0	0	0	0	0	0
蘇州	0	0	8	11	24	10	0	0	0	0	0	0	0	0	0	0	0	0	0	0	0	0
温州	0	0	9	10	22	7	1	0	0	0	0	0	0	3	2	3	1	2	0	0	0	0
長沙	0	0	8	8	26	0	0	0	0	0	0	0	0	6	4	2	0	0	0	0	0	0
雙峰	0	1	9	11	20	0	9	0	0	4	0	0	0	0	0	0	0	0	0	0	0	0
南昌	0	0	8	19	25	0	0	0	0	0	0	0	0	0	0	0	0	0	0	0	0	0
梅縣	0	0	8	17	27	0	0	0	0	0	0	0	0	0	0	0	0	0	0	0	0	0
廣州	0	0	11	13	28	0	0	0	0	0	0	0	0	0	0	0	0	0	0	0	0	0
陽江	0	0	11	13	28	0	0	0	0	0	0	0	0	0	0	0	0	1	0	0	1	0
廈門	2	0	12	13	26	0	0	0	0	0	0	0	0	0	0	0	0	0	1	1	0	1
潮州	1	0	10	16	26	1	0	0	0	0	0	0	0	0	0	0	0	0	1	0	0	0
福州	1	4	13	14	27	0	0	0	0	0	0	0	0	0	0	0	0	0	0	0	0	1
建甌	0	3	12	13	25	0	0	0	0	0	0	0	0	0	0	0	0	0	0	0	0	1
南京	0	0	5	10	20	0	0	6	5	7	0	0	0	0	0	0	0	0	0	0	0	0
洛陽	0	0	6	5	20	0	0	6	11	6	0	0	0	0	0	0	0	0	0	0	0	0

附表 3　知組二等韻字在 22 個方言點和《耳目資》中的讀音類別與所轄字數

	tʰ	d	ʦ	ʦʰ	ʣ	z	tʂ	tʂʰ	ʨ	ʨʰ	ʥ	pf	pfʰ	kʰ
耳目資	1	0	4	2	0	0	9	3	0	0	0	0	0	0
北京	0	0	2	0	0	0	11	5	0	0	0	0	0	0
濟南	0	0	0	0	0	0	12	5	0	0	0	0	0	0
西安	0	0	7	3	0	0	0	1	0	0	0	5	1	0
太原	0	0	12	5	0	0	0	0	0	0	0	0	0	0
武漢	0	0	12	7	0	0	0	0	0	0	0	0	0	0
成都	0	0	9	9	0	0	0	0	0	0	0	0	0	0
合肥	0	0	3	2	0	0	9	3	0	0	0	0	0	0
揚州	0	0	12	4	0	0	0	0	0	0	0	0	0	0
蘇州	0	0	7	2	0	8	0	0	0	0	0	0	0	0
温州	0	1	3	2	5	0	0	0	4	0	2	0	0	0
長沙	0	0	6	7	0	0	0	0	3	1	0	0	0	0
雙峰	0	1	6	7	2	0	0	0	0	0	0	0	0	0
南昌	2	0	6	9	0	0	0	0	0	0	0	0	0	0
梅縣	1	0	6	9	0	0	0	0	0	0	0	0	0	0
廣州	0	0	11	5	0	0	0	0	0	0	0	0	0	0
陽江	0	0	11	5	0	0	0	0	0	0	0	0	0	1
廈門	4	0	4	0	0	0	0	0	0	0	0	0	0	0
潮州	5	0	6	0	0	0	0	0	0	0	0	0	0	0
福州	4	0	4	2	0	0	0	0	0	0	0	0	0	0
建甌	3	0	5	2	0	0	0	0	0	0	0	0	0	0
南京	0	0	4	1	0	0	8	3	0	0	0	0	0	0
洛陽	0	0	6	3	0	0	6	0	0	0	0	0	0	0

附表 4　知組三等韻字在 22 個方言點和《耳目資》中的讀音類别與所轄字數

	t	t^h	d	ʦ	$ʦ^h$	s	ʣ	z	l	ɬ	tʂ	tʂh	ʂ	dʐ	ʨ	ʨh	ɕ	ʥ	j	pf	pf^h	k	k^h	ɣ	x	h	零聲母
耳目資	0	1	0	0	0	0	0	0	0	0	64	39	1	0	0	0	0	0	0	0	0	0	0	0	0	0	0
北京	0	0	0	0	3	0	0	0	0	0	63	40	1	0	0	0	0	0	0	0	0	0	0	0	0	0	0
濟南	0	0	0	0	0	0	0	0	0	0	63	41	1	0	0	0	0	0	0	0	0	0	0	0	0	0	0
西安	0	0	0	4	2	0	0	0	0	0	38	26	0	0	0	0	0	0	0	25	11	0	0	0	0	0	0
太原	0	0	0	63	39	1	0	0	0	0	0	0	0	0	0	0	0	0	0	0	0	0	0	0	0	0	0
武漢	0	0	0	52	39	1	0	0	0	0	0	0	0	0	8	5	0	0	0	0	0	0	0	0	0	0	0
成都	0	0	0	61	42	1	0	0	0	0	0	0	0	0	0	0	0	0	0	0	0	0	0	0	0	0	0
合肥	0	0	0	0	0	0	0	0	0	0	61	43	0	0	0	0	0	0	0	0	0	0	0	0	0	0	0
揚州	0	0	0	60	40	0	0	0	0	0	0	0	0	0	3	3	0	0	0	0	0	0	0	0	0	0	0
蘇州	0	0	0	42	12	0	0	49	0	0	0	0	0	0	0	0	0	1	0	0	0	0	0	0	0	0	0
温州	0	0	0	20	3	0	26	1	0	0	0	0	0	0	22	7	0	25	0	0	0	0	0	0	0	0	0
長沙	1	0	0	63	17	1	0	0	0	0	0	0	0	0	20	1	1	0	0	0	0	0	0	0	0	0	0
雙峰	33	7	33	0	0	0	1	0	0	0	6	5	0	7	2	5	0	4	0	0	0	1	0	1	0	0	0
南昌	0	0	0	35	55	1	0	0	0	0	0	0	0	0	7	5	0	0	0	0	0	0	0	0	0	0	0
梅縣	3	0	0	42	57	4	0	0	0	0	0	0	0	0	0	0	0	0	0	0	0	0	0	0	0	1	0
廣州	0	0	0	60	44	3	0	0	0	0	0	0	0	0	0	0	0	0	0	0	0	0	0	0	0	0	0
陽江	0	0	0	59	42	2	0	0	0	1	0	0	0	0	0	0	0	0	1	0	0	0	0	0	0	0	0
廈門	75	24	0	17	4	1	0	0	1	0	0	0	0	0	0	0	0	0	0	0	0	0	0	0	0	0	0
潮州	57	23	0	32	9	1	0	0	0	0	0	0	0	0	0	0	0	0	0	0	0	0	0	0	0	0	1
福州	64	30	0	13	4	2	0	0	0	0	0	0	0	0	0	0	0	0	0	0	0	0	0	0	1	0	0
建甌	67	17	0	19	7	1	0	0	0	0	0	0	0	0	0	0	0	0	0	0	0	0	1	0	1	0	1
南京	0	0	0	0	0	0	0	0	0	0	64	39	0	0	0	0	0	0	0	0	0	0	0	0	0	0	0
洛陽	0	0	0	0	0	1	0	0	0	0	63	39	0	0	0	0	0	0	0	0	0	0	0	0	0	0	0

附表 5　章組字在 22 個方言點和《耳目資》中的讀音類別與所轄字數

	p	t	tʰ	d	ʦ	ʦʰ	s	z	ʣ	tʂ	tʂh	ʂ	ʐ	pf	pfʰ	f	ʨ	ʨʰ	ɕ	ʥ	j	n	ȵ	l	ɬ	k	kʰ	x	ɣ	h	ŋ	∅
耳目資	0	2	2	0	1	0	5	0	0	88	50	124	0	0	0	1	0	0	0	0	0	0	0	0	0	1	1	0	0	0	0	0
北京	0	1	0	0	1	0	2	0	0	92	54	105	1	0	0	0	0	1	0	0	0	0	0	0	0	0	0	0	0	0	0	0
濟南	0	1	0	0	1	0	1	0	0	92	58	104	0	0	0	0	1	1	0	0	0	0	1	1	0	0	0	0	0	0	0	0
西安	0	1	0	0	21	2	17	0	0	50	29	79	1	25	18	27	0	0	0	0	0	0	0	0	0	0	0	0	0	0	0	0
太原	0	1	0	0	92	52	110	1	0	0	0	0	0	0	0	0	0	1	0	0	0	0	0	0	0	0	0	0	0	0	0	0
武漢	0	2	1	0	84	41	102	0	0	0	0	0	0	0	0	0	10	6	15	0	0	0	0	0	0	1	0	0	0	0	0	0
成都	0	2	0	0	94	42	118	0	0	0	0	0	0	0	0	0	0	0	1	0	0	0	0	0	0	1	0	0	0	0	0	0
合肥	0	1	0	0	0	2	0	0	0	90	57	107	0	0	0	0	0	0	0	0	0	0	0	0	0	0	0	0	0	0	0	0
揚州	0	1	0	0	81	52	90	0	0	0	0	0	0	0	0	0	9	5	19	0	0	0	0	0	0	0	0	0	0	0	0	0
蘇州	0	0	0	1	90	35	59	69	0	0	0	0	0	0	0	0	0	0	2	0	0	0	0	0	0	0	0	0	0	0	0	0
温州	0	0	0	1	54	18	40	37	4	0	0	0	0	0	0	0	37	18	19	7	25	0	0	0	0	0	0	0	0	0	0	0
長沙	0	1	2	0	86	23	98	0	0	0	0	0	0	0	0	0	15	11	21	0	0	0	0	0	0	1	0	0	0	0	0	0
雙峰	0	66	27	10	1	0	7	0	6	25	4	21	0	0	0	0	5	5	51	3	0	0	0	0	0	0	0	5	36	0	0	0
南昌	0	0	1	0	84	42	109	0	0	0	0	0	0	0	0	0	7	2	0	0	0	0	1	0	0	0	0	0	0	0	0	0
梅縣	0	0	1	0	92	40	117	0	0	0	0	0	0	0	0	0	0	0	0	0	0	0	1	0	0	1	0	0	0	1	0	0
廣州	0	0	1	0	91	37	124	0	0	0	0	0	0	0	0	0	0	0	0	0	1	0	0	0	0	0	0	0	0	0	0	0
陽江	0	1	0	0	89	37	123	0	0	0	0	0	0	0	0	0	0	0	0	0	1	1	0	0	1	0	0	0	0	0	0	0
廈門	1	4	1	0	115	42	123	0	0	0	0	0	0	0	0	0	0	0	0	0	0	0	0	2	0	4	1	0	0	0	0	0
潮州	1	3	1	0	102	43	108	0	0	0	0	0	0	0	0	0	0	0	0	0	0	1	0	0	0	3	1	0	0	0	0	0
福州	0	2	2	0	96	40	122	0	0	0	0	0	0	0	0	0	0	0	0	0	0	1	0	0	0	0	1	0	0	0	0	0
建甌	0	7	0	0	92	50	101	0	0	0	0	0	0	0	0	0	0	0	0	0	0	1	0	0	0	1	0	0	0	0	1	1
南京	0	1	0	0	1	2	1	0	0	90	53	102	0	0	0	0	2	0	0	0	0	0	0	0	0	0	0	0	0	0	0	0
洛陽	0	0	0	0	16	3	12	0	0	77	50	94	1	0	0	0	0	0	0	0	0	1	0	0	0	0	0	0	0	0	0	0

附表 6　本文所用《耳目資》知莊章組字的注音

參人參	sen 清平	冊	ʻçe 入聲甚	廁廁所	ʻçu̇去聲次 ʻchi 去聲	側	çe 入聲甚
測	ʻçe 入聲甚	策	ʻçe 入聲甚	叉	ʻcha 清平	插	ʻcha 入聲
茶	ʻcha 濁平	查	ʻcha 濁平	察	ʻcha 入聲	岔	ʻcha 去聲 cha 去聲
差	ʻcha 清平	差差別	ʻcha 清平	差差錯	ʻcha 清平	拆	che 入聲甚
釵	ʻçai 清平 ʻchai 清平	柴	ʻchai 濁平	豺	ʻchai 濁平 ʻçai 濁平	攙攙扶	ʻçan 清平 ʻchan 清平
饞	ʻchan 濁平 ʻçan 濁平	纏	ʻchien 濁平 chien 去聲	蟬	ʻchen 濁平 xen 濁平 ʻchien 濁平 xien 濁平	產	ʻchan 上聲 ʻçan 上聲
鏟	ʻchan 上聲 ʻçan 上聲	懺	ʻchan 上聲	顫	chien 上聲 chen 上聲	昌	ʻcham 清平
腸	ʻcham 濁平	嘗	ʻcham 濁平 xam 濁平	常	ʻcham 濁平 xam 濁平	償	ʻcham 濁平 xam 濁平
廠	ʻcham 上聲	場	ʻcham 濁平	敞	ʻcham 上聲	暢	ʻcham 去聲
倡提倡	ʻcham 去聲	唱	ʻcham 去聲	抄抄寫	ʻchao 清平	綽	ʻcho 入聲甚
超	ʻchao 清平	巢	ʻchao 濁平	朝朝代	ʻchao 濁平	朝朝夕	chao 清平
潮	ʻchao 濁平	術	sui 去聲 xụ入聲中	炒	ʻchao 上聲	車車輛	ʻche 清平
扯	ʻche 上聲	徹	ʻche 入聲甚	撤	ʻche 入聲甚	臣	ʻchin 濁平 xin 濁平
塵	ʻchien 濁平 ʻchen 濁平	辰	xin 濁平	沉	ʻchin 濁平	陳	ʻchin 濁平
晨	xin 濁平	襯	ʻchin 去聲 ʻçin 去聲	趁	ʻchin 去聲	稱稱呼	ʻchim 清平
稱相稱	ʻchim 去聲	撐	ʻchem 清平 ʻçem 清平	成成功	ʻchim 濁平 xim 濁平	呈	ʻchim 濁平
誠	ʻchim 濁平 xim 濁平	承	ʻchim 濁平 xim 濁平 çem 去聲	城	ʻchim 濁平 xim 濁平	乘	ʻchim 濁平

程	ʻchim 濁平	徵	ʻchim 濁平	澄澄清	ʻchim 濁平	秤	ʻchim 去聲
喫	ʻkiė入聲次	癡	ʻchi 清平	池	ʻchi 濁平	馳	ʻchi 濁平
遲	ʻchi 濁平	持	ʻchi 濁平	尺	ʻchė入聲次	齒	ʻchi 上聲
恥	ʻchi 上聲	赤	ʻchė入聲次	翅	ʻchi 去聲 xi 去聲	衝衝鋒	ʻchum 清平
充	ʻchum 清平	舂	ʻchum 清平 xum 清平	蟲	ʻchum 濁平	崇	ʻchum 濁平 ʻçum 濁平
寵	ʻchum 上聲	抽	ʻcheu 清平	讎報讎	ʻcheu 濁平	綢	ʻtao 清平
酬	ʻcheu 濁平	稠	ʻcheu 濁平	愁	ʻçeu 濁平	籌	ʻcheu 濁平
醜醜惡	ʻcheu 上聲	丑子丑	ʻcheu 上聲	臭香臭	ʻcheu 去聲	出	ʻchụ入聲中
初	ʻçu 清平甚 ʻchu 清平甚	除	ʻchụ濁平中 chụ去聲中	廚	ʻchụ濁平中	鋤	ʻçu 濁平甚 çu 濁平甚 ʻchu 濁平甚
束	sȯ入聲次 xȯ入聲次 xụ去聲中	礎	ʻchu 上聲甚 ʻçu 上聲甚	儲	ʻchụ濁平中	楚	ʻchu 上聲甚 ʻçu 上聲甚
處處理	ʻchụ上聲中	處處所	ʻchụ去聲中	畜畜生	ʻchȯ入聲次	觸	ʻchȯ入聲次
川	ʻchuen 清平	穿	ʻchuen 清平	傳傳達	ʻchuen 濁平	傳傳記	chuen 去聲
船	ʻchuen 濁平	椽	ʻchuen 濁平	喘	ʻchuen 上聲	串	ʻchuen 去聲
瘡	ʻchoam 清平 ʻchuam 清平 ʻcham 清平	窗	ʻcham 清平 ʻchuam 清平	床	ʻchoam 濁平 ʻchuam 濁平	闖	ʻchin 去聲
創創傷	ʻcham 清平 ʻçam 清平	創創造	ʻchoam 去聲 ʻchuam 去聲	吹	ʻchui 清平	炊	ʻchui 清平
垂	ʻchui 清平	錘	ʻchui 清平	春	ʻchun 清平	椿	ʻchun 清平 ʻchuam 清平

純	xun 濁平	脣	ʻchun 清平 xun 清平	蠢	ʻchun 去聲	篡	ʻçuon 去聲
盾矛盾	tun 上聲 xum 上聲	瑞	xui 去聲	灑	xa 上聲	色	se 入聲甚
澀	se 入聲甚	嗇	se 入聲甚	瑟	se 入聲甚	森	sen 清平 xin 清平
殺	sa 入聲 xa 入聲	沙沙石	xa 清平	紗	xa 清平	傻	xoa 清平
煞	xa 入聲 xai 去聲 xi 去聲	霎	xa 入聲 xe 入聲甚	篩篩子	xai 清平	曬	xai 去聲
山	xan 清平	杉	san 清平 xan 清平	刪	xan 清平	衫	san 清平 xan 清平
閃	xien 上聲 xen 上聲	陝	xien 上聲 xen 上聲	扇扇動	xien 去聲 xen 去聲	扇扇子	xien 去聲 xen 去聲
善	xien 去聲 xen 去聲 xien 上聲 xen 上聲	傷	xam 清平	商	xam 清平	賞	xam 上聲
上上山	xam 去聲	上在上	xam 上聲	尚	xam 去聲	燒	xao 清平 xao 上聲
梢	xiao 清平 xao 清平 siao 清平	勺	xo 入聲甚	少多少	xao 上聲	少少年	xao 去聲
紹	xao 去聲 xao 上聲	賒	xe 清平	舌	xe 入聲甚	蛇	xe 濁平
捨捨棄	xe 上聲	舍宿舍	xe 去聲	設	xe 入聲甚	社	xe 上聲
射	xė入聲次 xe 去聲	涉	xe 入聲甚	赦	xe 清平 xe 去聲	攝	xe 入聲甚
申	xin 清平 sin 去聲	伸	xin 清平	身	xin 清平	深	xin 清平 xin 去聲 ʻchin 去聲
神	xin 濁平	沈姓	xin 上聲	審	xin 上聲	嬸	xin 上聲
腎	xin 上聲	甚甚至	xin 上聲	滲	sen 清平 sen 去聲 xin 清平	慎	xin 去聲
升	xim 清平	生	sem 清平 sem 去聲	聲	xim 清平	牲	sem 清平 sim 清平

甥	sem 清平	繩	xim 濁平	省節省	sem 上聲 sim 上聲 sien 上聲	聖	xim 去聲
勝	xim 清平 xim 去聲	盛盛滿	‘chim 濁平	盛興盛	xim 去聲 xim 濁平	剩	xim 去聲
屍屍體	xi 清平	失	xi 去聲	師	xi 清平	詩	xi 清平
虱	se 入聲甚	獅	xi 清平 sủ清平次	施	xi 去聲 xi 平聲	濕	xė入聲次
十	xė入聲次	石	xė入聲次	時	xi 濁平	識	xė入聲次 xi 去聲
實	xė入聲次	拾拾取	xė入聲次 xe 入聲甚 kie 入聲甚	食	xė入聲次	蝕	xė入聲次
史	xi 上聲 sủ上聲次	是大使	xi 上聲 sủ上聲次	使使用	xi 上聲 sủ上聲次	始	xi 上聲 xi 去聲
駛	xi 上聲 sủ上聲次	士	xi 上聲 xi 去聲 sủ上聲次	示	xi 去聲	世	xi 去聲
市	fỏ入聲次 foe 入聲 xi 去聲	式	xė入聲次	勢	xi 去聲	事	xi 去聲
飾	xė入聲次 ‘chė入聲次	試	xi 去聲	視	xi 去聲 xi 上聲	柿	xi 上聲 xi 去聲 sủ上聲次 si 去聲
是	xi 上聲 xi 去聲	適	xė入聲次	室	xė入聲次 xi 去聲	釋	xė入聲次
誓	xi 去聲	匙	xi 濁平	收	xieu 清平 xieu 去聲 xeu 清平 xieu 去聲	手	xieu 上聲 xeu 上聲
守	xieu 上聲 xieu 去聲 xeu 上聲 xeu 去聲	首	xieu 上聲 xieu 去聲 xeu 上聲 xeu 去聲	壽	xeu 去聲	受	xeu 上聲
授	xeu 上聲 xeu 去 xieu 去聲	售	xeu 去聲 xieu 去聲	獸	xeu 去聲 xieu 去聲	瘦	seu 去聲
書	xụ清平中	叔	xỏ入聲次	殊	xụ濁平中	梳	su 清平甚

舒	xụ清平中	疏稀疏	su 清平甚	輸輸贏	xụ清平中	輸運輸	xụ清平中
贖	chȯ入聲次 sȯ入聲次 xȯ入聲次	熟	xȯ入聲次	暑	xụ上聲中	黍	xụ上聲中
屬附屬	xȯ入聲次	蜀	xȯ入聲次	鼠	xụ上聲中	述	xụ入聲中
樹樹立	xụ上聲中	樹樹林	xụ去聲中	豎	xụ上聲中	數數一數	sȯ入聲次 so 入聲甚 su 上聲甚
刷	xoa 入聲 xue 入聲	耍	xoa 上聲	雙	xoam 清平 xuam 清平	霜	xoam 清平 xuam 清平
爽	xoam 上聲 xuam 上聲	誰	xui 濁平	水	xui 上聲	餿	seu 清平
稅	‘to 入聲甚 ‘tui 去聲 ‘tuan 去聲 xui 去聲	睡	xui 去聲	順	xun 去聲	縮	sȯ入聲次
說	xue 入聲 xui 去聲	朔	so 入聲甚	搜	sao 清平 seu 清平	所	so 上聲 su 上聲甚
索索取	se 入聲甚 so 入聲甚	責	chai 去聲 çe 入聲甚	擇	çe 入聲甚	澤	çe 入聲甚
紮包紮	cha 入聲	扎扎針	cha 入聲	渣	cha 去聲	札	cha 入聲
閘	sa 入聲	鍘	cha 入聲	詐	cha 去聲	榨	‘cha 去聲
齋	chai 清平 çi 去聲	摘	çe 入聲甚 ‘tiė入聲次	宅	‘çe 入聲甚 çe 入聲甚	窄	çe 入聲甚
債	chai 去聲 çe 入聲甚	沾	chen 清平‘chen 清平	氈	chien 清平 chen 清平	粘	nien 濁平
斬	chan 上聲 çien 上聲	盞	chan 上聲	展	chien 上聲 chien 去聲 chen 上聲 chen 去聲	章	cham 清平
占占卜	chen 清平 chien 清平	佔佔領	chien 去聲	棧	chan 去聲 chan 上聲 çien 上聲	樟	cham 清平
戰	chien 去聲 chen 去聲	蘸	chan 去聲	張	cham 清平	長生長	cham 上聲
長長短	‘cham 濁平	漲漲大	cham 去聲	漲漲價	cham 去聲	掌	cham 上聲

丈	cham 上聲	杖	cham 上聲	杖$_{打仗}$	cham 去聲	杖$_{依仗}$	cham 上聲
帳$_{蚊帳}$	cham 去聲	賬$_{賬目}$	cham 去聲	脹	cham 去聲	障	cham 去聲
招	chao 清平	昭	chao 清平	爪	chao 上聲	兆	chao 上聲
趙	chao 去聲	照	chao 去聲	罩	chao 去聲	遮	che 清平
折$_{損折}$	xe 入聲$_{甚}$	折$_{折疊}$	‘ti 濁平	折$_{折斷}$	‘ti 濁平	哲	che 入聲$_{甚}$
者	che 上聲	浙	che 入聲$_{甚}$ chi 去聲	蔗	che 去聲	貞	chim 清平
針	chin 清平	偵	chim 清平 chem 上聲	珍	chin 清平	真	chin 清平
砧	chin 清平	斟	chin 清平	診	chin 上聲 chin 去聲	枕$_{枕木}$	chin 上聲
枕$_{枕席}$	chin 上聲	疹	‘chin 去聲 chin 上聲	陣	chin 去聲	振	chin 清平
震	chin 清平 chin 去聲	鎮	chin 上聲	爭	chem 清平 çem 清平	征$_{征伐}$	chim 清平
徵$_{徵求}$	chim 清平	睜	çem 清平	箏	çem 清平 chem 清平	蒸	chim 清平
整	chim 上聲	正$_{公正}$	chim 去聲	正$_{正月}$	chim 清平	證$_{證明}$	chim 去聲
鄭	chim 去聲	政	chim 清平 chim 去聲	癥$_{癥症}$	chim 清平	之	chi 清平
支	chi 清平	只$_{一只}$	chė入聲$_{次}$	只$_{只有}$	chi 上聲	汁	chė入聲$_{次}$
芝	chi 清平	枝	chi 清平	知$_{知道}$	chi 清平	肢	chi 清平
織	chė入聲$_{次}$	脂	chi 清平	蜘	chi 清平	執	che 入聲$_{甚}$
直	chė入聲$_{次}$	姪	chė入聲$_{次}$ ‘chė入聲$_{次}$	值	chi 去聲	職	chė入聲$_{次}$
植	xi 入聲	止	chi 上聲	旨	chi 濁平	址	chi 上聲
紙	chi 上聲	指	chi 上聲	至	chi 去聲	誌$_{雜誌}$	chi 去聲

志$_{志向}$	chi 去聲	制$_{制度}$	chi 去聲	製$_{製造}$	chi 去聲	質$_{人質}$	chi 去聲
質$_{質量}$	che 入聲$_{甚}$ chė入聲$_{次}$	治	chi 去聲	致	chi 去聲	智	chi 去聲
痣	chi 去聲	滯	chi 去聲	置	chi 去聲	稚	chi 去聲
中$_{當中}$	chum 清平	中$_{射中}$	chum 去聲	忠	chum 清平	終	chum 清平
盅	‘chum 濁平‘chum 清平	鍾$_{鍾愛}$	chum 清平	鐘$_{鐘點}$	chum 清平	衷	chum 清平
腫	chum 上聲	種$_{種類}$	chum 上聲	種$_{種植}$	chum 去聲	仲	chum 去聲
衆	chum 去聲	重$_{重複}$	‘chum 濁平	重$_{重量}$	chum 去聲	舟	cheu 清平
州	cheu 清平	周	cheu 清平	洲	cheu 清平	粥	chȯ入聲$_{次}$
軸	chȯ入聲$_{次}$	肘	cheu 上聲	咒	cheu 去聲	晝	cheu 去聲
皺	çeu 去聲	驟	çeu 去聲	帚	cheu 上聲	朱	chụ清平$_{中}$
珠	chụ清平$_{中}$	株	chụ清平$_{中}$	諸	chụ清平$_{中}$	豬	chụ清平$_{中}$
蛛	chụ清平$_{中}$	竹	chȯ入聲$_{次}$	逐	chȯ入聲$_{次}$	燭	chȯ入聲$_{次}$
主	chụ上聲$_{中}$	拄	chụ上聲$_{中}$	煮	chụ上聲$_{中}$	囑	chȯ入聲$_{次}$
助	chu 去聲$_{甚}$ çu 去聲$_{甚}$	住	chụ去聲$_{中}$	注$_{注解}$	cheu 去聲 chu 去聲$_{甚}$	駐	chụ去聲$_{中}$
柱	chụ上聲$_{中}$	祝	chȯ入聲$_{次}$	著$_{顯著}$	chụ去聲$_{中}$	鑄	chụ去聲$_{中}$
築$_{建築}$	chȯ去聲$_{次}$	抓	chao 去聲	專	chuen 清平	甎	chuen 清平
轉$_{轉變}$	chuen 上聲	轉$_{轉動}$	chuen 去聲	賺$_{賺錢}$	chan 去聲	篆	chuen 上聲
莊	choam 清平 chuam 清平	樁$_{木樁}$	choam 清平 chuam 清平	裝	choam 清平 chuam 清平	壯	choam 去聲 chuam 去聲
狀	choam 去聲 chuam 去聲	撞	choam 去聲 chuam 去聲	追	chui 清平	錐	chui 清平

墜	chui 去聲	贅	chui 去聲	准標准	chun 上聲	准批准	chun 上聲
捉	cho 入聲甚	桌	cho 入聲甚	濁	cho 入聲甚	啄	cho 入聲甚
鐲	cho 入聲甚 xȯ入聲次	鄒	cheu 清平 çeu 清平	阻	çu 上聲甚 chu 上聲甚		

説明:附表 6 的注音形式依照《耳目資》原有的字母拼寫形式,並没有轉寫爲國際音標。爲了統一起見,僅對聲調的標寫形式做了一寫改動。《耳目資》中,有 5 種調類,以 a 韻母爲例,清平 ā、濁平 â、上聲 à、去聲 á、入聲 ă,聲調大體標寫在韻母的主元音上,但有很多例外。在附表 6 中,爲了排版的便利,我們用文字標出每個字目所屬的調類。另外,《耳目資》中 u、e、o 三個字母表示的音值分"甚""次""中",通過加附加符號加以區分,具體情況如下:

甚	次	中
u	u̇	ụ
e	ė	
o	ȯ	

在附表 6 中,我們保留着這些附加符號。

本文所用的樣本字中,許多字在《耳目資》中有異讀,有些異讀與《字彙》列出的中古音韻地位並不匹配,根據語音音變規律,這些異讀予以排除。如"知知道",《字彙》中列出的音韻地位爲"知母支韻平聲"。《耳目資》中"知"有兩個讀音:chī 和 chí。前者爲清平(陰平),後者爲去聲。顯然,前者與中古音有對應關係,後者應是對通假字"智"的注音。查閱《列音韻譜》,"知"的去聲一讀確實作爲"智"的或體出現。因此,我們排除去聲一讀。我們對相關字的異讀都做了類似上述的比較,並不是將所有異讀都列出,列出讀音一般能與《字彙》中的中古音建立對應關係。《耳目資》中所涉字的異讀比我們列出的讀音要多。

由"大埔"之"埔"看地名異讀及其命名理據*

徐　凌　孫尊章

内容提要　廣東省梅州市大埔縣的"埔"字，許多人以爲與"黄埔"的"埔"同音。事實上，它應該讀 bù，而非 pǔ。通過考察與其同源共聲旁的字，可發現，從"甫"之字，意義通常跟"大"和"平展"有關。"埔"有寬闊平坦之義，用作地名指寬闊平坦之地，是方言記音字，爲客家地區和閩方言區的一個地名常用字，常和浦、蒲、圃、步、布、埠等混用。

關鍵詞　大埔　埔　大　平展

一　"埔"作爲地名的異讀

廣東省"大埔縣"之"埔"很多人讀爲"pǔ"，連進入鐵路客服官網，進行車票查詢"簡碼"輸入時也用"dp"才會顯示。顯然，設計者認爲此處"埔"讀爲 pǔ，但事實上，其讀音是 bù。2006 年 6 月，廣東省梅州市連降暴雨，各地媒體對大埔災區進行報道時，無論是中央電視臺還是各地方電視臺、電臺，許多播音員將"埔"誤讀 pǔ。

"埔"作爲地名，有兩個讀音。一個是大家熟悉的 pǔ。如因黄埔軍校而出名的廣東珠江口"黄埔"，臺灣南投縣的"東埔"，福建古田的"鳳埔"。另一個就是作爲廣東省梅州市轄區的"大埔縣"，讀作 bù。《漢語大詞典》在"埔"字的 bù 讀音下注解爲：地名用字，大埔縣，在廣東省東北。《現代漢語詞典》也有類似表述。其實，叫"大埔"的地方，不止這一處，臺灣臺南"大埔"鄉，素有"水邊的大平地"之稱。香港"大埔"，宋時已形成村落，明時有"大埔"舊墟。

二　"埔"音義探源

"埔"作爲地名出現，最早文獻記録在五代宋元時期。但明清以前的字書、辭書均未收此字。《匯音寶鑒》裏記音爲上平聲，舉例"草埔，墓埔"。成書於明末清初，記載清初粵語語音的韻書《分韻撮要》中收録了"埔"的兩個音："滂母，孤韻，陰平，地之平坦也；幫母，孤韻，陰上，塲埔。"證明明末清初"埔"就已經有兩個讀音。"埔"命名基本上在廣東、福建、港臺等客家地區和閩方言中。李如龍《漢語地名學論稿》指出："閩方言最有方言特色的通名有……埔 bū，指較爲平坦的空地。55 個縣市資料中有草埔、前埔、埔頭、埔上等地名 1115 處。"如廣東

* 本文爲江西省社科規劃一般項目"清乾嘉時期書信詞彙問題研究"(項目編號：18YY06)的階段性成果。論文初稿曾蒙方一新教授指導，余頌輝博士、邊田鋼博士也提出了很好的修改建議，特此致謝。文中錯誤，概由作者負責。

省梅州市豐順縣的“埔寨”，福建漳平市菁城鎮北的“西埔”。臺灣有一種樹木叫“埔柿”，臺灣有個民族叫“平埔族”，還有“埔田”“埔稻”等説法。李榮主編《現代漢語方言大詞典》收“埔(田)”條，爲東莞方言，指“面積較大塊的平坦的田”。還有“埔籼”，爲廈門方言，指“旱稻”，“種在旱地裏的稻，抗旱能力比水稻强”。在閩粤方音裏無論是“黄埔軍校”的“埔”還是“大埔”的“埔”都讀陰平 bū。

“埔”，《漢字圖解字典》：“，形聲字，土表意，其甲骨文形體像地上有堆土，表示與土地有關；甫(fǔ)表聲，甫是男子的美稱，表示埔爲寬廣、平坦、美好之地，本義是較廣的平地。今作地名用字。”無論他對這個甲骨文字形隸定是否正確，但“埔”，從“甫”得聲是事實。，甲骨文像蔬在田，適宜種植。《爾雅・釋詁》：“甫，大也。”《説文・用部》：“甫，男子之美稱也。”段注：“以男子始冠之稱，引伸爲始也。又引伸爲大也。”“埔”字義源應和其他從“甫”得聲的字，如圃、浦、莆、蒲類似，與“寬闊、平展”義有關。

“圃”《大詞典》釋義爲：“種植蔬菜、花果或苗木的園地。”《説文・囗部》：“圃，種菜曰圃。从囗，甫聲。”“圃”“甫”相通。《詩・小雅・車攻》“東有甫草，駕言行狩”，鄭箋：“甫草者，甫田之草也。鄭有圃田，今開封府中牟縣西，圃田澤是也。”①

“浦”亦與“平”義相涉。清周壽昌《漢書注校補》卷二十五“荔浦有荔平關”條：“壽昌案，《水經・漓水注》云：瀨水又東南流入於荔浦縣，注於瀨溪，又注於漓水，漓水之上有關，是蓋與郡治俱有關，俱爲漓水所過，在郡則名之漓水，在荔浦則名之荔平也。”這裏“荔浦”名“荔平”，“浦”“平”相通。

“蒲”與“平展”義有關。《書・顧命》：“西序東向，敷重厎席。”孔傳：“厎，蒻蘋。”陸德明釋文引馬融云：“厎，青蒲也。”《説文通訓定聲・履部》“厎”字：“青蒲爲席，柔滑而平也。”可見，“厎”有“柔滑而平”義。又《釋名疏證・釋床帳》“蒲平，以蒲作之其體平也”，注：“今本作‘蒲草’也，誤。據《御覽》引改。《説文》云：蒻蒲子，可以爲平席。鄭注《禮記・閒傳》云：苄，今之蒲苹也。鄭又注《周禮・車僕》云：故書‘苹’作‘平’，則平、苹古今字，此作‘蒲平’極是。”

而“莆”作爲草，地下生匍匐莖，葉片平展。作地名時和“蒲”相通，江西德安舊稱“蒲塘”又稱“莆塘”。《水經注集釋訂訛》卷三“山在莆城西南三十餘里”，注：“朱本云：莆城當作蒲城。”宋李俊甫《莆陽比事》卷七“縣舊以田多生蒲，故曰莆田，《風物賦》云‘擢瑞蒲於田畝’，記其舊也”，注：“舊志按：《楚辭・天問》云‘莆萍是營’，王逸云‘萍蒲之地’，補注云‘莆即蒲字，蒲水草可作席’，黄長睿云‘莆古蒲字’。”

因此，“蒲”“莆”“浦”“圃”都與“平展”義有關。此外，與“平展”義有關的還有後來同樣常作地名的“鋪”。“鋪”，滂母，魚部字。最初由“鋪”引申而來，《詩・大雅・常武》：“鋪敦淮濆。”唐陸德明音義：“鋪……陳也，韓詩作敷。”《左傳・宣公十二年》“鋪時繹思’，唐孔穎達正義：“鋪，布也。”《廣雅・釋詁二》：“鋪，陳也。”《廣雅・釋詁三》：“鋪，布也。”王力《同源字典》認爲“鋪”“布”同源，皆有“平展”義。而其後引申爲店鋪的“鋪”，元熊忠《古今韻會舉要・去遇》：“鋪，賈肆也。”《正字通・金部》：“鋪，俗作舖。《資暇集》：‘市肆中筐筥等鱗次其物以粥者，曰星貨鋪，言羅列繁密如星。’今呼星火鋪，非。”可見，店鋪是貨物攤開羅列，亦跟“平展”義有關。

---

① “圃田”，《大詞典》釋義爲：“猶甫田，大田。”舉唐錢起的詩《送馬使君赴鄭州》爲首見例。西漢鄭玄時“甫田”的大田義已經存在，《大詞典》此條首見書證可提前。

"埔"還和"布"相通。中藥裏有"獨葉埔姜",潮汕地區稱爲埔羌、布荆、蔓荆子等。康熙《臺灣府志》卷四《木之屬》"埔荆"注:"俗呼'埔姜'。"這裏"埔""布"同。

綜上,從"甫"之字,多有"寬闊、平展"義。而"埔"亦從"甫"。楊纘烈《邑名音義考》云:"蓋俗呼有水宜稻者曰田;呼平曠高原僅宜果瓜蔬麻者曰埔。……埔者俗音俗字,字書尚未補收者也……茶山之麓,彌望平原,無慮數十百頃地,總呼曰埔。埔固坱莽矣哉。"①楊氏所本應有據,此處,楊氏所説"呼平曠高原僅宜果瓜蔬麻者曰埔",説明"埔"在方言俗語中和"圃"通用,"埔固坱莽矣哉","埔"顯然有"寬闊"義。

可見,"埔"作爲地名指"地之平坦者",方言讀陰平,由於最終發展爲和"鋪"一樣,作爲地名,正如王力先生《同源字典》所言,是"由於時間的間隔,破讀形成的異讀",在普通話裏約定俗成讀去聲。

字混用的結果導致"埔"讀"pǔ"。"黄埔"古亦稱鳳浦,位於珠江口,與水有關,正字應爲"黄浦",方志裏有"船泊黄埔港""分防黄埔泛",福建有漳浦縣黄埔村,這些都應是"浦"爲正字例證。其實,"埔""布""圃"不僅詞義相通,且指代地名,經常和"步""浦""埠"混用。元陳桱《通鑑續編》卷二十四:"三月,文天祥會兵次於麗江浦。"《大清一統志》卷四百四十五(嘉慶)"龍津水"條下注有:"在海豐縣東一里,源出銀瓶山,南流至小金籠山下,左合赤岸溪,又西南右合液水,是爲三江。又西南至大金籠山西入海,曰長沙海口,亦曰麗江埔。宋景炎二年,文天祥走惠州,收兵出海豐,次於麗江口是也。"這裏兩條材料説的是同一件事,《通鑑續編》裏"麗江浦"在《大清一統志》記録爲"麗江埔"。

在我國史籍中,漢朝稱柬埔寨爲"扶南",元代稱"甘孛智"或"澉浦只"。明萬曆後,始稱"柬埔寨"。浦、埔混用。

《中華大字典》:"埔,讀如浦。"意思是"水邊停船處",實際上用同"浦"。表水邊的"浦"後來又作"步"。前面提到香港"大埔"據稱原爲"大步",因其地方偏僻常有老虎出没,故路人常要大步快行而得名。酈道元《水經注・贛水》:"贛水北出,際西北歷度支步,是晉度支校尉立府處。步,即水渚也。""贛水又東北逕王步,步側有城,云是孫奮爲齊王鎮此城之,今謂之王步,蓋齊王之渚步也。"唐柳宗元《永州鐵爐步志》:"江之滸,凡舟可縻而上下者曰步。永州北郭有步,曰鐵爐步。"另外,"埠"也有此義,字又作"埗"。如"埔頭",指碼頭、交通便利的商業城市。清王韜《歐洲各都民數》:"四海之内徧設埔頭,歐洲人足跡徧於天下。"清王韜《宜索歸澳門議》:"葡人遂立埔頭於香山縣之濠鏡,此萬曆七年間事也。"此處的"埔",也相當於"埠"。

所以,因"埔""浦"歷史上曾混用,所以,導致"埔"有讀音爲 pǔ 的,如福建的鳳埔、東埔、雀埔村,雖然和"大埔"同作爲地名,但因其歷史長遠,受"浦"的影響,也都讀"pǔ"。因此,"埔"作爲閩粵地名本當讀"bù",因與"浦"的混用,造成"埔"的兩個音變。這屬於歷史遺留的原因造成的,這在其他地名中也有體現,如大廈的 shà,作爲地名都"xià",廈門,出名且大家都已經接受,而"埔"的兩個讀音做地名,大家不太熟悉所以造成了誤讀,這也是漢字讀音規範需要思考的問題。

① 轉引自《大埔縣志》,廣東人民出版社,1992 年,第 49 頁。

三 “大埔”得名原因

大埔是廣東省梅州市轄縣。縣内居民主要爲客家人，“大埔”明時置縣，《大埔縣志》載：“明嘉靖五年(1526)，分饒平縣的清遠、戀洲二都重置縣，定名大埔。”其名“大埔”緣由，有兩種説法：

一是以大埔村得名。《明史·地理志》載：“大埔，嘉靖五年以饒平縣大埔村置，析戀洲、清遠二都地益之。”吕式斌《今縣釋名》載：“明嘉靖五年，以饒平縣之大埔村置縣因以爲名。”民國三十二年(1943)，温廷敬撰的《大埔縣志》載：“明史地理志潮州府大埔，嘉靖五年，以饒平縣大埔村置，析戀洲、清遠二都地益之。廷敬案，大埔得名以此，今在城甲尚有大埔上下村。”①

二是清乾隆九年(1744)《大埔縣志》載楊纘烈《邑名音義考》云：“邑曷爲以大埔名？蓋俗呼有水宜稻者曰田；呼平曠高原僅宜果瓜蔬麻者曰埔。……埔者俗音俗字，字書尚未補收者也。……茶山之麓，彌望平原，無慮數十百頃地，總呼曰埔。埔固坱莽矣哉。大埔之名，俗所由稱也。當時建斯邑者即以斯名名邑云。”②

“大埔”命名應與“埔”意義發展有關。

四 小結

“埔”和“浦”“莆”“蒲”“鋪”等皆從“甫”聲，有“大”“平展”義。莆、浦、步、埠、鋪、埔等作地名經常通用，當是爲了記録同一個音的不同表現形式。它們在一個時期混用，這種混用應該是詞類聚群分的結果，正如王念孫《廣雅疏證·自序》所説：“竊以訓詁之旨本於聲音，故有聲同字異，聲近義同。雖或類聚群分，實亦同條共貫。”“埔”最初應是方言俗字，進入文獻記録的時間較晚，五代宋元時才有文獻記録，作爲地名均出現在客家和閩方言地區，由於文化重心的南移和詞彙指向明確性的要求，使用了“埔”這個俗字，目的是與表示和水相關的“浦”區分。南方多水多山，人們比較重視大而平、適合農耕和居住的地方。“埔”的發展，正如蔣紹愚先生在《古漢語詞彙綱要》裏所説：“詞彙意義又不同於邏輯概念，它具有社會性、經驗性、民族性等特徵。”“埔”這個作爲有地域性特點的俗語詞，最初進入通語時，常與“浦”“圃”“埠”混用，後來發生分化，與水有關的地名用“浦”，與土有關的用“埔”，指種菜、種樹的地方用“圃”，跟碼頭有關的用“埠”。也正因爲有了這些歷時的沾染，使得今天的“埔”有了兩個讀音。

① 轉引自《大埔縣志》，廣東人民出版社，1992年，第49頁。

② 轉引自《大埔縣志》，廣東人民出版社，1992年，第49頁。

徵引書目

漢・許慎撰《說文解字》,中華書局,1963。
漢・許慎撰,清・段玉裁注《說文解字注》(第 2 版),上海古籍出版社,1988。
北魏・酈道元著,陳橋驛校證《水經注校證》,中華書局,2007。
唐・柳宗元《柳宗元集》,中華書局,1979。
宋・李俊甫《莆陽比事》,見《續修四庫全書》第 734 册,上海古籍出版社,1996。
元・陳桱《通鑑續編》,見《四庫全書》第 332 册,上海古籍出版社,1987。
元・熊忠《古今韻會舉要》,見《四庫全書》第 238 册,上海古籍出版社,1987。
明・张自烈《正字通・金部》,見《續修四庫全書》第 235 册,上海古籍出版社,1996。
清・張廷玉等《明史》,中華書局,1974。
清・阮元校刻《十三經注疏》,中華書局,1980。
清・周壽昌《漢書注校補》,見《續修四庫全書》第 267 册,上海古籍出版社,1996。
清・朱駿聲《說文通訓定聲》,見《續修四庫全書》第 221 册,上海古籍出版社,1996。
清・畢沅《釋名疏證》,見《續修四庫全書》第 189 册,上海古籍出版社,1996。
清・沈炳巽《水經注集釋訂訛》,見《四庫全書》第 574 册,上海古籍出版社,1987。
清・王念孫《廣雅疏證》,中華書局,1983。
清・蔣毓英《康熙臺灣府志》,見《續修四庫全書》第 712 册,上海古籍出版社,1996。
清・王韜著,汪北平、劉林整理《韜園文録外編》,中華書局,1959。
大埔縣地方志編纂委員會《大埔縣志》,廣東人民出版社,1992。
清・穆彰阿、潘錫恩等纂修《大清一統志》,見《續修四庫全書》第 622 册,上海古籍出版社,1996 年。
澳大利亞國家圖書館館藏《江湖尺牘分韻撮要合集》,道光十八年重鐫本。

參考文獻

[1]顧建平. 漢字圖解字典[M]. 上海:東方出版中心,2008.
[2]蔣紹愚. 古漢語詞彙綱要[M]. 北京:北京大學出版社,2005.
[3]李榮. 現代漢語方言大詞典(綜合本)[M]. 南京:江蘇教育出版社,2002.
[4]李如龍. 漢語地名學論稿[M]. 上海:上海教育出版社,1998.
[5]羅竹風. 漢語大詞典[M]. 上海:漢語大詞典出版社,1989.
[6]陸費逵、歐陽溥存. 中華大字典[M]. 北京:中華書局,1978.
[7]王力. 同源字典[M]. 北京:中華書局,1980.
[8]王念孫. 廣雅疏證[M]. 南京:江蘇古籍出版社,2000.

Viewing Place Name Variant Pronunciation and it's Naming Motivation from Bu(埔) in Dabu(大埔)

Xu Ling　Sun Zunzhang

Abstract: Bu(埔) in Guangdong Province Meizhou City Dabu County, usually pronounced as Pu(埔) in Huangpu(黄埔). In fact, it must pronounced as Bu(埔). Through investigating same origin and phonetic component's words, we can discovering, if a word have the image radical of 甫,it usually have the meaning of large and flat. Bu(埔) have the meaning of large and flat. As a place name,it's a word only with pronouciation. And it's a common character,offen mixed use as 浦、蒲、圃、步、布、埠.

Key words:Dabu(大埔),Bu(埔),large,flat

通信地址:徐　凌　四川省成都市望江路 29 號四川大學文學與新聞學院/江西省南昌市志敏大道 1101 號江西農業大學人文與公共管理學院

郵　　編:610064/330045

E-mail:clairxu@163. com

通信地址:孫尊章　江西省南昌市志敏大道 1101 號江西農業大學人文與公共管理學院

郵　編:330045

E-mail:sunzunzhang@163. com

圖書在版編目（CIP）數據

漢語史學報. 第二十輯 / 王雲路主編. -- 上海 :上海教育出版社, 2019.6
ISBN 978-7-5444-9043-6

Ⅰ. ①漢… Ⅱ. ①王… Ⅲ. ①漢語史－叢刊 Ⅳ. ①H1-09

中國版本圖書館CIP數據核字(2019)第101501號

責任編輯　徐川山
特約審讀　王瑞祥
封面設計　陆　弦
編　　務　王　誠
　　　　　劉　芳

漢語史學報　第二十輯
王雲路　主編

出版發行　上海教育出版社有限公司
官　　網　www.seph.com.cn
地　　址　上海市永福路123號
郵　　編　200031
印　　刷　上海葉大印務發展有限公司
開　　本　787 × 1092　1/16　印張 13　插頁2
字　　數　310 千字
版　　次　2019年6月第1版
印　　次　2019年6月第1次印刷
書　　號　ISBN 978-7-5444-9043-6/H·0312
定　　價　84.00 元

如發現質量問題，讀者可向本社調換　電話：021-64377165